DE L'HOMME-CANCER

À L'HOMME-DIEU

DU MÊME AUTEUR

Frères et Médecins du Christ. Dervy-Livres, 1989.

Docteur BERNARD WOESTELANDT

DE L'HOMME-CANCER

À L'HOMME-DIEU

DERVY-LIVRES
Allée des Frères-Montgolfier
77325 Croissy-Beaubourg
1990

© DERVY-LIVRES, 1986-1987-1988-1989-1990
ISBN 2-85076-242-3

à Marie-Hélène

j'ai découvert la Liberté
la vraie, celle que l'on nomme Amour,
j'ai découvert l'Amour
le vrai, celui que l'on nomme Liberté
Tout ce chemin est tien et je te l'offre
mon Amour Liberté.

aux Êtres de Lumière qui nous guident.

DE L'HOMME CANCER A L'HOMME DIEU

- INTRODUCTION : Le langage du corps physique................... 11
- Chapitre I : ETUDES MEDICALES......................... 25
- Chapitre II: L'HOMEOPATHIE......................... 39
- Chapitre III : LES VACCINATIONS........................ 67
- Chapitre IV : LES DEBUTS EN CANCEROLOGIE................ 101
- Chapitre V : L'ALIMENTATION - L'INSTINCTOTHERAPIE........ 121
- Chapitre VI : LA DYNAMIQUE MENTALE.................... 161
- Chapitre VII : DEFINIR LA SANTE........................ 181
- Chapitre VIII : LA DECOUVERTE DES ENERGIES.............. 197
  Le CIRB
  L'alchimie de la vie
  La numérologie
  Les énergies de forme
  Les phénomènes à reproductivité naturelle
  Le rayonnement tellurique
  L'ionisation
  La cristallographie sensible
  Les rythmes en biologie
  Les guérisseurs philippins
  Le magnétisme
  Le produit Naessens
  L'intrapsychie
  La visualisation

- Chapitre IX : LA CONSCIENCE........................... 221
  Les corps énergétiques de l'homme et leurs rapports avec les règnes vivants
  Le cerveau et la conscience de l'homme
  La pensée
  La loi d'action-réaction

- Chapitre X : LA MORT - LA REINCARNATION. 247

- Chapitre XI : LE STAGE. 263
    La mort - La vie
        La spiritualité et les découvertes de la science physique moderne
        L'unité de la vie et de la mort
        Relation parents-enfants
    La grande intelligence du corps physique
        L'acupuncture
        L'auriculothérapie
        La reflexologie
        L'iridologie
        L'homéopathie
    La création artistique
    La charité

-Chapitre XII : REVE ET MEDIUMNITE. 307
    La mediumnité

-Chapitre XIII : RENCONTRE AVEC DIEU. 331
    Mais qui donc est Dieu ?
    Mais qui est Jésus ?
    L'Esprit Saint
    Mais qui est Marie ?
    L'Eucharistie
    L'Incarnation

-Chapitre XIV : UN LANGAGE UNIVERSEL. 347
    Dieu
    Le bien et le mal
    Le paradis perdu
    Le diable
    La pensée
    Qui suis-je ?
    L'Amour
    La connaissance et l'ignorance
    L'intellectualisme et la foi
    L'Homme-Dieu

INTRODUCTION

> L'habitant de la terre est un être singulier. Il vit sur une planète sans savoir qui il est, sans avoir la curiosité de se le demander et sans chercher à connaître sa propre nature.
> Camille Flammarion

Que le lecteur ne m'en veuille pas si je suis amené à parler de ma personne, à parler de mon expérience qui pourra paraître courte à certains et qui constituera peut-être un argument pour combattre les quelques idées exprimées... Mais il me fallait trouver un fil directeur pour extérioriser ce que je ressens depuis quelques années. Médecin homéopathe, je me suis retrouvé sur le chemin de quelques cancéreux avec qui j'ai fait un long voyage passant des plus hauts sommets aux chemins ravinés; ils m'ont fait découvrir l'homme et m'ont ouvert les yeux sur la vie. Grâce à eux, l'homéopathie a pris pour moi une toute autre dimension et m'a amené dans le monde des énergies, toile d'araignée invisible entourant chaque homme et le reliant à tous, au sein de l'univers avec son prolongement dans un cosmos inimaginable où se trouve l'étincelle divine qui crée la vie et où la mort ne paraît qu'imagination aux pauvres terriens que nous sommes. Chaque homme possède une parcelle de cette étincelle et il lui appartient de la découvrir afin de la faire briller; mais la découverte, c'est l'inconnu nécessitant l'abandon d'idées préconçues, d'un confort douillet, et d'une vie apparemment bien équilibrée; le déséquilibre c'est aussi la découverte de l'étincelle qui sera notre Etoile du Berger.

J'ai donc essayé, à travers mon métier, d'apercevoir cette étoile et **dans ma conception de la santé, j'ai dû évoluer, changer de cap, et revenir sur des affirmations**; d'allopathe je suis devenu homéopathe, et avant de tomber totalement dans la médecine de l'énergie, j'ai du m'affranchir des vaccinations, de l'alimentation, des irradiations et de la mort; j'ai découvert le cosmos et j'ai aperçu l'Etoile du Berger qui m'a fait redevenir tout petit m'assurant que la première qualité du médecin était la modestie. J'ai eu la révélation qu'autant d'hommes il existe sur cette terre autant d'étoiles brillent, se dirigeant toutes vers le même but mais prenant des chemins différents dictés par l'ouverture d'esprit de chacun. **Chaque homme fait son chemin à la lumière de la lueur qu'il choisit et en prend seul la responsabilité**; j'ai découvert que le **médecin homme** n'avait pas le pouvoir de guérir et que son rôle se limitait et cela était déjà énorme, à remettre sur le bon chemin le malade qui s'est trompé de route; inutile de lui donner des béquilles, de lui mettre des oeillères ou de lui donner un âne pour le soutenir car, s'il est sur la mauvaise route, le précipice le guette, et l'âne sera perdu. J'ai cherché mon chemin et je suis tombé dans des labyrinthes mais à chaque fois Ariane avait posé son fil et j'ai pu continuer ma route. **Néanmoins c'est ma route** et je demanderai au lecteur de rester objectif et d'essayer à travers ma petite expérience de trouver sa voie; **qu'il ait la gentillesse d'aller jusqu'au bout même s'il est irrité de quelques assertions; celles-ci ont fait partie de mon itinéraire et sont appelées à être modifiées.** La seule affirmation que je donnerai dès maintenant est celle-ci :

" L'HOMME PEUT GUERIR DU CANCER ET DE TOUTE AUTRE MALADIE ET S'EN PRESERVER."

L'homéopathie m'a permis d'accéder à cette certitude en m'ouvrant la lourde porte qui protège la connaissance de la vie, celle qui peut s'opposer à la mort.

En 1894, le chef indien Seatle déclarait ceci au général qui lui achetait sa terre. Imprégnez-vous bien de ce texte, lisez-le calmement et goûtez chaque phrase, chaque mot. Si vous vibrez à la lecture de ce message, alors vous aurez pris conscience de quelque chose d'essentiel et si vous n'avez pas le courage de lire ce livre jusqu'au bout, je ne m'en inquièterai pas car la conclusion est dans l'introduction.

" Comment peut-on acheter ou vendre le ciel, la chaleur de la terre ? L'idée nous semble étrange.
" Si la fraîcheur de l'air et le murmure de l'eau ne nous appartiennent pas, comment peut-on les vendre ? Pour mon peuple, il n'y a pas un coin de cette terre qui ne soit sacré. Une aiguille de pin qui scintille, un rivage sablonneux, une brume légère au milieu des bois sombres, tout est saint aux yeux et dans la mémoire de ceux de mon peuple.

Introduction

" La sève qui monte dans l'arbre porte en elle la mémoire des Peaux-Rouges, chaque clairière et chaque insecte bourdonnant est sacré dans la mémoire et la conscience de mon peuple.

" Les morts des Blancs oublient le pays natal quand ils s'en vont dans les étoiles. Nos morts n'oublient jamais cette terre si belle, puisque c'est la mère des Peaux-Rouges. **Nous faisons partie de la terre et elle fait partie de nous**. Les fleurs qui sentent si bon sont nos soeurs, les cerfs, les chevaux, les grands aigles sont nos frères; les crêtes rocailleuses, l'humidité des prairies, la chaleur du corps des poneys et l'homme appartiennent à la même famille.

" Cette terre est sacrée pour nous. Cette eau scintillante qui descend dans les ruisseaux et les rivières, ce n'est pas seulement de l'eau, c'est le sang de nos ancêtres.

" Si nous vendons notre terre, vous ne devez jamais oublier qu'elle est sacrée. Vous devez apprendre à vos enfants qu'elle est sacrée, que chaque image qui se reflète dans l'eau claire des lacs est comme un fantôme qui raconte des événements, des souvenirs de la vie de ceux de mon peuple. Le murmure de l'eau est la voix du père de mon père.

" Les rivières sont nos soeurs, elles étanchent notre soif; ces rivières portent nos canöes et nourrissent nos enfants. Si nous vendons notre terre, vous devez vous rappeler tout cela et apprendre à vos enfants que les rivières sont nos soeurs et les vôtres et que, par conséquent, vous devez les traiter avec le même amour que celui donné à vos frères.

" Nous savons que l'homme blanc ne comprend pas notre façon de voir. Un coin de terre pour lui en vaut un autre, puisqu'il est un étranger qui arrrive dans la nuit et tire de la terre ce dont il a besoin. La terre n'est pas sa soeur mais son ennemie; après tout cela, il s'en va. Il laisse la tombe de son père derrière lui. En quelque sorte il prive ses enfants de la terre et cela lui est égal. La tombe de son père et les droits de ses enfants sont oubliés. Il traite sa mère la terre et son père le ciel comme des choses qu'on peut acheter, piller et vendre comme des moutons ou des perles colorées. Son appétit va dévorer la terre et ne laisser qu'un désert.

" Je ne sais rien, nos façons d'être sont différentes des vôtres.

" La vue des villes fait mal aux yeux des Peaux-Rouges.

" Peut-être parce que le Peau-Rouge est un sauvage et qu'il ne comprend pas.

Introduction

" Il n'y a pas de coin paisible dans les villes de l'homme blanc. Nulle part on n'entend la poussée des feuilles au printemps ou le frottement de l'aile des insectes.

" Mais peut-être est-ce parce que je suis un sauvage que je ne comprends pas.

" Dans les villes le tintamarre semble seulement insulter les oreilles. Que reste-t-il de la vie si on ne peut entendre le cri de l'engoulevent et le coassement des grenouilles autour de l'étang pendant la nuit ?

" Mais peut-être est-ce parce que je suis un sauvage que je ne comprends pas.

" L'Indien préfère le son si doux du vent qui frôle la surface de l'étang et l'odeur du vent, elle-même, purifiée par la pluie du milieu du jour ou parfumée par les pins.

" L'air est précieux à l'homme rouge car tous partagent le même souffle. La bête, l'arbre, l'homme, tous respirent de la même manière. L'homme blanc ne semble pas percevoir l'air qu'il respire. Comme un mourant, il ne reconnaît plus les odeurs. Mais si nous vous vendons notre terre, vous devez vous rappeler que l'air est infiniment précieux et que l'esprit de l'air est le même dans toute chose qui vit. Le vent qui a donné à notre ancêtre son premier souffle reçoit aussi son dernier regard. Et si nous vous vendons notre terre, vous devez la garder intacte et sacrée comme un lieu où même l'homme peut aller percevoir le goût du vent et la douceur d'une prairie en fleurs.

" Je prendrai donc votre offre d'achat en considération. Si nous nous décidons à l'accepter, j'y mettrai une condition : l'homme blanc doit traiter les bêtes de cette terre comme ses frères et soeurs.

" Je suis un sauvage et je ne comprends pas une autre façon de vivre.

" J'ai vu des milliers de bisons qui pourrissaient dans la prairie, laissés là par l'homme blanc qui les avait tués d'un train qui passait.

" Je suis un sauvage et je ne comprends pas comment ce cheval de fer qui fume peut-être plus important que le bison que nous ne tuons que pour les besoins de la vie, de notre vie.

" Qu'est-ce que l'homme sans les bêtes ? Si toutes les bêtes avaient disparu, l'homme mourrait complétement solitaire car ce qui arrive aux bêtes bientôt arrive à l'homme.

" **Toutes les choses sont reliées entre elles.**

Introduction

" Vous devez apprendre à vos enfants que la terre sous leurs pieds, n'est autre que la cendre de nos ancêtres. Ainsi, ils respecteront la terre. Dites-leur aussi que la terre est riche de la vie de nos proches. Apprenez à vos enfants ce que nous avons appris à la terre, aux nôtres : que la terre est notre mère et que tout ce qui arrive à la terre nous arrive et arrive aux enfants de la terre. Si l'homme crache sur la terre, c'est qu'il crache sur lui-même.

" Ceci, nous le savons; la terre n'appartient pas à l'homme, c'est l'homme qui appartient à la terre.

" Ceci nous le savons : toutes les choses sont reliées entre elles comme le sang est le lien entre les membres d'une même famille.

" Toutes les choses sont reliées entre elles; tout ce qui arrive à la terre arrive aux enfants de la terre. L'homme n'a pas tissé la toile de la terre : il en est simplement le fil. Tout ce qu'il fait à la toile de la terre, c'est à lui qu'il le fait. L'homme blanc lui-même, qui a un Dieu qui parle et qui marche avec lui comme un ami avec un ami, ne peut-être exempté de cette destinée commune.

" Quand le dernier homme aura disparu de la terre et que sa mémoire ne sera plus l'ombre d'une image traversant la prairie, les rivages et les forêts garderont les esprits de mes frères car ils aiment cette terre comme le nouveau-né aime les battements de coeur de sa mère. Si nous vous vendons notre terre aimez-la comme nous l'avons aimée, prenez-en soin comme nous l'avons fait et traitez les bêtes de ce pays comme vos soeurs. Car si tout disparaissait, l'homme mourrait d'une grande solitude spirituelle.

" Après tout nous sommes peut-être frères et soeurs, nous aussi. **Il n'y a qu'une chose que nous savons bien et que l'homme découvrira peut-être un jour, c'est que notre Dieu est le même Dieu**. Vous semblez croire qu'il vous appartient comme vous voudriez que notre terre vous appartienne. C'est impossible. Il est le Dieu de l'homme et il a la même compassion pour tous les hommes, blancs ou rouges.

" La terre lui est précieuse, et maltraiter la terre, c'est mépriser son créateur. Les Blancs aussi passeront; peut-être plus rapidement que les autres tribus.

" Celui qui souille son lit périt un jour étouffé sous ses propres odeurs. Mais pendant que nous périssons, vous allez briller, illuminés par la force de Dieu qui vous a conduits sur cette terre et qui, dans un but spécial, vous a permis de dominer les

Introduction

Peaux-Rouges.

" Cette destinée est mystérieuse pour nous. Nous ne comprenons pas pourquoi les bisons sont tous massacrés, pourquoi les chevaux sauvages sont domestiqués ni pourquoi les lieux les plus secrets des forêts sont lourds de l'odeur des hommes, ni pourquoi encore la vue des belles collines est gardée par les fils qui parlent.

" Que sont devenus les fourrés profonds ? Ils ont disparu.

" Qu'est devenu le grand aigle ? Il a disparu aussi.

" C'est la fin de la vie et le commencement de la survivance."

Mais où sont passés les vieillards d'antan, ceux qui inspiraient la confiance, l'amour, la générosité et que l'on nommait les sages dans les tribus anciennes ? Où sont-ils ceux qui pouvaient guider par leur exemple les papooses, joueurs et émotifs, et les adultes combatifs et passionnels ? Nous avons perdu cette sagesse qui est nécessaire à la maîtrise, à la compréhension de nos passions; sagesse nécessaire à la survie de notre société; nous sommes devenus des passionnés, entraînés dans un monde fabriqué sur pièces où la jalousie, l'intolérance, l'avarice, la haine ont acquis leurs lettres de noblesse. Nous avons, hommes médecins, joué un grand rôle en donnant l'illusion à l'homme de maîtriser les lois de la vie physique; en faisant reculer ses limites, le médecin a détruit les corps énergétiques qui lui sont attachés et donc le support de la conscience universelle qui régit notre monde. En privilégiant celui-ci, nous anéantissons la conscience, nous détruisons la sagesse qui est nécessaire à la survie de toutes les sociétés.

Nous sommes en danger de mort et paradoxalement l'on proclame que la moyenne de vie augmente; notre société est cancérisée au sens le plus large du terme; les jeunes n'ont plus d'images à qui se comparer et, devant la passion, ils réagissent par la passion, en l'occurence la violence. Les sages ont disparu et le monde est en révolte...

Le corps physique malgré une hyperprotection s'autodétruit et se dirige inéxorablement à sa perte; les adultes qui devaient se battre pour nourrir la tribu, au sens généreux du terme, ne savent plus pour qui ou pour quoi se battre chaque jour.

Introduction

Je vois, moi médecin, cette femme, cet homme, ces hommes et ces femmes qui à quarante ans ont leur petite auto, leur petite maison, leur système stéréo, leur petit chapeau, et qui d'une minute à l'autre, d'une heure à l'autre, d'une journée à l'autre, se trouvent face à la plus grande forme de violence vis à vis de la matière : la mort.

Le monde matérialiste leur a fait perdre la sagesse; il n'y a plus de sages pour les conseiller, il n'y a plus d'amis solides pour leur expliquer, les raisonner; et l'on jurera et l'on blasphèmera en se renfermant un peu plus dans son système passionnel, redoublant alors de confiance dans le système de la matière, en se protégeant encore plus... paradoxe extraordinaire de voir mourir des gens bien assurés sur la vie.

Nous sommes en train de vivre une des plus grandes erreurs de l'humanité... L'homme, espèce animale la plus évoluée, est menacé directement, et assiste consciemment à sa mort : le malaise est si grand que bon nombre d'individus en prennent conscience et par toutes les voies tentent de sortir la tête de dessous l'eau; les moyens les plus fous sont utilisés par certains que l'on nomme inconscients mais la plupart des hommes ne trouve pas le moyen d'y échapper... La roue de la vie tourne, tourne de plus en plus vite et chacun occupé par ses tracas journaliers, effaré par les acquisitions techniques déferlant dans ce vingtième siècle , se cantonne dans sa spécialité en tâchant de faire son travail le mieux qu'il peut et pour ce qui est du reste faire confiance aux hommes compétents en la matière. Et c'est ici que réside l'erreur car la santé, celle qui permet à l'homme de vivre, qui lui permet d'affronter son destin en toute confiance lui appartient... L'homme s'est déresponsabilisé une fois de plus en décidant que son bien le plus précieux et sans lequel rien ne se crée et ne se fait dans ce monde, serait géré par une tierce personne.

Rappelons-nous ces films de cow-boys et d'indiens qui ont marqué notre enfance; les conflits existant entre ces deux ethnies venaient d'un manque de compréhension; l'homme blanc n'avait pas la même conception que l'homme rouge mais surtout avait une langue différente et pour régler leurs problèmes il fallait faire appel à un interprète... Et, ce qui est le plus important, faire confiance à la traduction; une trahison dans l'interprétation aboutissait à un véritable génocide, à la mort d'une race, à la mort d'une civilisation, à tout l'acquis de l'homme dans le sens le plus large. Les propos de l'Indien ont été troqués, truqués, et il en est mort; il a été assassiné par celui-là même qui devait le protéger. L'homme a menti et il se ment à lui-même.

Actuellement, l'homme soit disant conscient, assassine l'homme physique et celui-ci est en train de subir la plus grande dictature de tous les temps, trahi encore une fois par une traduction erronée. **Nous ne savons pas en effet que notre corps physique a une conscience**, lui rappelant qu'il fait partie intégrante de l'univers et qu'il a son rôle à jouer; véritable carrosse il se doit de rouler le plus loin possible afin de permettre au propriétaire, au moi, à la conscience humaine d'évoluer; il se doit à travers le respect des lois de l'univers de se maintenir en santé et pour cela il parle et il réagira avec force à chaque erreur que commettra le maître du carrosse. Le moi et le physique sont unis pour une vie et il est primordial qu'ils se connaissent, se fondent l'un dans l'autre; seulement ce dernier est trop exigeant et il joue les troubles-fêtes nous empêchant de jouir des artifices d'une vie moderne. Alors nous avons décidé de nous mentir et de tenir ces propos :

Je suis malade, j'ai des hémorroïdes;
Je suis malade, j'ai la tête qui bat.
Je suis malade, j'ai de l'eczéma.
Je suis malade, J'ai la vésicule qui gonfle.

La traduction est en fait toute différente et l'on devrait dire :

Je suis en bonne santé, j'ai des hémorroïdes.
Je suis en bonne santé, j'ai mal à la tête.
Je suis en bonne santé, j'ai de l'eczéma.
Je suis en bonne santé, j'ai la vésicule qui gonfle.

Le corps physique réagit en effet à nos erreurs et nous le fait savoir. Il ne parle pas français, ni anglais, ni espagnol, mais il parle en toussant, en criant, en brûlant, en souffrant. Alors, nous avons décidé de fermer les yeux, de faire la politique de l'autruche et la médecine de nous aider :

Une hémorroïde qui sort, on la sclérose.
Une vésicule qui brûle, on la courcircuite.
L'estomac qui brûle, on l'ampute.
Un utérus qui saigne, on l'exclut à vie.
Un poumon qui gémit, on l'anesthésie.
Une peau qui s'enflamme, on la badigeonne.
Une verrue qui s'épanouit, on la brûle vive.

Introduction

Une fièvre, on la refroidit.

Un microbe qui sort du rang, on le fusille.

Mais, nous avons un corps qui ne sait plus ce qu'il fait ! Il est fou, il se suicide, il a pourtant tout pour être heureux, puisque JE, MOI, suis heureux. Je le gâte en chocolat, en sauces, en raclettes, en vins et en bières; il bénéficie des cigarettes les plus sophistiquées, et je lui fais voir la vie by night; il se plaint alors que je ne lui fais même plus faire d'efforts... C'est un enfant gâté, et il n'aura que ce qu'il mérite. S'il se rebelle, il sera condamné à mort et sans jugement. D'abord les végétations, les amygdales, puis les tympans.... Mais il ne veut plus se défendre, alors vaccins, antibiotiques, corticoïdes:

Il se rebiffe :

Un ovaire, deux ovaires, et puis le tout.

Une varice, deux varices, et puis le tout.

Une dent, deux dents, et puis le tout.

Puis le sein, puis l'autre.

Mais il résiste le scélérat : la thyroïde doit être enlevée; mais il nous nargue : il maigrit et il ne veut plus rien manger... La décision est difficile et il faut désormais taper fort; il ne faut pas qu'il relève la tête car le maître, c'est MOA: rayonnons, et chimiothérapons, et que cela serve d'exemple;

Plus de sang, ce n'est pas grave plasma artificiel.

Plus de rein, ce n'est pas grave rein artificiel.

Plus d'artères, ce n'est pas grave artères en plastiques.

Plus de cervelle, tiens... Il en existait donc une.

Le corps physique n'a pas le droit de parler : on le bâillonne, on le ligote, on le frappe, on l'écrase; il est impensable qu'il puisse se plaindre. Nous ne sommes quand même pas des bêtes et nous n'allons pas nous laisser dominer par un corps qui n'en fait qu'à sa tête...

Pourtant, jeune et vaillant, il en a des choses à nous dire :

Ces hémorroïdes qui sortent ce n'est pas leur rôle, et cela ne doit pas être amusant pour elles.

Cette vésicule qui gonfle et qui se fait piquer par des cailloux, elle préférerait continuer son travail.

Cet utérus qui saigne, qui pleure alors qu'il pourrait assister au spectacle grandiose de la vie.

Ce poumon gris noir qui tousse alors qu'il devrait ressembler à un bébé tout rose.

Ce foie, la plus belle usine qui n'ait jamais été construite, le voilà

Introduction

envahi par une bile qui ne sait où aller.

Cette peau qui est si fière d'être admirée quand elle est bien lisse, bien rosée au point qu'elle se laisse recouvrir de vésicules, de pustules, de rougeurs, de tâches café au lait.

Mais le maître ne veut pas l'écouter et le châtie. Alors à l'image de l'enfant, il se terrera dans un petit coin et ne dira plus rien, intériorisera toutes ses souffrances et ce sera le point de départ des maladies dites chroniques : cancer, leucémie, sclérose, rhumatismes dégénératifs jusqu'à l'autodestruction, c'est-à-dire les maladies auto-immunes, véritables rébellions intérieures.

Notre société est hautement cancérisée et nous ne connaissons malgré son fard et ses artifices que **l'homme cancer**.

Pourtant l'homme existe et l'antidote est là à notre portée de mains, il suffit de le rechercher; seulement ce n'est pas une pilule que certains pourront s'approprier encore une fois à coup de dollars, mais un chemin, non sinueux, non cailloteux mais étroit et de pente abrupte et qu'il n'est pas facile d'emprunter avec un lourd fardeau, en l'occurrence le lourd héritage mental que nous possédons. Ce chemin n'est pas difficile en réalité, il suffit d'être bien préparé et surtout bien décidé à l'emprunter, d'avoir la volonté de ces alpinistes ou de ces coureurs de fond qui savent à quel point atteindre le but a son pesant d'or. Plusieurs voies nous ouvrent ce chemin, et j'en ai découverte une, d'autant plus facilement qu'elle avait été empruntée maintes fois avant moi; ainsi la vraie nature de l'homme m'est apparue, et par là même un sens à la vie; j'ai découvert par cette voie que la guérison ne passe pas par la destruction, que tout phénomène a son explication et que le fait de détruire est un constat d'échec lié à notre ignorance. Accepter une amputation, c'est accepter une vie inutile, misérable, rapidement consommée et c'est subir la vie et non la vivre. Les exigences de notre société nous donnent malheureusement peu de temps à consacrer à notre prochain et à nous-même et malgré nos efforts nous assistons à un énorme gachis... Gâchis n'est pas le mot, je dirais drame; drame de voir détruire chaque jour ce que l'homme n'arrivera jamais à construire, c'est-à-dire la matière dont il est constitué.

Le cancer n'est pas l'apanage de l'âge avancé; des jeunes adultes voire des enfants s'en sont emparés; une personne sur quatre en souffre et en l'an 2000 les optimistes en prévoient un sur trois, les

Introduction

pessimistes un sur deux; le rhumatisme n'est plus le privilège des vieillards, les jeunes ont repris le flambeau. Nos os et nos articulations dégènèrent de plus en plus jeunes; 18% de la population est allergique et l'on prévoit une augmentation considérable dans les prochaines années... Or l'allergie est le nid du cancer; les maladies dites sclérosantes, destructives sont devenues monnaie courante; l'angoisse, l'anxiété, l'agitation, la spasmophilie sont devenues nos compagnes de tous les jours. L'homme est devenu un rejet au sein de la nature et il s'en accommode à coups de pilules, de comprimés, de vaccins et de diverses béquilles, amputé, qu'il est, de toute part. Les grandes épidémies ont disparu mais ont laissé la place aux maladies chroniques, insidieuses et perverses.

L'homéopathie m'a permis en m'ouvrant la lourde porte qui protège la connaissance de la vie, la vraie vie, de découvrir l'homme et par là même la vraie nature de ce mal que l'on nomme cancer. Mais qu'il est difficile de parler de cette unique force qui régit toute la vie, impalpable, non mesurable, et sans limite dans l'espace et dans le temps; qu'il est mal aisé de définir **cette énergie universelle, unique, seule origine de la vie qui se répand sur nous, autour de nous, et en nous, en abondance et en vibrations.**

La liberté totale d'en user et d'en bien user nous est donnée mais notre ignorance et la mauvaise utilisation de celle-ci aboutira à la maladie et au cancer.

CHAPITRE I

LES ETUDES MEDICALES

> Le signe du commencement de la connaissance est de sentir que l'on ne sait rien ou peu; et pourtant si seulement je pouvais connaître ma connaissance, je posséde déjà tout.
> MERE   27. O2. 1962

J'avais six mois lorsque mon père mourut d'une méningite, et mon frère était de deux ans mon aîné; cinq années plus tard notre mère nous donna un père. Le ton changea et d'enfants choyés et adorés par les grands-parents, nous fûmes brutalement plongés dans le monde de la rigueur et de la discipline. Notre éducation fut des plus dures, son objectif essentiel étant la réussite dans les études. Notre beau-père, homme cultivé, était ingénieur chimiste passionné par la recherche et les mathématiques auxquelles ses nuits étaient entièrement consacrées; en dehors de cela, rien, tout au moins en apparence...

Pour obtenir un contact il fallait se hisser à son niveau... mission impossible mille fois constatée. Un seul avis, un seul mot, et nous étions remis à notre place.

Les années passèrent et nous apprenions à nous taire, à ne pas donner notre avis puisque de toute façon nous étions ignorants. On nous demandait seulement de travailler et d'écouter quand on nous y autorisait. Je fus priviligié par rapport à mon frère car mon beau-père eut une seule fois de la patience avec moi et il en fut récompensé, puisque je devins pour lui un partenaire de choix au jeu d'échecs... où le silence était encore une fois roi. Il était doté d'un esprit de contradiction poussé au plus haut niveau et critiquait tout ce que l'on appréciait tout en appréciant tout ce que l'on critiquait. De deux mots et d'un ton grave, il tranchait nos opinions. Cette situation était intolérable et à l'adolescence plusieurs fois mon frère imagina de partir... Mais nous le craignions et jamais nous n'aurions osé l'affronter, ma pauvre mère était le fer entre le marteau et l'enclume. Le conflit n'eut jamais lieu car nous étions de bons vivants, blagueurs, héritage de notre grand-père qui ne ratait pas une occasion de nous apprendre à rire de tout, de nos malheurs et de nous-mêmes. Nous étions également des footballeurs acharnés et notre énergie s'amortissait dans les ballons ronds.

A l'âge adulte, mon frère devenu ingénieur des travaux publics, travailla avec lui dans une entreprise de chimie qu'il avait reprise. Il la quitta un an après, excédé de voir toutes ses décisions annulées et critiquées. Il en eut toutefois l'explication : tout chercheur se doit pour être certain que la chose découverte soit réelle, de prouver par tous les moyens que celle-ci est fausse... S'il n'y arrive pas, c'est qu'elle est bonne. Ce fut une des bases de notre éducation. Nous avions aussi, paradoxe total, une admiration totale pour cet homme dont le savoir sans égal à nos yeux s'extériorisait au grand jour lors de dîners de grandes personnes. Nous mangions à la cuisine et nous écoutions. Nous savions aussi, bien qu'il le cachât, qu'il irait jusqu'à donner sa chemise en cas de péril. Mon éducation me permit de développer un sens critique et je ne remercierai jamais assez mon père pour m'avoir évité cette maladie si répandue et que mon ami Jean-Jacques Bésuchet dont je parlerai plus tard appelle "la culplombite", terme suisse qu'il traduit en français "le cul plombé", (cul plombé à la chaise). Le miroir attire toujours de plus en plus d'alouettes et la foi aveugle se répand à une vitesse insoupçonnée. Les hommes avalent de plus en plus de salades, aveuglés par des artifices et restent collés sur la chaise. Guéris de cette maladie, ils pourraient se lever, aller vérifier sur place, faisant fonctionner leur soi-disant conscience. Je n'avais pas la "culplombite" et je savais en plus que je ne savais rien, ce qui m'avait été répété constamment. Tout ceci, ajouté à mon caractère enjoué de bon vivant, me permit de ne jamais me prendre au sérieux et m'ouvrit d'innombrables portes qui ont préparé le chemin de ma vie.

D'ETRE PROTEGE PAR CE MAL ME PERMET DE DONNER LE PREMIER CONSEIL A CELUI OU CELLE QUI VEUT DECOUVRIR LE CHEMIN DE LA GUERISON. <u>PAS DE FOI AVEUGLE</u>...

Nous avons tous appris qu'au dessus de notre conscient existait le subconscient, quelque chose qui l'étouffe en quelque sorte. **Alors ne nous laissons pas étouffer et chassons les idées préconçues, les idées toutes faites; sachons excercer une critique positive dans tous les domaines.** Sachons lever notre postérieur de notre chaise et allons voir de près, demandant des explications sans complexes car le fait de demander nous permet déjà de comprendre à moitié; n'ayons pas le complexe du non savoir... Le non savoir dans notre culture s'oppose aux diplômes garants du savoir, et j'aimerais répéter ici une phrase qu'affectionnait Arthur Vernes, grand savant que nous retrouverons dans cet ouvrage :

" Il est rare qu'il y ait à la fois diplôme et intelligence."

Le savoir et le non-savoir ne sont que des critères de ce subconscient mais le critère de la conscience est l'intelligence et nous pouvons tous être intelligents à condition de le vouloir. Nous allons donc essayer dans cet ouvrage de faire sauter ces idées toutes faites et qui nous rendent assistés et morts vivants pour permettre à l'intelligence de nous montrer notre voie qui sera individuelle, personnelle et vivante.

Mon père était d'une honnêteté aussi rigide que son esprit critique et jamais il n'accepta de compromissions douteuses; ceci nous permit de changer notre environnement régulièrement et nous étions surnommés dans ma famille: " les pigeons voyageurs". Chaque déménagement était l'occasion de faire le tri de choses utiles et inutiles, de redécouvrir le vestige d'une passion ou de découvrir purement et simplement une chose inconnue. C'est ainsi, qu'à dix-sept ans, finissant ma classe de première, je tombai sur une notification adressée à mes parents quatre années auparavant et qui me nominait. Elle émanait d'un psychiatre ou d'un psychologue qui nous testait chaque année dans une école genevoise. J'étais alors en cinquième et la conclusion ne laissait aucun doute sur l'interprétation : " incapable de poursuivre ses études secondaires, à orienter dès la fin de la cinquième vers une carrière manuelle." Je finissais ma première et je dois avouer que jusqu'ici, sans connaître les conclusions de cet éminent spécialiste, je m'intéressais surtout au football, aux copains, à la mobylette et aux vacances. Je rêvais même de devenir footballeur pour ne plus supporter l'autorité parentale et " vivre ma vie "; et j'avais passé des examens pour entrer dans des écoles préparant une profession où les études théoriques étaient de courte durée. Je finissais ma première et je découvris cette conclusion... Blessure sans gravité, mais blessure tout de même qui fut le premier tournant de ma vie. J'allai moi-même quelques jours plus tard voir le directeur d'une école privée de très bonne réputation, le Mont Thabor à Montgeron et je le suppliais de me prendre en terminale. Les places étaient très limitées mais il me donna sa confiance immédiatement et je fis partie des dix élèves que comptait la classe. Je mis mes parents au courant et mon père, qui était constamment sur mon dos pour me faire pénétrer les plaisirs des mathématiques, se retira sur le champ du combat. Tournant de ma vie, car je quittais la situation d'assisté pour me prendre en charge, sur le plan intellectuel bien entendu. Comme tous les élèves de ma classe, je réussis mon baccalauréat et le choix difficile de notre avenir se posa. Tout me tentait, j'étais un grand rêveur et j'aurais eu plaisir à être journaliste, avocat, ingénieur agricole, vétérinaire ou dentiste.

Je choisis de commencer ce qu'on appelait C P E M (certificat primaire d'études médicales) qui s'effectuait en faculté des Sciences, tronc commun pour dentistes et médecins. La somme de travail était gigantesque et je crois que mai 68 m'a aidé pour passer facilement le cap de cette première année qui sélectionnait des scientifiques. Je décidai donc de faire médecine, longues études qui inquiétaient un peu ma mère dont l'inconscient avait du être marqué par l'avis du psychiatre. Faisais-je médecine par défi ou avais-je la vocation ? Je me suis toujours défendu de cette dernière hypothèse, ne voulant probablement pas me ridiculiser comme tous ces acteurs ou chanteurs qui affirment avoir joué ou chanté dans le berceau. J'habitais Paris et en 1967 le nombre des vocations de médecins était anormalement élevé. Nous étions en surnombre et les cours se prenaient assis dans les escaliers. Nous habitions le sud de Paris, et mon père se rendait régulièrement sur Poitiers; je m'inscrivis sur son conseil dans cette province et je n'eus pas à le regretter car nous étions seulement deux cents sur la ligne de départ accédant très vite aux responsabilités dans les hôpitaux. Il y avait de plus pléthore de chambres universitaires et le rythme de vie était bien agréable. C'était la rentrée 67 et notre première année se faisait en Faculté des Sciences; physique, chimie, biologie, et mathématiques, nous étaient enseignées par des scientifiques, et dès la première année, une centaine d'entre nous devait être éliminée. Ni fort en maths, ni en physique, ni en chimie, l'on pouvait se demander si je m'en sortirais indemne.

Le programme était gigantesque et un fossé existait entre la quantité de savoir nécessaire pour obtenir le baccalauréat et celle de cette première année. Nous n'étions soumis à aucune discipline et nos yeux s'ouvraient sur le monde. Nous étions libres de travailler s'il nous plaisait; enfin pas tout à fait et il nous fallut mai 68 pour acquérir d'autres libertés avant de nous décider réellement à travailler.

Des réunions syndicalistes, soit-disant apolitiques, avaient lieu régulièrement le soir et je m'aperçus à quel point nous étions malléables et comme l'esprit critique me faisait défaut. Tel soir, nous applaudissions telles idées, et le lendemain nous approuvions le contraire. Nous étions mal partis pour réussir nos examens et mai 68 fut une aubaine. Nos "dirigeants révolutionnaires" étaient nos aînés de trois ou quatre années et nous, année comptant le plus grand nombre d'étudiants, représentions la masse dirigeable. Nous avons donc eu un sursis de trois mois pour passer nos examens et il faut bien le dire, il fallait une mauvaise volonté évidente pour ne pas réussir. Certains l'ont eu... Mai 68 a certainement apporté beaucoup de choses et je laisse aux historiens le soin de nous éclairer, mais, une chose est évidente, c'est qu'à partir de cette date le folkore et l'humour ont disparu de l'université pour laisser place ouvertement aux luttes politiques et sectarisées. Ayant passé le cap de la Faculté des Sciences, monstre pour les futurs médecins et qui fut d'ailleurs supprimé, nous étions, avec quelques amis, décidés à aller jusqu'au bout, et à ne pas faire partie de la sélection des trois premières années, période au bout de laquelle nous devions entrer comme externes dans les hôpitaux. Nous séchions de nombreux cours pour ne pas dire la plupart, d'abord parce qu'ils étaient polycopiés, ensuite parce que de nombreux livres admirablement faitsen traitaient le sujet et surtout parce que la pédagogie n'était pas le point fort de quelques médecins hospitaliers. Nous étions bien organisés et nous faisions la synthèse des programmes le matin dans notre chambre au lieu d'aller aux cours. Les après-midi étaient réservés aux travaux dirigés obligatoires, et le soir était consacré à notre culture générale... Enfin, la culture des jeunes de vingt ans assoiffés de vivre.

Deux mois avant les examens, les mesures de rigueur étaient prises et nous engagions le marathon du " par coeur "; notre problème était surtout d'écrire le maximum de texte dans un temps limité et nous faisions dans ce but des épreuves de chronomètrage. Ainsi je me souviens de ces cours polycopiés de biophysique où des mots absents rendaient les phrases déjà peu compréhensibles, totalement hermétiques. Nous les apprenions, et le jour de l'examen,

les récitions telles quelles; domaine de l'absurde, mais nous étions tous notés entre quatorze et dix-huit sur vingt.
Méthode de travail peu originale et ceux qui ne s'y pliaient pas, se devaient en général de rallonger leurs études. En première année, nous admirions les "deuxième années", nous n'osions adresser la parole aux "troisième années", quant aux externes... en blouses blanches, si on pouvait les approcher au cours d'un stage à l'hôpital, nous en étions remplis de béatitude. Puis, nous devînmes à notre tour externes et parcourions les services à la recherche de responsabilités. Désormais, la voie royale nous était offerte et nous approchions enfin les intouchables, ceux que l'on appelait les "mandarins". Tout ce que le patron disait se transformait en lettre de vérité; il aurait pu nous demander n'importe quoi, nous le faisions.
En troisième année, deux voies nous étaient offertes :

    1) soit continuer à passer nos examens régulièrement en donnant une part plus grande à la pratique au contact des malades.

    2) soit choisir la voie du concours, ce célèbre internat, difficile, intraitable et qui nécessite de faire à un degré encore plus important le chronomètrage du par coeur. Plus de temps libre, plus de week-ends, plus de vacances, des contrôles répétés pendant deux à trois ans. Bon vivant, j'ai choisi la première voie avec, de temps en temps, quelques remords.

Un nouveau choix revenait en sixième année :

    1) soit opter pour la médecine générale et après un an de stage interné dans un hôpital sanctionné par la thèse, la pose de la plaque était autorisée.

    2) soit décider d'une spécialité et prolonger ses études de trois à quatre années.

    J'ai choisi encore une fois la première solution comme d'autres amis mais, la seule différence avec la théorie, c'est que nous ne nous sommes pas installés au bout d'un an.

    Choisir la médecine générale , en effet, contrairement à ce qui est inculqué à l'opinion, n'est pas choisir la voie la plus facile. Au terme de sept années, l'étudiant se trouve face à un mur de dossiers : pneumologie, gynécologie, pédiatrie, endocrinologie, gastro-entérologie, rhumatologie, psychiatrie, dermatologie, maladies infectieuses, neurologie, O R L, ophtamologie, dossiers appris superficiellement et inintelligement afin de passer d'année en année et le choix apparaît vite à certains : il est souvent préférable plutôt que de remuer tous ces dossiers d'en choisir un et de se donner trois années pour le connaître. Nombre de mes amis qui ont opté pour la voie 1 se sont installés plusieurs années après, trainant d'hôpitaux en hôpitaux, de remplacements en remplacements afin d'assurer aux patients la maturité que la Faculté ne leur avait point donnée. Sans vouloir mettre le bonnet d'âne aux spécialistes qui ont leur utilité et leur place, il est nécessaire de préciser ce point rappelant que le médecin omnicompétent susceptible d'amener le maximum de bons conseils aux individus est représenté, à mon avis, par le généraliste.

Le médecin généraliste est dévalué car la Faculté a découpé le corps humain en morceaux; à chacun le sien et les spécialistes furent formés en restreignant ainsi chaque jour l'horizon du médecin généraliste, condamné à assumer les banalités, telles que rhumes, grippes, indigestions, certificats... et l'urgence des jours de fêtes... Bien entendu, ceux-ci auraient pu réagir et imposer leurs conceptions générales de l'homme global mais elles n'existent pas par le simple fait que l'enseignement est spécialisé, que les enseignants sont des professeurs hyper-spécialistes et que "l'interprétation conceptuelle du corps humain", comme pourrait dire Dali, est fractionnée, segmentaire, hiérarchisée. Le généraliste devient donc le chef de gare orientant tel ou tel malade vers tel ou tel centre sophistiqué à la recherche d'un diagnostic précis... que l'on arrive d'ailleurs rarement à faire; en effet, selon les statistiques 70 % des malades sont des fonctionnels, c'est-à-dire des personnes à qui l'on fait tous les examens possibles et imaginables, du tube dans le rectum en sortant par la bouche, au scanner, et à qui l'on ne trouve rien mais qui se plaignent. Quand le diagnostic est fait, nous ne sommes souvent guère avancés : les rhumatologues font en effet quatre années d'études pour différencier le lupus érythémateux aigü disséminé, de la polyartrhite chronique évolutive en passant par la spondylarthrite ankylosante tout en aboutissant "grosso modo" au même traitement. En acceptant de devenir le chef de gare, le médecin est devenu un fonctionnaire de l'état médecine. La population, elle, au même titre qu'un troupeau de moutons a suivi aveuglément et est devenue avide d'examens et précède bien souvent le bon médecin de famille à la recherche de ce fameux diagnostic afin de s'en gargariser :

" Oui, mon docteur me l'a dit : Je suis malade du grand sympathique. " ou " C'est mon plexus solaire qui se tirbouchonne et ma rate qui se dilate. "

Bien entendu, nombre de médecins ne se retrouveront pas dans cette schématisation et je le leur concède... mais alors de grâce qu'ils se protègent car leur espèce est menacée de disparition.

J'ai donc choisi la médecine générale et j'ai réussi à trouver un poste de fonction d'interneque j'occupai pendant un an et demi environ dans différents hopitaux.   J'ai, pendant cette période, commencé à faire des remplacements de médecine générale et je roulais ma bosse un peu partout dans différentes régions de France. Au retour de l'un d'eux, j'ai rencontré un de mes amis de Faculté et lui fis part de mon sentiment : j'étais assez découragé, déçu d'une pratique médicale qui ne me donnait pas satisfaction. Il me fit exactement les mêmes réflexions et avait décidé pour sa part d'entamer une spécialité. Nous sortions de faculté, des hôpitaux où l'on nous avait bourré le crâne de syndromes rarissimes, de maladies exceptionnelles, nous connaissions sur le bout des doigts les formules biochimiques, nous manipulions les machines les plus sophistiquées et nous voilà confrontés à une indigestion, à une fièvre de chaleur, à une éruption d'enfance, à une femme en pleurs, à une suralimentée ou à un problème social. Les salles d'attente étaient pleines à craquer et très vite nous nous apercevions qu'il ne fallait pas traîner si on voulait aller se coucher à des heures normales. Les malades défilaient, celui-ci pour une prolongation d'arrêt de travail, celle-ci pour une prescription de pilule, celui-là pour l'établissement d'un certificat, celle-là pour une prise de tension artérielle. La salle d'attente pleine, le carnet de visite chargé, on ne pouvait s'attarder sur un cas difficile... on prescrivait un remède. S'il n'y avait pas d'amélioration dans les huit jours, on entamait le cycle infernal des examens biologiques, des consultations de spécialistes, voire des bilans hospitaliers à la recherche de ce fameux diagnostic indispensable pour prescrire un remède.

J'étais profondément déçu et je m'imaginais mal rentrer dans ce système. Un de mes amis dans l'agriculture cherchant à louer une ferme et la terre m'ayant toujours profondément attirée, ensemble nous parlions d'association. Je l'accompagnais plusieurs fois dans ses visites et j'étais prêt à troquer le savoir que m'avaient donné les grands maîtres de la faculté, ainsi que le bien être et la position sociale que m'aurait donné la société. J'avais en moi le besoin de construire à la sueur de mon front une entreprise que je créerai; médecin, le diplôme me garantissait tout et je n'avais qu'à poser ma plaque, installer un téléphone et attendre le client... Il viendrait bien et il suffirait d'enchanter la première grand-mère et de devenir l'ami du petit-fils... J'ai donc rêvé de devenir paysan comme je l'avais fait à l'idée d'être médecin et je m'abonnais aux magazines agricoles envisageant de faire un ou deux stages de courte durée afin d'avoir un diplôme qui me permettrait d'avoir des prêts. Je ne songeais pas à prendre une exploitation seul, ne connaissant que trop le difficile et dur métier de la terre qui nécessitait une longue expérience; mais mon ami était là et il m'aurait formé sur le tas.

Le destin ne l'a pas voulu ainsi et m'a fait rencontrer la pensée d'HAHNEMANN, dès ma cinquième année de médecine, mon père me parla d'un de ses projets en matière de recherche qui concernait l'homéopathie. Il voulait m'y associer et je n'y connaissais rien, nous avons donc commandé divers traités et je m'inscrivis aux cours d'homéopathie auxquels j'assistai deux fois.

Ce ne fut pas le coup de foudre malgré mon enthousiasme du départ; le temps passa et mon père me remit un jour entre les mains une matière médicale ancienne, bible des homéopathes et qui avait appartenu à mon arrière-grand-père et à mon aïeul, eux-mêmes médecins homéopathes. Ce fut pour moi une joie de parcourir ce livre qui avait été anoté de leurs mains et je retournais donc aux cours parisiens. J'eus cette fois-ci un réel plaisir à entendre parler de *raphanus*, de *nux vomica*, de *lithium carbonicum*, de *pulsatilla*, et mes médiocres études de latin se rappelant à moi, j'écrivais tous ces noms comme je les entendais. Je recopiais mes cours, essayais de les apprendre mais en vain; les remèdes s'accumulaient, se ressemblaient sans se ressembler, se différenciaient sans se différencier bien qu'en fin de compte, malgré toute ma bonne volonté, j'y perdais littéralement tout mon latin...

Malgré cela, c'était pour moi un enchantement d'assister aux cours magistraux du Docteur Zissu pendant lesquels pas une mouche ne volait. Cet homme, remarquable pédagogue, homéopathe de renom, auteur de nombreux ouvrages, créait l'admiration et nous avions tous pour lui un grand respect. Il divisait son enseignement sur quatre années et les homéopathes en herbe côtoyaient donc les médecins chevronnés tous les mercredis soirs. Il ne fallait pas lambiner et nous passions la semaine à recopier, élucider, consulter la matière médicale et essayer d'apprendre. Nous étions souvent découragés mais heureusement le mercredi arrivait et nous repartions plus gonflés que jamais à l'assaut de la citadelle homéopathique.

Je compris sur la fin de mes études homéopathiques pourquoi la médecine qui m'avait été enseignée en faculté ne m'avait point conquis; certes, toutes ces connaissances que nos maîtres avaient bien voulu nous léguer ne m'étaient point inutiles, loin de là, mais la finalité enseignée n'était pas en harmonie avec la forme de pensée que j'espérais inconsciemment découvrir. Le Docteur Zissu me permit de vibrer harmonieusement et à travers son enseignement je **découvris que l'homme était un tout, esprit et corps et que celui-ci ne pouvait en aucune façon être découpé et traité par morceaux.** L'homme est un château de cartes où chaque élément a autant d'importance que son voisin, contribuant à la solidité de l'ensemble. Système cybernétique par excellence, le corps humain réagit à toutes agressions par des réactions en chaîne imprévisibles, traduites par des symptômes apparemment aussi divers et éloignés que possible. La médecine ne m'avait appris à soigner qu'au coup par coup en traitant symptôme par symptôme, et en fin de compte à limiter les dégâts et agir au jour le jour. Bien entendu, le médecin classique n'est pas plus ignare qu'un autre et s'aperçoit bien souvent que les troubles présentés par le malade ont fréquemment une même cause et il essayera de la soigner, mais, malheureusement, pour cela il n'aura à sa disposition qu'une thérapeutique purement symptômatique et l'ulcère de l'estomac provoqué par une anxiété profonde sera traité et par une crème adoucissante de la paroi gastrique et par un remède à visée calmante sur le psychisme.

Hahnemann, médecin éclairé du XIXème siècle, me fit découvrir que le produit agissant sur une multitude de symptômes aussi éloignés et différents les uns des autres existait dans la nature et que son action permettait à l'homme de redécouvrir l'état de santé. Pour reprendre notre exemple de l'ulcère de l'estomac chez le grand anxieux, un seul remède sera ici nécessaire, en l'occurrence l'arsenic.

Je vous en ai trop dit et pas assez sur cette magnifique méthode thérapeutique qui emporta mon coeur et mon esprit, alors, malgré que de nombreux ouvrages existent et soient diffusés largement, je vous en dirai quelques mots.

CHAPITRE II

L'HOMEOPATHIE

> Le médecin n'est pas le médecin des êtres vivants en général, pas même le médecin du genre humain, mais le médecin d'un individu humain, et, de plus, le médecin d'un individu dans certaines conditions morbides qui lui sont spéciales.
> Claude Bernard

Inouï, mais grâce aux maîtres homéopathiques que j'ai rencontrés, je suis tombé sur un énorme dictionnaire nous permettant de traduire le langage de notre corps et ainsi de le comprendre et de répondre à ses voeux. Certains ne croient peut-être plus au Père Noël, mais, ceux qui ont eu un jour ce livre entre les mains et ont fait ce qu'il fallait pour pouvoir en tirer bénéfice savent qu'ils ont là un don du ciel d'une valeur inestimable, un outil de travail qui permet à l'homme de se libérer des souffrances physiques. Les moindres signes, les plus infimes détails qui caractérisent, qui individualisent, qui personnalisent chaque homme sont transcrits dans ce livre; transcrits, non en langage initiatique réservé à quelques élus, mais en parler compréhensible à tous. Connaître ce dictionnaire nous permet de traduire en termes clairs les douleurs de notre corps et de notre esprit, d'y apporter une solution thérapeutique immédiate, de le conduire ainsi par une meilleure connaissance, vers un équilibre se rapprochant de l'état de santé parfait.

Trouver le remède est chose particulièrement difficile pour celui qui n'aura pas fait les études préalables; il n'y a jamais de solution miracle, de solution de facilité et nous le répèterons maintes fois au cours de cet ouvrage; chacun doit en effet s'il désire découvrir un trésor faire la preuve de son mérite. Beaucoup de médecins, se trouvant un jour avec ce répertoire dans les mains, ne le feuillettent que cinq minutes et le referment aussitôt avec cette sentence :

" Ils sont fous ces homéopathes. "

Ceci est fort compréhensible car en effet si vous ouvrez ce livre vous trouverez des phrases dans le genre :

" Ne peut se coucher sur le côté gauche : cocc, colch, lach, lyc, phosph. "

" Dort sur le dos les mains sur la tête : acon, ambr, ant. t, ars, bell, cocc, coloc, ign, meny, nux v, plat, rhus t, sabad, spig, viol. "

" Grand désir de café, mais aggravé en buvant : ars, aster, bry, calc, cap, carbo vég, cham, colch, nat mur, nux vom, phosp acid, sulf. "

" Légèrement constipé et la selle a deux parties : une première partie dure formant un bouchon, la seconde très molle : lycop. "

" Impression d'avoir le coeur qui bat dans la gorge : phytol, physostigm.

Je pourrais continuer ainsi longtemps puisque les symptômes du corps humain recouvrent 1050 pages divisées en deux colonnes et écrites en petits caractères. D'apparence simple, vous retrouvez donc les paroles du corps relativement facilement, mais compliqué car, en réalité, comme vous le constatez, choisir un remède est chose moins aisée vu le nombre de remèdes qu'il existe à chaque rubrique. En effet, trouver le remède nécessite une tournure d'esprit particulière que la plupart des médecins allopathes ou que la population dans son ensemble n'ont pas; ce n'est pas jeter le discrédit sur une médecine, dite officielle, car il est nécessaire que tous les modes de pensée soient retrouvés, chacun apportant quelque chose de plus à l'évolution de l'individu; mais, pour déchiffrer ce grand livre, nos maîtres nous ont enseigné un mode de pensée nous donnant une conception particulière de la santé qui nous permet de traduire le langage de notre corps. Cette intelligence homéopathique s'acquiert par un travail énorme nécessitant dans un premier temps l'abandon d'une logique cartésienne inculquée durant tout le système scolaire et universitaire.

J'aimerais en quelques lignes vous aider à comprendre l'esprit homéopathique et je vais, m'excusant par avance auprès des allopathes et des homéopathes, établir un tableau comparatif entre les deux médecines qui sera je l'admets un petit peu schématique.

ALLOPATHIE ET HOMEOPATHIE.

Le médecin, dit classique, doit pour traiter un malade aboutir à un diagnostic; sans celui-ci il est incapable de trouver une solution thérapeutique idéale; les symptômes de l'homme souffrant ont donc été classés, hiérarchisés, groupés, afin d'aboutir au diagnostic de maladie répondant à une classe de médicaments; des livres admirablement faits résument ces maladies, les classent par ordre alphabétique et le médecin trouvera la réponse médicamenteuse; ainsi l'ulcère de l'estomac répondra à tels remèdes, la crise d'asthme à ceux-ci et le rhumatisme à ceux-là. Le raisonnement homéopathique est opposé, considérant que **tous les hommes sont différents les uns des autres** et qu'ulcère ou crise d'asthme ne signifient en réalité rien; en effet, certains malades souffrent à une heure du matin, d'autres à seize heures de l'après-midi; certains brûlent, d'autres piquent et les douleurs brûlantes sont soit améliorées par du chaud soit améliorées par du froid; tel homme aura perdu un être cher quelques mois auparavant, tel autre héritera de l'ulcère de son père. Ulcère de l'estomac ne veut donc rien dire pour un homéopathe et, si cinq personnes consultent pour ce problème, ils ressortiront tous les cinq avec un traitement différent.

L'HOMEOPATHIE EST DONC UNE MEDECINE STRICTEMENT INDIVIDUELLE.

ELLE EST EGALEMENT UNE MEDECINE DE L'HOMME TOTAL et ne peut traiter un individu partiellement; le symptôme " douleurs brûlantes de l'estomac après le repas" ne pourra permettre au médecin homéopathe de trouver le remède. Et c'est là où le dictionnaire n'est d'aucun intérêt si on se limite à ce seul signe; il faudra trouver d'autres signes si possible les plus précis, qui caractériseront l'individu : son sommeil, ses selles, ses règles, ses peurs; seul le regroupement de tous ces signes permettra au malade de bénéficier d'un remède et au médecin d'expliquer et de corriger le pourquoi.

L'allopathie, elle, s'est spécialisée et le généraliste a, à sa disposition, de nombreux remèdes agissant sur telle ou telle partie du corps; bien entendu celui-ci cherchera la cause et pourra donner des conseils justes et utiles au malade mais malheureusement il n'a à sa disposition que des remèdes agissant selon la loi des contraires, c'est-à-dire étouffant une réaction du corps.

Ceci entraînera une troisième remarque : L'HOMEOPATHIE EST UNE THERAPEUTIQUE ATOXIQUE.

L'allopathie, en agissant par le contraire, en coupant un eczéma, en arrêtant une expectoration, en rendant euphorique un déprimé, empêche le corps de nous délivrer un message et de comprendre l'erreur que nous faisons. L'homme devient ainsi un assisté médical contraint de prendre des remèdes pour étouffer ses plaintes; remèdes qui dans un second temps exerceront un effet toxique sur d'autres parties du corps contribuant ainsi à la naissance de ce nouveau groupe de maladies dites " Iatrogènes ".

Le remède homéopathique est atoxique au sens où on l'entend puisqu'il n'y a pas ingestion d'éléments pondérables.

Ami médecin, ne voyez pas dans cette schématisation une agression car nous avons tous besoin les uns des autres, et tout est complémentaire; le travail effectué dans les laboratoires de recherche par les spécialistes nous fait tous avancer et les résultats servent également les homéopathes car ils sont médecins avant tout et recherchent le bien des personnes qui leur font confiance. Des oppositions telles que je viens d'énoncer doivent faire avancer les idées et développer une intelligence véritable. Ceci dit, permettez-moi de continuer afin que j'essaie de faire percevoir de plus près la richesse du remède homéopathique, considéré, par certains, comme une simple boule de sucre. Par des cas pratiques, nous allons essayer de toucher la réalité de cette homéopathie invisible et tout d'abord rendons hommage à Hahnemann, père de l'homéopathie né en 1755 en Allemagne, et qui heureusement pour l'humanité a un jour été inspiré en découvrant que tout existait dans la nature pour guérir des maux.

Il a ainsi expérimenté le côté, disons matériel, d'un grand nombre de produits permettant ainsi de connaître les troubles que provoquaient ceux-ci, sur des corps apparemment sains; une fois ces troubles reconnus, il était aisé de les corriger et de les guérir en donnant la partie invisible de ces éléments; en quelques lignes nous avons défini la loi des semblables et précisé que **l'homéopathie est une médecine expérimentale**. Hahnemann a donc eu le génie de découvrir qu'un élément qui provoquait une maladie avait le pouvoir également de la guérir; que la matière pouvait prendre deux aspects : l'un pondéral c'est-à-dire visible et mesurable, l'autre immatériel et donc invisible (en tout cas à nos sens grossiers); la partie visible provoquait la maladie, la partie invisible la guérissait.

Pour obtenir cette partie invisible, il fallait diluer la matière et la secouer d'une façon rythmique, ce que Hahnemann appela la

dynamisation. Pour être plus pratique, prenons par exemple une goutte de venin d'abeille et diluons-la dans quatre-vingt dix neuf autres gouttes d'alcool, dynamisons et prélevons de nouveau une goutte; faisons cela cinq fois et nous obtiendrons une dilution dynamisée au 10^9. Nous appelerons ce produit venin d'abeille 5 CH (Centésimale Hahnemannienne).

Reprenons la goutte de venin d'abeille, cette goutte visible et dont le poids peut-être calculé, et injectons-la dans le bras d'un individu : au point d'injection, il y aura une enflure de couleur rose et dans la plupart des cas, le sujet ressentira une sensation mélangée de brûlure et de piqûre; fait remarquable il sera amélioré par une application fraîche.

Comment alors guérir cet homme de cette chose désagréable ? Il suffira de lui donner le venin d'abeille dilué et dynamisé : c'est l'inversion des effets selon les doses, ce n'est pas plus difficile que cela. Toute l'homéopathie est fondée sur cette loi, **la loi de similitude.** La partie visible a provoqué les ennuis, la partie invisible les guérira. On sait déjà qu'au niveau pondéral, la matière peut avoir des effets différents voire contraires en fonction de la dose : le bismuth constipe à faible dose et c'est un laxatif à haute dose. Et bien, ami médecin, si vous connaissiez le bismuth en 5 CH, que d'ulcères d'estomac éviteraient le recours à la chirurgie.

Le cas d'*Apis* est intéressant et nous voyons qu'en cas de piqûre d'abeille, on peut immédiatement trouver la parade en ayant à portée de main une dilution de ce venin. Mais attention, si un jour, nous avons une grosse enflure rose qui pique et qui brûle et que l'on soulage momentanément avec du froid et qui n'est pas dûe à une piqûre d'abeille, que devra-t-on prendre pour se guérir ? Tout simplement du venin d'abeille en 5 CH. Rien ne sert, en effet, de connaître l'élément qui a provoqué ce mal. L'important est que l'aspect de ce mal ressemble à une goutte d'eau près à celui que provoque le venin d'abeille. Nous en déduisons que l'élément inconnu et le venin d'abeille ont agi par le même mécanisme et provoquent la même réaction de la part de l'organisme et donc, selon la loi de similitude, le venin d'abeille dilué et dynamisé sera le remède efficace.

Nous voyons ici toute l'importance de ce fait car comme dans 70% des cas on n'arrive pas à faire le diagnostic, l'homéopathe ne sera pas gêné et en toute modestie face à la nature, pourra traiter efficacement son malade. Reprenons un autre exemple : intoxiquons un foie avec du phosphore à dose pondérale et prélevons un petit bout ; prenons également un morceau d'un foie ayant été atteint par le virus de l'hépatite et donnons ces deux morceaux à un spécialiste du microscope sans lui dire d'où viennent ces deux foies ; il nous répondra que les deux foies sont atteints de la même maladie c'est-à-dire l'hépatite virale et qu'il est difficile de les différencier tant les lésions sont semblables. Nous sommes ici au plus haut degré de la loi de similitude et puisque le phosphore à dose pondérale provoque les mêmes phénomènes dégénératifs que le virus de l'hépatite, ce même phosphore à dilution qu'on appelle infinitésimale guérira le foie de sa maladie. *Phosphorus 9 CH* ou *15 CH* guérira le foie intoxiqué par le phosphore mais il guérira également le foie malade du virus. Bien entendu, toutes les hépatites ne seront pas guéries par Phosphorus ainsi que toutes les piqûres d'abeille ne seront pas obligatoirement guéries par la dilution d'*Apis*. En effet, il existe une sensibilité réactionnelle à chaque produit strictement individuelle et trois individus après une piqûre d'abeille ne réagiront pas forcément de la même manière. Le premier développera le tableau que nous avons décrit précédemment, le second aura peut-être les signes suivants : enflure rouge, chaude et brûlante, le troisième : enflure rose, brûlante, et améliorée par des applications chaudes. Le sujet n°1 guérira avec *Apis* (venin d'abeille), le sujet n°2 guérira avec *Belladonna* car la belladonne provoque ce genre de réactions et le sujet n°3 guérira avec *Arsenicum Album* qui provoque cette autre réaction.

Hahnemann, qui a découvert cette loi en 1790 s'est mis sans tarder au travail et a expérimenté un très grand nombre de substances appartenant aux trois règnes : animal, végétal et minéral.

EXPERIMENTATION.

Comment se passe une expérimentation ? On choisit de cinq à dix sujets apparemment sains de corps et d'esprit et on leur fait ingérer par petite quantité et à dose croissante le produit que l'on veut étudier. On va ainsi déterminer la dose toxique pour chaque individu et cette dose ne sera pas la même pour tous. On s'apercevra qu'il y a des sujets particulièrement sensibles à telle ou telle substance et l'on notera avec soin de quelle façon va réagir l'homme dans sa totalité :

- sept sujets sur dix auront une diarrhée brûlante, une soif ardente et deviendront irritables.
- six sujets sur dix auront une douleur sur l'oeil droit.
- quatre sujets sur dix auront des hémorroïdes avec une sensation de piqûres et l'état de certains sera amélioré par un bain de siège froid.
- enfin, deux sujets sur dix auront mal à la gorge à droite et en avalant ils préciseront qu'ils ont la sensation d'avoir une écharde dans la gorge.

Tous ces signes seront notés et répertoriés. Les signes relevés chez la majorité des expérimentateurs seront de grande valeur et ceux retrouvés chez un petit nombre seront d'un plus faible degré hiérarchique. Toutes les expérimentations faites ont été réunies et sont à la disposition de tous dans les livres que l'on appelle **matière médicale.** Pour guérir nos malades, il nous faut donc connaître cette matière médicale et ce n'est pas chose facile quand on sait qu'un produit comme le soufre, *Sulfur*, développe chez les individus sensibles à peu près 4 500 signes. Quand donc un malade vient nous consulter pour un problème représenté par des signes bien précis et qu'il nous les décrit, il nous faut essayer de retrouver dans la matière médicale le remède qui produit exactement les mêmes effets et en vertu de la loi de similitude, principe de base de l'homéopathie, nous donnerons au sujet ce remède dilué et dynamisé afin que de malade, il retourne à la santé.

Nous allons essayer de comprendre pourquoi, quand un malade présente un aspect éruptif de la peau par exemple, il est important pour un homéopathe de connaître son psychisme, son système digestif et mille autres aspects de cet individu. Prenons l'exemple de l'arsenic, *Arsenicum Album*; il était une époque où beaucoup de femmes en usaient afin de libérer leur mari du lourd fardeau de la vie... Revenons donc dans le temps et voyons cette brave dame mettre en cachette dans le verre de son mari un petit peu d'arsenic... Assez pour provoquer des troubles mais pas trop pour ne pas éveiller de soupçons. Les premiers jours, notre mari se plaindra de légères douleurs à l'estomac et aux intestins et il les trouvera brûlantes; puis les jours passant, il souffrira de diarrhées et de vomissements qui seront de plus en plus brûlants et, fait caractéristique, il se soulagera momentanément par toutes formes de chaleur : en boissons ou applications; sa peau s'assèchera et se mettra

L'homéopathie

à desquamer en fines pellicules; cette peau brûlera également et le sujet se mettra tout près du feu afin de se soulager; il va maigrir et se plaindra d'une soif intense malgré qu'il ne puisse supporter que quelques gorgées d'eau à la fois. Vous vous doutez qu'il va commencer à s'inquiéter surtout que son caractère changera : anxieux, angoissé et surtout agité malgré une grande faiblesse qui s'empare de lui; il souffre de plus en plus et autre fait remarquable, toutes ses douleurs s'aggravent de façon intense entre une heure et trois heures du matin; il devient odieux, méfiant, jaloux et avare... Qui ne le serait à moins ?... et finira vous vous en doutez, par mourir.

Voilà grossièrement la description d'une intoxication par l'arsenic et si l'on ne laisse pas mourir le malade, cela s'appellera une expérimentation qui sera collégiée dans la matière médicale. Il nous arrive de rencontrer des malades qui ressemblent à cette description provoquée par l'arsenic: en général, un vieillard aux joues creuses qui nous regarde d'un air méfiant posant son chapeau et son sac sur notre bureau... la famille nous informant à l'avance et en cachette de son avarice, de sa jalousie ou de son égoïsme; il viendra pour un ulcère d'estomac qui, à ses dires, brûle et le fait souffrir toutes les nuits régulièrement à 1 H 3O du matin. On ne peut, bien entendu, à notre époque soupçonner sa femme de mettre de l'arsenic dans son café et cet homme est dans cet état, pour on ne sait quelles raisons... Lui seul les connaît dans le plus profond de sa conscience, à condition qu'il la connaisse; cet homme sera redevable d'*Arsenicum Album* en 15 CH , par exemple, et lui vouera une fidelité tout le reste de sa vie. Son état ressemble à celui provoqué par *Arsenic* et en homéopathie, nous appelerons ce malade Monsieur *Arsenic*. Bien entendu, nous ne trouvons pas des tableaux aussi complets et aussi purs tous les jours; bien dommage, mais nous ne sommes pas obligés d'avoir toute cette description pour prescrire *Arsenic*; nous pouvons, en effet, prescrire ce remède à un jeune enfant qui ne ressemble en rien à la description précédente; imaginons un enfant amené par sa mère pour un eczéma important de la face. Comme vous l'avez compris, eczéma ne veut rien dire pour un homéopathe et nous interrogeons donc le petit malade :

- Est-ce douloureux ?
- Oui et cela brûle très fort.
- Et comment est-il soulagé, en mettant des applications froides ?

- Oh, non, cela lui fait encore plus mal et il réclame du chaud. De plus, il faut que je vous dise, Docteur, qu'on retrouve des milliers de pellicules dans le lit tous les matins car son eczéma a l'air de s'aggraver toutes les nuits, il nous réveille d'ailleurs.
- Et à quelle heure ?
- Oh, toujours vers deux heures du matin."

Et bien voilà, le choix de notre remède est fait, ce sera *Arsenicum Album*. Nous avons ici juste un aspect du remède et nous donnerons une dilution basse ou moyenne : *Arsenicum Album* en 7 CH. Dans le cas de l'enfant, *Arsenicum Album* sera un remède d'action locale qui améliora son état mais l'enfant ne sera guéri que si on lui donne son remède de fond, c'est-à-dire le remède qui couvrira le maximum de symptômes, le remède qui couvrira la totalité de sa personnalité. Nous continuerons donc pour l'enfant l'interrogatoire et si l'on apprend qu'il est frileux, qu'il transpire des pieds, qu'il est maigre malgré son appétit féroce, que ses plaies ont tendance à suppurer et que de plus, sa mère a du mal à supporter sa nervosité, nous n'hésiterons pas à lui donner de la silice diluée et dynamisée et selon l'habitude, nous appelerons cet enfant Monsieur *Silicea*.

LA CONCEPTION DU TERRAIN.

Hahnemann avait découvert la loi de similitude et il expérimenta de nombreux remèdes sur lui-même et sa famille. Son expérience en clientèle grandit et il vérifia constamment l'exactitude de cette loi, à condition bien entendu, de ne point se tromper et de donner le remède semblable. Un problème pourtant l'ennuyait, le semblable guérissait mais... certaines maladies, certains troubles avaient une fâcheuse tendance à revenir dans un temps plus ou moins long. C'est ici qu'il mit au point sa conception du terrain; il y aurait, selon lui, quelque chose d'anormal qui serait transmis à la descendance et qui favoriserait la répétition des troubles exerçant un blocage à une guérison définitive. A son époque, deux grands groupes de maladies sévissaient : les maladies vénériennes et les maladies de peau comme la gale et il attribua à ces causes la responsabilité de terrains propices à l'éclosion de certaines maladies. Un peu plus tard, des homéopathes individualisèrent un autre groupe responsable : celui de la tuberculose. Cette conception des terrains morbides propice à la survenue et à la répétition de la maladie est assez difficile à expliquer; nous avons vu dans les explications des expérimentations, que des sujets étaient plus ou moins sensibles : tel sujet réagira fortement et développera le tableau complet de l'intoxication par l'arsenic à une toute petite dose et il faudra une dose trois fois plus importante à tel autre sujet pour commencer à réagir; on a pu ainsi définir des types sensibles correspondant à des classes de remèdes qui auraient entre eux un certain nombre de points communs et qu'on pouvait rattacher à un terrain de nature héréditaire. L'homme a une constitution qui lui est propre à la naissance; il a hérité de facteurs génétiques et il réagira d'une façon strictement personnelle aux diverses agressions de la vie.

" Ne fait pas qui veut une tuberculose, ne fait pas qui veut des otites à répétition, ne fait pas qui veut des infections urinaires à répétition. "

Il y a un terrain propice. Il ne suffit pas de le vouloir pour contracter une maladie, il ne suffit pas qu'une épidémie nous environne pour tomber dans le piège. Soigner le terrain, c'est soigner la cause des maladies et c'est ici qu'intervient la grande idée force de l'homéopathie :

PAR LA LOI DES SEMBLABLES ELLE GUERIT LA MALADIE ET PAR SA CONCEPTION DU TERRAIN MORBIDE, ELLE MODIFIERA CELUI-CI AFIN DE COUPER LA VALSE REPETITIVE DES MALADIES CHRONIQUES.

Bien entendu, aucun de nous ne peut se vanter d'être indemne d'une quelconque pathologie héréditaire et l'on peut avoir eu un père tuberculeux et un aïeul syphilitique; il suffit qu'en plus l'on ait été vacciné à outrance et que notre enfance ait été marquée de traitements antibiotiques pour otites et angines à répétition, nous aurons là un terrain particulièrement chargé de deux façons : héréditaire et acquis.

PAR SA CONCEPTION DU TERRAIN MORBIDE, PAR SA CONNAISSANCE DES REMEDES APPROPRIES, PAR SES NOTIONS DE TYPOLOGIE ET DE CONSTITUTION, L'HOMEOPATHIE PEUT SOULAGER L'INDIVIDU DANS

L'homéopathie

L'IMMEDIAT, DEMELER L'ECHEVEAU COMPLEXE DES PATHOLOGIES ACQUISES ET HEREDITAIRES, RELIER ENTRE ELLES LES MALADIES APPAREMMENT ETRANGERES ET REMONTER LE FIL D'ARIANE JUSQU'A LA GUERISON COMPLETE A CONDITION QUE LE SUJET LE VEUILLE.

MEDECINE ATOXIQUE.

Médecine individuelle, médecine totale, médecine de terrain, médecine atoxique, il faut revenir sur le terme atoxique... qui ne veut pas dire qu'il n'y ait pas de réaction à un remède homéopathique car tout le monde a entendu parler de l'aggravation du début d'un traitement homéopathique. Rappelons-nous que le corps physique, intelligence supérieure, est à la recherche constante d'un équilibre, que son propriétaire déséquilibre sans cesse par ses erreurs répétées qui permettra à ce corps de remplir sa mission, celle de porter le plus loin possible la conscience afin que celle-ci puisse évoluer.

Cet équilibre, dès le départ est fragilisé par l'hérédité : la tuberculose par exemple entraînant une fragilité hépatique de toute la descendance et par corollaire des troubles chroniques de voies aériennes supérieures... les maladies vénériennes assurant une faiblesse et une dégénérescence des tissus de soutien (déformations osseuses, mauvaise implantation dentaire, varices, fragilité du système nerveux) pour ne parler que de ces tares.

En plus de cet héritage, l'équilibre est menacé par les erreurs acquises de son propriétaire (alimentation - rythme de vie - ingestion de substances chimiques).

Le corps va donc, avec toutes ces données, rechercher constamment un équilibre dans ce déséquilibre.

Nous allons, avec le remède homéopathique rompre un soi-disant équilibre auquel l'homme s'était habitué et nous allons bien entendu créer un déséquilibre, déséquilibre d'autant plus important que le sujet sera plus intoxiqué; nous pourrons avoir des réactions en chaîne, la guérison d'un signe en faisant apparaître un nouveau et ainsi de suite jusqu'à la véritable cause; nous avons parlé de type sensible et bien entendu, un corps réagira en douceur tandis que l'autre sera impulsif et nous surprendra par sa réaction. C'est ici le danger de l'homéopathie : c'est de ne pouvoir contrôler les réactions en chaîne qui pourront avoir lieu après la prescription d'un remède et seul un bon homéopathe connaissant la matière médicale pourra, si la réaction est violente, ne pas perdre ses moyens et encadrer l'organisme lui donnant par ci, par là un coup de main afin de retrouver l'équilibre naturel inné. La nature est bien faite et n'a pas tendu de piège aux hommes sensés et humbles, ce qui permet à chacun de se soigner par l'homéopathie sans risque, si risque il y a d'accepter à nouveau de libérer notre corps de ses chaînes et de le laisser nous cracher à la figure tout le mal qu'il pense de nous.

LES DILUTIONS.

Nous en avons parlé avec le venin d'abeille et nous en redonnons une explication en prenant des décimales. Prenons une goutte de venin, mettons-la dans neuf gouttes d'alcool, diluons et imprimons des secousses; des petites granules de saccharose seront imprégnées de ce liquide et il sera ainsi aisé de prendre un médicament qui aura pour nom *Apis* première décimale Hahnemannienne; pour faire une deuxième DH, il faudra prendre une goutte de ce premier mélange et la mettre dans neuf autres gouttes et ainsi de suite. Les homéopathes commencent leurs prescriptions en général aux premières centésimales et au lieu de mettre une goutte dans neuf gouttes, on met ici une goutte dans quatre-vingt dix-neuf gouttes d'alcool. Selon les produits employés, on peut diluer avec de l'alcool ou de l'eau.

Les dilutions peuvent se poursuivre indéfiniment et en France il est classique d'utiliser des 15 ou 3O CH , C voulant donc dire centésimale, D décimale et H Hahnemann, père de la méthode. Il est difficile d'imaginer ce qu'il peut rester d'une goutte de venin d'abeille quand on arrive à une trentième dilution; des humoristes ont lancé cette boutade : "Jetez un seau d'eau de javel sur le pont de l'Alma et recueillez un seau d'eau à l'embouchure de la Seine : voilà la dilution homéopathique. " La seule chose qu'ils ont oubliée... c'est la dynamisation. Le remède homéopathique est une dilution dynamisée, c'est-à-dire secouée rythmiquement, acte qui confère à la dilution tout son génie. Bien entendu, ces dilutions dynamisées nous laissent perplexes et il serait encore logique que le doute puisse s'installer; nous avons été perplexes, étudiants en homéopathie, mais le rôle du médecin n'est-il pas d'abord de soulager le malade sans bien entendu provoquer des dégâts car l'on peut couper une jambe pour soulager une douleur mais ce n'est pas toujours la bonne solution. Alors nos maîtres nous ont dit : " Essayez, pratiquez, distribuez des remèdes homéopathiques puis vous vous déciderez; il ne faut pas longtemps pour opter et l'homme petite machine perfectionnée se mouvant dans une nature plus précise que la meilleure des horloges, contemplant l'infini des astres, faut-il qu'il soit prétentieux pour refuser l'évidence sous prétexte qu'il ne peut l'expliquer... est-ce cela l'esprit scientifique ? Et pourtant l'évidence est là pour les cartésiens et la nature généreuse a decidé, il y a quelque temps, de nous donner des preuves.

Avant de vous les donner, je vous raconterai l'histoire qui est arrivée à mon fils Nicolas : beau bébé de douze mois, bien en chair, il se mit à rendre tous ses aliments systématiquement après chaque repas et régulièrement dix minutes après la dernière bouchée; on le voyait se plier en deux, criant, gesticulant jusqu'à l'expulsion en véritable jet de tout son repas. Plus rien ne passait et les jours se suivaient et se ressemblaient. Je ne m'inquiétais pas mettant cela sur le compte des dents car il salivait beaucoup et l'on devinait la naissance de molaires. A l'évidence, il souffrait et son état s'enrichissait de nouveaux symptômes : ses selles étaient franchement diarrhéiques et un léger train de fièvre fit son apparition avec un écoulement nasal.

Un jeune chef de service venait d'être nommé dans la ville où je résidais et devant lui rendre visite, je lui parlai de mon fils et lui donnais à examiner; je lui fis remarquer la rougeur qu'il présentait sur une joue, signe qui en médecine peut nous faire penser à une pneumonie... Ce n'était pas le cas; il l'examina, ne trouva rien puis textuellement me tint ce langage :

" Il faut passer des radios de l'estomac; on ne peut plus, en effet, penser à une sténose du pylore car il est trop âgé mais l'on peut songer à un cancer du foie ou alors un pancréas circiné c'est-à-dire qui s'entoure autour de l'estomac... "

Je ne me décidais pas à passer ces examens et pensant toujours qu'il devait s'agir de ses dents, je décidais d'attendre. Les jours passaient et son état ne s'améliorant pas, nous passâmes les radios; rien à signaler et le conseil fut de l'hospitaliser pour faire un bilan plus complet. Piqué au vif, je rentrai et m'assis au milieu de mes livres d'homéopathie... "J'y passerai la nuit mais je trouverai une solution thérapeutique". La solution ne fut pas longue à trouver et je tombais dans la matière médicale sur le remède *Chamomilla*; je commençais à lire la description des signes réactionnels que provoque cette plante bien connue si on la donne à une certaine quantité chez des sujets apparemment sains et voici le compte-rendu : coliques très violentes, avec besoin de se plier en deux suivi de vomissements en jets. Selles diarrhéiques de couleur jaune, verte et ressemblant à une omelette aux fines herbes (ce qui était le cas) et si vous trouvez une joue rouge et chaude et l'autre pâle et froide alors n'hésitez plus, c'est la clef qui ouvre la porte du choix du remède : c'était *Chamomilla*, remède par excellence, des enfants en poussées dentaires.

Jeudi soir, je lui donnai une dose de *Chamomilla* 7, le vendredi il était totalement guéri : crampes, vomissements, diarrhée, fièvre et rhume, ce qui me permettait de partir à 500 kms au mariage d'une cousine et de laisser mon gosse dormir seul dans un hôtel la nuit du samedi. Ah, si j'avais été plus téméraire, si j'avais écouté plus tôt les conseils de mes maîtres, j'aurai pu éviter et les souffrances de l'enfant et les examens toxiques et coûteux. Nous venons de voir dans ce cas qu'un seul remède couvre la totalité des réactions du corps et que si apparemment et selon la loi logique cartésienne, le rhume et la diarrhée semblent provenir de causes différentes, ces deux symptômes découlent d'un même et unique processus, en l'occurrence ici la dentition. De ce jour, l'homéopathie tomba sur moi comme une fièvre et je dévorai la matière médicale en distribuant de temps en temps et de plus en plus fréquemment quelques granules qui devenaient pour mon entourage une bénédiction à l'occasion de rhumes, angines, indigestions ou autres petits maux.

LES LIMITES DE L'HOMEOPATHIE.

Je fais tout de suite une petite parenthèse signalant au lecteur attentif que l'homéopathie ne se cantonne pas à s'occuper des petits maux. Elle le fait certes mais si le remède homéopathique peut guérir une grippe, une angine ou une coqueluche, c'est que la loi de la similitude est réelle et vraie et à ce moment, il n'y a aucune raison d'imposer des limites à l'homéopathie même dans des cas graves jugés irréversibles... par l'homme. Certains homéopathes, qui rêvent d'avoir une place au chaud à l'université puisque l'homéopathie va y être enseignée sur la demande des doyens, acceptent pour se faire élire professeurs assistants, car il faudra bien des enseignants, de reconnaître et ils le disent tout haut que l'homéopathie a des limites et qu'il faut savoir utiliser l'allopathie dans les cas graves et irréversibles. Mais qui peut juger de l'irréversibilité d'une lésion, qui peut juger de la gravité et des limites d'une thérapeutique quand justement nous ne formulons que des hypothèses sur l'action des remèdes.

CE N'EST PAS A L'HOMEOPATHIE QU'IL FAUT DONNER DES LIMITES, C'EST A L'HOMME QUI L'UTILISE...

Seulement, l'homme est trop fier et à l'image du corbeau flatté par le renard, il laisse tomber son fromage préférant qu'on lui chante des louanges. Non, l'homéopathie n'a aucune limite et la littérature est riche de cancers et autres maladies graves guéries par les dynamisations hahnemanniennes. Tous les homéopathes savent que les fibromes peuvent fondre comme neige au soleil, que des tumeurs du sein peuvent disparaître comme elles sont venues; seulement soigner par l'homéopathie nécessite la connaissance de la matière médicale et l'application stricte de la loi de similitude... un remède comme sulfur présente 4 500 signes distincts et il y a des centaines de remèdes, à l'heure actuelle, expérimentés... de plus, tout peut devenir remède homéopathique. A la connaissance, il faut de l'intuition et ce savant mélange est des plus difficiles à acquérir surtout que le corps ne réagit pas obligatoirement et il arrive fréquemment que le semblable ou similimum ne donne pas les réactions souhaitées, faute de blocages de tous genres : héréditaires ou acquis (en particulier par la prise des tranquilisants). C'est pour cela et uniquement pour cette raison que l'homéopathe ne devra jamais être aveuglé par les quelques succès qu'il aura pu avoir et reconnaître son incapacité à soigner tel malade en le confiant momentanément à un traitement allopathique.

Je voudrais rappeler ici une guérison que l'homéopathie m'a permis de faire : mes beaux-parents avaient un petit chalet montagnard et souvent ma belle-mère rencontrait le voisin, âgé d'une quarantaine d'années et qui souffrait d'une maladie de Dupuytren : maladie qui sclérose les gaines par lesquelles passent les tendons qui font fléchir les doigts, ceux-ci se recroquevillent et donnent ce qu'on appelle la main de singe empêchant totalement toute action, c'est une main morte. L'homme était en arrêt de travail depuis un an et allait perdre une grosse partie de ses indemnités; il était conducteur de car et sa reconversion était difficilement envisageable. Beaucoup de belle-mères, contrairement à la légende, adorent leurs gendres et nombre de fois la mienne l'encouragea à venir me voir ; j'ai oublié de vous dire qu'il n'y a pas de traitement allopathique pour cette maladie et qu'on attend... A la rigueur, on fait quelques infiltrations de cortisone mais sans grands résultats et quand le sujet est jeune, on essaie une opération lorsque la main est vraiment au dernier stade avec une possibilité de récupération de trente pour cent. Un jour, je le rencontrai et fis de la mauvaise homéopathie, lui inscrivant sur une boîte d'allumettes trois doses à prendre à 15 jours d'intervalle : mauvaise car je ne l'interrogeai pas et lui donnai les remèdes qui avaient déjà donné dans ce cas, satisfaction. Deux mois après, il vint me voir en consultation et me salua en me montrant sa main qui était identique à la mienne... la sclérose avait disparu comme par enchantement... **Seule, l'homéopathie peut nous apporter de telles satisfactions et la nature par ce message nous demande d'être humble, modeste et de lui faire confiance à l'avenir : elle saura nous aider car elle a tout pouvoir et pourra nous exaucer si nous nous montrons dignes.**

Avant de parler des nombreuses preuves expérimentales qui existent, je finirai sur les dilutions en disant que pour les maladies aigües : fièvres, angines, grippes, sinusites, rhumes, conjonctivites, etc, il faut utiliser les basses dilutions c'est-à-dire 5 CH et lorsqu'on veut obtenir une action plus profonde, on choisit des dilutions plus hautes : 7, 9, 15, 30 CH; et il faut savoir, nous allons créer ici encore l'étonnement, que plus les dilutions sont hautes, plus l'action du remède est forte et de longue durée; si la dilution est basse, l'action sera courte et superficielle.

PREUVES EXPERIMENTALES.

En France, nous utilisons uniquement la méthode Hahnemannienne, pour préparer nos remèdes, ceci depuis 1965, date à laquelle l'homéopathie a été inscrite au codex pharmaceutique et donc remboursée par la Sécurité Sociale.

Des chercheurs dont Mme WURMSER ont démontré

expérimentalement selon des critères dits scientifiques qu'on retrouvait de la matière jusqu'à la neuvième dilution centésimale et que le remède homéopathique n'était donc pas constitué d'un granule de sucre ayant simplement un effet psychique sur des individus qui avaient la gentillesse béate d'y croire.

1965... Et depuis, des centaines d'expériences ont été faites dans tous les coins de France et du monde. Tenez, en voilà une et toujours avec de l'arsenic. Prenons cinq cobayes et faisons-leur ingérer ce poison à une dose subtoxique et recueillons leurs urines; leurs corps vont réagir à cet apport et vont mettre en route les moyens d'élimination et en particulier, le rein; nous récupérons pendant 36 heures 70 % de l'arsenic ingéré; au-delà de ce temps, nous ne trouverons plus rien dans les urines; les 30 % restants, l'organisme les aura accumulés au niveau des tendons et muscles pour la plus grande partie; nous attendrons un mois... pas moyen de récupérer ces 30 % restants, à moins qu'on leur donne une dose d'*Arsenicum Album* 7 CH et immédiatement l'on retrouvera l'arsenic dans les urines.

Une dilution homéopathique peut mobiliser des particules accumulées dans l'organisme et aider celui-ci à s'en débarrasser; nous pouvons, sur cet exemple, montrer un des aspects de l'aggravation du remède homéopathique : imaginons un homme âgé aux émonctoires bloqués (reins, foie, intestins, peau) et que nous lui donnions d'emblée le remède auquel il est sensible; celui-ci en mobilisant nombre de déchets ou d'autres forces pourra, si le malade n'a pas les moyens physiques, en faire les frais et subir une aggravation qui pourra lui être fatale. Ce problème suscita de nombreux débats dans toutes les générations d'homéopathes et certains se firent les défenseurs d'un drainage préalable par des petits remèdes d'action locale et à basse dilution; d'autres rejetaient cette thèse en arguant qu'il n'y avait point de petits remèdes et que la solution du drainage était la voie ouverte au charlatanisme permettant à tous les farceurs de se faire passer pour des homéopathes en prescrivant un amalgame de remèdes qui n'auraient comme dénominateur commun que le nom en latin. Cette objection a quelque chose de vrai et dans ce monde nous voyons apparaître une race de médecins et de guérisseurs dits complexistes où vous le comprenez il est facile de se nommer homéopathe. Nous voyons ici que l'homéopathie ne se résume pas à prescrire des mots en latin avec des dilutions hahnemanniennes; l'homéopathie basée sur la loi de similitude est en fait une philosophie de la conception de l'homme; l'homme est un tout, indissociable et il n'est pas pensable de le soigner par petits morceaux; l'homme est une individualité avec sa propre constitution, son hérédité, sa façon de vivre et autres acquis dans le temps et il n'est pas pensable de l'assimiler à un groupe pour le soigner; le remède homéopathique peut seul couvrir la totalité des symptômes apparemment dissemblables.

Je me rappelle avoir reçu un jeune homme d'une trentaine d'années, il venait pour un rhumatisme des petites articulations avec déformation; ceci est rare à cet âge et immédiatement venaient à moi quelques remèdes qui avaient ce signe; seulement ce symptôme n'était pas suffisant pour lui trouver un remède et je l'interrogeais : rien, il n'était pas bavard et ne se plaignait de rien en dehors de cela; à force de le questionner il a voulu me faire plaisir et me dit :

- " Ah, si, il m'arrive de temps en temps, mais je n'y pensais plus, d'avoir un trouble de la vision; je ne vois plus la moitié gauche des objets, c'est un trou noir. "

En voyant un individu, il ne voyait que la moitié droite; j'ouvris alors ma matière médicale choisissant un remède qui a une polarité sur les petites articulations et le premier qui tomba fut *Lithium Carbonicum*; en relisant l'expérimentation qui en était faite, je trouvai le signe suivant: hémianopsie latérale gauche, ce qui se traduit en bon français par le trouble dont il se plaignait. Il n'y a que l'homéopathie qui puisse nous apporter de telles satisfactions.

Je me rappelle également ce bébé de 30 jours toujours allaité par sa mère et dont le corps était recouvert d'une éruption que le médecin avait diagnostiqué : mycose généralisée; la mère était affolée de devoir lui donner le traitement anti-mycosique prescrit : trois semaines de traitement; il est difficile de trouver le remède chez un nourrisson et j'en envisageai plusieurs, quand j'entendis la mère me dire :

- " Lorsque l'enfant prend le mamelon, j'ai une douleur violente dans le sein qui traverse jusqu'à l'omoplate. "

Immédiatement, je trouvai le remède : *Croton Tiglium*, non seulement grand remède éruptif de l'enfance mais aussi grand remède de la douleur du sein chez la femme qui allaite. Quand on sait que pour connaître le fils, il faut interroger la mère, il n'est pas étonnant de voir qu'au même moment le fils et la mère présentent des troubles tout à fait différents et qui relèvent du même remède. J'ai donné une dose à chacun et trois jours après tout avait disparu... et l'éruption et la douleur du sein.

Pour en finir avec les dilutions et vous voyez qu'on a pris le chemin de l'école buissonnière, il faut parler ici des **dilutions korsakowiennes**.

En France, seule est autorisée depuis 1965 la fabrication des dilutions Hahnemanniennes. Auparavant était autorisée également la méthode dite korsakowienne, du nom de l'inventeur, Korsakow. Rappelons-nous comment est préparée une centésimale Hahnemannienne : une goutte de venin d'abeille, quatre-vingt dix-neuf gouttes d'alcool et l'on dynamise après dilution; c'est ici qu'intervient la différence entre les deux méthodes : au lieu de prendre une goutte de ce mélange, on vide le tube et on remplit celui-ci avec cent gouttes d'alcool; et l'on revide le tube... en admettant qu'il reste collé aux parois du tube quelques molécules. L'on réalise ainsi des dilutions jusqu'à l'infini puisqu'il est coutume dans nos pays voisins d'utiliser des 10 000 ou des 5O millièmes korsakowiennes. Cette méthode a été interdite en France car lorsque le remède homéopathique fut inscrit au codex, on ne pouvait accepter une méthode non mathématique, descendants de Descartes oblige. Quoiqu'il en soit, nous pouvons nous en procurer relativement facilement et l'on peut donner ainsi grâce à cette dilution korsakowienne une toute autre dimension au génie homéopathique et nous en reparlerons.

Je voudrais terminer ce petit survol homéopathique en parlant de quelques idées fausses circulant sur cette magnifique médecine et m'adresser aux quelques cartésiens qui sont toujours avec nous leur disant que toutes les preuves expérimentales sont accumulées depuis des années et je leur donne l'adresse des laboratoires qui se feront la plus grande joie de leur envoyer les protocoles des résultats; mon intention ici n'est pas d'apporter des preuves, je n'en suis plus là et j'ai été assez récompensé par mes premières années d'homéopathe pour affirmer, sans avoir besoin de quoi que ce soit de scientifique, que le remède homéopathique guérit. Par contre, je voudrais lutter contre les idées fausses qui se propagent à grand train, ce qui en même temps permettra de voir l'homéopathie sous un autre angle et de mieux la comprendre.

IDEES FAUSSES.

Première assertion : l'homéopathie est la médecine des plantes.
Faux, la thérapeutique par les plantes se dénomme phytothérapie. Ceux qui auront lu ce livre, j'espère comprendront la différence qu'il existe entre la prescription d'une plante et du remède homéopathique; *Phytolacca* en teinture mère aura une action déterminée connue; la 5 CH donne à *Phytolacca* une toute nouvelle personnalité qui n'aura rien à voir avec cette première action.

Deuxième assertion : l'homéopathie c'est bien mais c'est long et il faut avoir le temps.
Et bien non, l'homéopathie n'est pas une médecine longue et elle est capable d'agir vite, très vite si cela est nécessaire. Chaque fois que la cause de la maladie sera artificielle, accidentelle, superficielle, l'homéopathie agira très vite; si la maladie a des causes profondes, cachées, héréditaires et qu'elle évolue sur un mode chronique l'homéopathie bien entendu mettra le temps qu'il faut pour aboutir à une guérison vraie et définitive. Ceci d'ailleurs va nous permettre de parler des maladies aigües et de comprendre définitivement le mode de pensée homéopathique.

1. Les aigus.
Imaginons une famille modèle : Papa, Maman, Christine et Louis. Papa quitte son bureau en pleine forme, arrive à la maison et soudain il est pris d'une fièvre et d'un mal de tête insupportable... il est pâle, sa peau est sèche, il a une grande soif, et il est pris par une sorte d'anxiété qui l'empêche de rester en place. Le médecin appelé est assez perplexe, quel diagnostic faire ? Impossible à faire, rien à l'examen clinique si ce n'est que quelques courbatures et une légère raideur de la nuque : est-ce une grippe, un début de méningite virale, une infection virale ou un autre microbe ? Pas de diagnostic... Pas de traitement. Alors, en attendant, on fait une ordonnance et en tant que médecin diplômé je ne crois pas me tromper beaucoup en l'écrivant :
1° - Aspirine pour faire tomber la fièvre.
2° - Antibiotique en cas de complications.
3° - Remontant et vitamine C.
La mère est très embêtée et téléphone à l'homéopathe qu'elle

L'homéopathie

connaît.

" - Y-a-t-il de la fièvre ?
- Oui.
- Comment est-elle arrivée ?
- Brutalement sans s'y attendre.
- Quel temps fait-il chez vous ?
- Un froid sec.
- A-t-il soif ?
- Très soif.
- Il est rouge ou pâle ?
- Pâle.
- Est-il couché ?
- Non, il ne cesse de remuer.
- Transpire-t-il ?
- Absolument pas.

Il n'y a plus de doute, le remède est *Aconit*, en effet, c'est une plante toxique et si vous en faites ingérer quelques grammes à un individu sain, brutalement son corps va réagir à cette intoxication par une fièvre brutale, une sécheresse de la peau, une pâleur, une soif, un mal de tête, une agitation et le malade sera pris d'une angoisse indéfinissable. Ici, il est impossible de faire un diagnostic de maladie et il est à supposer que chez Papa, un virus soit la cause de son état. L'homéopathe, si le diagnostic peut être intéressant du point de vue intellectuel, ne sera pas frustré de ce manque et pourra prescrire le remède nécessaire à la guérison. Croyez-moi, elle ne se fera pas attendre et si 48 heures après, les signes existent toujours, c'est que le remède est mal choisi.

Malheureusement, Maman, avec toutes ces émotions, tombe malade quelques jours après et la voilà couchée dans son lit, complètement abattue, sans réaction avec les paupières tombantes, elle a de la fièvre et frissonne; on la voit trembler sous ses draps, elle se plaint de douleurs musculaires et refuse obstinément de boire... son état est inquiétant. Le médecin est appelé, et je ne vous cache pas la difficulté à faire ce diagnostic; cela doit être grippal mais ce n'est pas sûr, il faut prendre nos précautions, voici l'ordonnance :

1 - Aspirine.
2° - Antibiotique.
3° - Remontant plus vitamine C.

Papa inquiet décide de rappeler l'homéopathe.

" - Y-a-t-il de la fièvre ?
- Oui.
- A-t-elle soif ?
- Absolument pas.
- Est-elle agitée ?
- Non complétement abrutie dans son lit."

L'interrogatoire peut s'arrêter ici, le choix du remède est des plus faciles, c'est *Gelsemium*, le jasmin de Virginie, qui est un des seuls remèdes pour qui n'a pas soif avec de la fièvre; caractérisé par les tremblements et l'abattement du patient.

La loi des séries se vérifiant constamment, le fils rentrant de l'école quelques jours plus tard, se retrouve avec une fièvre de 39°5; sa mère le met au lit et s'inquiète de son état car il est rouge comme une écrevisse, sa peau est moite, une chaleur rayonne de lui, il gémit constamment et enfonce sa tête dans l'oreiller : le moindre bruit l'irrite, demande à ce qu'on éteigne la lumière, se plaint de la nuque et nous regarde avec de grosses pupilles très dilatées; on appelle immédiatement le médecin qui devant l'examen clinique peut être inquiet mais il sait que des virus peuvent provoquer de telles choses. En tout cas, une chose est sûre, c'est qu'on est sûr de rien et il faut le soulager :

" Bon, nous allons essayer de gagner du temps et nous ferons une prise de sang demain matin, en attendant donnez-lui de l'aspirine, je reviens demain. "

Le lendemain soir, son état ne s'est pas amélioré et je ne crois pas être loin de la vérité en vous annonçant l'ordonnance :

1° - Aspirine.
2° - Antibiotique.
3° - Vitamine C.

Les parents inquiets décident de rappeler leur ami homéopathe qui par téléphone pourra leur donner une fois de plus un bon conseil.

- Est-il pâle ou rouge ?
- Très rouge.
- A-t-il soif ?
- Un peu, quand même.
- Est-il abattu ?
- Enormément, ses pupilles sont très dilatées, il refuse d'ailleurs qu'on allume.
- Se plaint-il de la tête ?

L'homéopathie

- Oui.
- Bien, essayez de donner une dose de *Belladonna 7 CH*.

Sans m'avancer, je peux dire que cet enfant sera guéri dans les 48 heures. La belladonne, les allopathes la connaissent et en particulier les ophtalmologues qui pour dilater les pupilles de leurs patients en versent quelques gouttes dans l'oeil.

Amis médecins, ne m'en veuillez pas pour cette petite comédie de boulevard mais vous ne savez pas de quel trésor vous vous privez. La belladonne est un remède d'angine, de fièvre, de rougeur, de scarlatine, de méningite, d'inflammation, de céphalée, de douleur de règles, de conjonctivite, et... je m'arrêterai ici pour les exemples d'aigüs et je vous rappellerai que l'homéopathe dépasse le stade de diagnostic, d'ailleurs rarement fait, pour s'intéresser aux signes qui caractérisent l'individu à un moment donné; chaque individu a ses propres réactions devant une même agression et quand une rougeole s'invite dans une famille de quatre enfants, deux vont la subir intensément, un passera ce cap allégrement et le quatrième ne la contractera pas.

Nous sommes tous différents et il nous faut une thérapeutique individuelle; le remède homéopathique agit donc d'une façon rapide quand la situation l'exige, a l'avantage d'être atoxique et permet de donner le coup de pouce à l'organisme qui s'était momentanément laissé dépasser par un agresseur en stimulant les défenses de l'individu afin de le rendre plus solide. Je ferai quelques petites remarques sur l'ordonnance allopathique :

1° <u>Au sujet de l'aspirine</u>, qui doit lutter contre la fièvre: avez-vous déjà acheté du lait à la ferme ? La plupart d'entre vous avant de le boire vont le faire bouillir pour le stériliser, c'est-à-dire pour tuer les microbes; et bien, le corps est encore une fois intelligent; quand un microbe l'attaque il lui faudra fabriquer une armée d'anticorps capable de s'opposer à ce microbe; les ganglions seront là pour faire la première barrière, prendre les photos et transmettre l'information au système de fabrication de l'armée de défense; il faudra à l'organisme vingt quatre à quarante huit heures au moins pour fabriquer ces anticorps et que faire si l'ennemi est là... Je vous le demande ? De la fièvre. L'organisme ainsi bloquera la reproduction des virus ou microbes. En faisant immédiatement baisser la fièvre par des moyens artificiels, le médecin ou la mère de famille donne un grand coup de couteau à l'organisme et la température redescendue à 37° - 38° permettra au germe de se multiplier par millions; le médecin le sait très bien et c'est pour cela qu'il adjoindra systématiquement à l'aspirine un traitement antibiotique afin, comme il le dit, de prévenir les complications; il le sait très bien car quand on lui pose la question deux reponses sont données :

- risques de convulsions chez l'enfant. Si l'on ne connait pas les remèdes homéopathiques on pourra peut-être envisager de donner un petit peu d'aspirine à un enfant en bas âge qui réagira fortement; mais ceci n'est pas prouvé et de nombreuses études ont démontré que la crise convulsive survenait souvent après avoir donné un anti-fébrile car lorsque son action s'arrêtait la remontée de la température étant brutale provoquait cette convulsion.

- si on ne fait pas baisser la fièvre les gens appellent un autre médecin ou donnent eux-même de l'aspirine... Nous sommes donc tous coupables... sans commentaires.

2° <u>Les antibiotiques</u> : ceux-ci sont actifs sur les streptocoques ou autres microbes mais sont inoffensifs sur les virus; or la grippe, la varicelle, la rougeole, le zona, l'herpès, la rubéole, les hépatites sont virales ainsi que 95 % des angines et 55 % des bronchites; de plus la pathologie virale devient prédominante du fait de la sélection naturelle provoquée par la prescription abusive d'antibiotiques.

Dans les cas où ceux-ci agissent effectivement, cela revient à dire au corps : " Ne t'en fais pas, ce n'est pas la peine de te défendre, on le fait pour toi. " Ce qui a pour conséquence un hypofonctionnement, voire une inactivité du système de défense et l'ouverture de l'engrenage des infections à répétition. Nous verrons un peu plus loin dans la prédisposition des cancers que l'aspirine et les antibiotiques n'y sont pas totalement étrangers.

<u>Troisième assertion sur l'homéopathie : l'homéopathie est une vaccination.</u>

- Non. Le vaccin n'est pas prescrit selon la loi de similitude.
- Le vaccin n'est pas dilué, ni dynamisé.
- Le vaccin est le même pour toute la population.
- Le vaccin recherche une réaction du corps dans un but restreint sans tenir compte de l'intérêt de la totalité.
- Le vaccin est donné à des gens en pleine santé.

Cette remarque montre non seulement que l'homéopathie est ignorée, mais également que la vaccination, malgré l'apparence d'une chose connue puisqu'utilisée quotidiennement, est absolument ignorée du public.

<u>Quatrième assertion sur l'homéopathie : l'homéopathie est faite pour ceux qui y croient</u> : elle a un effet psychique ou en terme scientifique elle a un effet placebo.

Comment expliquer alors que l'homéopathie agit miraculeusement sur les enfants et les nourrissons ? (ceci est normal puisque ce sont des corps sains et que leur réactivité est bonne). Comment expliquer qu'il y a de plus en plus de vétérinaires homéopathes ?... Il faut que la vache possède déjà un certain bagage intellectuel pour guérir d'un abcès de la mamelle avec une dose homéopathique!

Pour clore cette dernière erreur, je raconterai deux petites histoires qui sont arrivées à une cliente et dont j'ai le témoignage par courrier. Je soignais ses enfants, et elle m'amena, un jour leur petite dernière malheureusement handicapée : mongolienne. Il était évident que je ne changerais rien à son état avec mes petites granules mais la mère tenait à ce qu'on lui donne un traitement général comme aux frères et soeurs. Avant de me quitter, elle me parla de son chien de race qui avait perdu tous ses poils il y a deux ans; je lui conseillais alors d'aller voir le vétérinaire homéopathe de la ville mais elle y avait déjà été sans résultat; je lui demandais alors de m'écrire sur une lettre tout ce qu'elle savait sur son chien en se rappelant ce que l'on demandait dans un interrogatoire homéopathique. Je lus la lettre et fait notoire le chien avait perdu tous ses poils deux ans auparavant après avoir été mis dans un chenil et s'en être échappé; il avait été retrouvé six mois plus tard dans la campagne complétement nu. L'étiologie a une grande importance en homéopathie et lorsque l'on sait que tout a commencé à partir de telle date et à telle occasion, il y a peu de chance d'échouer; je lui donnais donc une dose de *Staphysagria* 9 CH et un mois après un poil solide et brillant le recouvrait. Dans sa lettre de remerciements, elle me signalait que l'instituteur l'avait fait appeler car il avait remarqué que sa petite mongolienne avait changé ses habitudes...

L'homéopathie

Il me faut quand même terminer sur cette médecine fabuleuse et je laisse au lecteur intéressé la possibilité d'avancer dans la connaissance de cette discipline en lui recommandant quelques ouvrages. Je voudrais simplement dire en conclusion que la matière médicale est un monument et qu'il est impossible pour un médecin de la connaître en détail, vous le devinez; c'est pour cela qu'il existe, et c'est la chance des homéopathes, un dictionnaire qui permet de retrouver d'une façon classifiée tous les symptômes et leur appartenance aux remèdes; ainsi, le couplage de la matière médicale et d'un dictionnaire appelé répertoire de Kent permet déjà de faire du bon travail.

Une dernière petite histoire si vous le voulez : un homme d'une cinquantaine d'années était venu me consulter pour une migraine ophtalmique insupportable et qui l'immobilisait régulièrement deux à trois fois par mois; la douleur le rendait fou et selon l'expression : " il se tapait la tête contre les murs". Cela durait depuis vingt ans et rien n'y faisait. Je le vis plusieurs fois, sans résultats. Un dimanche après-midi revenant d' accomplir un exercice de cyclisme, je fus appelé par sa femme qui ne savait plus quoi faire. Ayant étudié l'acupuncture, je me proposais de le piquer pour essayer de le soulager; une fois le geste thérapeutique effectué je me proposais de boire une bonne bière suite à mon effort physique et discrètement moqueur je lui en proposais une; il me répondit :
" Ah, si vous saviez ce que j'aimerais, mais quand j'en bois une, je déclenche une migraine. "

Ce signe doit faire sourire tous les homéopathes et je trouvai ici le remède qui le guérirait: *Kali Bichromicum* qui a le désir intense de bière et qui ne peut la supporter.

CHAPITRE III

LES VACCINATIONS

> Nous vivons les enfances de l'immunothérapie. Les résultats sont encore imprévisibles, mal observables, peu reproductibles et donc controversés.
>
> Pr. Israel 1980

Je débutai mes études en octobre 1967 et je posai ma plaque en octobre 1977. Un médecin homéopathe bénéficiait d'un grand choix de villes pour s'établir et après avoir hésité sur certaines, nous fûmes ma femme et moi heureux qu'on nous parle d'une petite bourgade située sur les rives du Léman au pied de majestueuses montagnes. Je m'installai donc dans cette ville à dimension humaine et le jour de mon ouverture, mon carnet de rendez-vous était déjà plein pour une semaine; la vie s'annonçait bien avec une bonne clientèle qui me mettait à l'abri du besoin, un horaire de travail souple et une vie de famille des plus heureuses dans un des plus beaux cadres de vie de cette belle France, partagé entre les joies de l'eau et de la montagne. Mes maîtres m'avaient encouragé à m'installer car on ne pouvait rester étudiant toute sa vie, mais... qu'il est difficile de se nommer homéopathe. Diplômé de médecine allopathique, j'étais habitué aux remplacements et je savais que je pouvais toujours me décharger sur les spécialistes ou sur l'hôpital en cas de difficulté. Le problème est tout à fait différent lorsque l'on prend la responsabilité de s'affirmer aux yeux de la population comme spécialiste en homéopathie; nous sommes à la fois généraliste nous occupant de l'homme dans sa totalité et spécialiste dans une thérapeutique bien particulière. Les consultants avaient, en général, épuisé l'arsenal médicamenteux officiel et se présentaient devant nous avec des dossiers énormes signés et contre-signés par une chaîne sans fin de spécialistes. Heureusement pour moi, débutant en homéopathie, ces clients souffraient depuis assez longtemps pour que je les fasse attendre huit à quinze jours de plus, leur assurant que j'allais étudier leur dossier de près; ce temps de gagné me permettait de compulser les notes écrites sur ce sujet et de demander l'avis à mes maîtres par téléphone. Heureusement pour nous, les chroniques n'étaient pas les seuls à demander l'aide de l'homéopathe et le remède dilué était d'une action sans égale dans les aigüs, ce qui nous permettait de créer une ouverture d'esprit chez un grand nombre de personnes. Le Dr Lavarenne à qui je dois beaucoup pour m'avoir accepté à ses côtés durant ses consultations me répétait sans cesse :

" Travaillez vos aigüs, ce sont eux qui vous apporteront des clients; les chroniques vous avez le temps de les bûcher. "

Travailler n'était pas un vain mot, il n'y a rien de plus difficile qu'un aigü mais quelle récompense quand vous faites disparaître une laryngite striduleuse en cinq à dix minutes ou une bronchite aigüe en vingt-quatre à quarante-huit heures.

Mes clients me permettaient donc d'approfondir mes connaissances et chaque cas était l'occasion de me replonger dans la gigantesque littérature que nos prédécesseurs nous avaient léguée. "Tout baignait dans l'huile" selon la formule consacrée et j'avais la chance de gagner ma vie en faisant ce qui me passionnait. Seulement voilà, un soir d'hiver, je fus invité par le Président d'une association qui voulait organiser un débat sur les vaccinations et la présence d'un médecin homéopathe lui paraissait indispensable; je ne pouvais pas refuser étant pris de cours et acceptai de m'y rendre; je dois vous avouer que j'étais bien fébrile pour ne pas dire inquiet et que j'aurais de bon coeur laissé ma place. En effet, la faculté ne nous apprend pas grand chose en matière de vaccinations si ce n'est qu'elle vous en fait l'apologie sans restrictions ni réserve.

" Les vaccins ont sauvé l'humanité de tous les terribles fléaux qui l'ont menacée... "

Aucune discussion n'était ouverte et l'ordre nous était donné de vacciner. Ceci était d'ailleurs une évidence pour nous, étudiants, et nous ne songions même pas à la discuter; je me rappelle encore mon indignation quand un ami de mes parents, artificier de profession, se déclarait adversaire total de cette pratique et racontait qu'il était resté assis toute une nuit devant la porte d'entrée de l'école pour protester contre l'obligation vaccinale faite à son fils; j'étais en quatrième année et j'étais irrité de voir un homme prendre une position telle dans un domaine qui était mon domaine ; il ne me demandait même pas mon avis... Que chacun s'occupe de son travail !

Dans l'enseignement homéopathique ce problème est traité d'une façon assez floue et contrairement à ce que l'opinion publique pense en général, les homéopathes ne sont pas tous des adversaires acharnés de cette pratique; la majorité a une position réservée en se contentant de mettre en exergue le danger de la vaccination contre la variole, du B.C.G, de la coqueluche et en conseillant discrètement la pratique du vaccin contre la polio et le tétanos.

Tout cela pour vous dire que je n'étais pas armé, loin de là, pour débattre en public d'un problème que je connaissais mal, mais j'avais accepté de m'y rendre et je m'y rendis; je m'installai dans un coin et j'essayai de me faire tout petit. Sur l'estrade, prit place un homme d'une bonne corpulence, un carbonique à l'évidence portant barbe et lunettes; il n'était pas médecin... il était employé à la S.N.C.F; il n'était pas non plus père d'un infirme mais s'était lancé dans ce domaine sans aucun parti pris. Il précisait de suite son objectif : il se battait non contre les vaccinations mais contre l'obligation des vaccinations et d'emblée il nous présentait une diapositive nous montrant à quel point nous étions gâtés en France en ce qui concerne les obligations. (voir tableau des obligations). Durant une heure trente les diapositives se succèdèrent et d'une façon rythmée, rapide et claire, cet individu démonta une par une chaque vaccination nous montrant, chiffres et statistiques à l'appui, qu'il était en droit d'émettre un énorme doute quant à l'efficacité de celles-ci et de justifier ses craintes quant aux complications graves qu'elles pouvaient entraîner; argumentation soutenue par des références de médecins, d'instituts ou d'organismes mettant en garde contre les dangers des vaccinations; exposé magistral et qui donna je l'avoue, beaucoup à réfléchir.

Je savais par mes études homéopathiques que les vaccinations conduisaient au terrain sycosique (pré-cancéreux) et de nombreux homéopathes s'y opposaient farouchement mais je pensais sincèrement que s'il y avait effectivement des risques il y avait quand même beaucoup d'avantages; or l'orateur venait de me démontrer le contraire par des chiffres tous visibles à l'O.M.S. Que répondre ? Je sentais qu'on allait me poser des questions; les battements de mon coeur s'accéléraient de seconde en seconde et mes yeux s'arrangeaient pour ne croiser aucun regard. Quel avis pourrais-je donner ? Quelqu'un venait d'enfoncer un grand coup de bélier dans un de mes édifices mentaux. Ayant toujours entendu une vérité, je l'avais apprise par coeur, non seulement dans mon enfance, où la société m'a vacciné régulièrement mais ensuite dans mes études où de vacciné je devais devenir vaccinateur; je ne pouvais répondre ni prendre la parole car je savais que je ne savais rien et que même si j'étais sincère, cela n'apporterait pas grand chose dans une réponse qui se devait scientifique. Je préfère donc oublier la réponse banale que j'ai faite et réponds aujourd'hui à la question d'un homme présent dans la salle qui s'étonnait de ne voir aucun médecin hormis moi alors qu'une centaine d'entre eux avaient été invités; un individu lançait même l'invective que les médecins étaient des vampires assoiffés d'argent et que les vaccinations étaient leur gagne-pain. Pour défendre un peu la classe médicale à laquelle j'appartiens, je tiens à dire que l'individu en blouse blanche, seringue à la main, a été conditionné pendant sept années; rappelons-nous... Une fois le bac dans la poche, nous rentrions à l'université, fiers comme Artaban, et dès la première année de médecine, beaucoup d'entre nous arboraient un caducée sur le pare-brise de leur voiture. Etudiants en médecine, nous n'étions pas n'importe qui. Mais jeune coq à la ville, à l'intérieur de la citadelle tout changeait et nous étions "tout penaud" face au grand professeur qui nous faisait son cours magistral; c'etait lui qui décidait de notre passage en année supérieure, c'etait lui qu'on retrouverait au lit du malade en blouse blanche entouré de sa cohorte d'infirmières, de chefs de clinique, d'assistants, d'internes, d'externes et de stagiaires. Attention, le patron arrive... Où sont les dossiers ? Il n'avait qu'un mot à dire et nous lui sortions tous les résultats. Comment expliquer ce sentiment éprouvé devant le patron, sentiment mélangé de crainte et d'admiration à toute épreuve; il nous affirmait, lui aussi, chiffres en main :

" Depuis que l'on vaccine contre la polio, il n'y a plus de polio en France; depuis que l'on vaccine par le B.C.G, il n'y a plus de tuberculose en France. "

Puis nous devenions médecins, abonnés aux revues médicales, intégrés dans des groupes d'enseignement post-universitaire où, à l'image de la citadelle, personne n'osait émettre un avis critique sur le dogme des vaccinations. Et vous voulez que l'on aille à des réunions organisées par un commerçant, un cheminot, un artificier... Allons, des gens qui n'ont pas fait les études que nous avons faites... En toute bonne foi, passez votre chemin et laissez-nous faire notre travail.

Le destin m'y avait pourtant conduit et je ne le regrettais pas car

Vaccinations obligatoires pour toute la population

dans les pays du Marché Commun

VACCINATIONS	VARIOLE	DIPHTÉRIE	TÉTANOS	POLIOMYELITE	B.C.G.
ANGLETERRE					
PAYS-BAS					
IRLANDE					
RÉPUBLIQUE ALLEMAGNE FÉDÉRALE				en Bavière uniquement	
BELGIQUE				●	
LUXEMBOURG					
ITALIE		●		●	
FRANCE	●	●	●	●	●

c'était l'occasion de faire le point sur une des questions essentielles de notre société. La conférence terminée, je restais quelques instants pour serrer la main de l'orateur et le remerciais de m'avoir apporté cette information :

" C'est très intéressant, lui dis-je, tous les chiffres que vous nous citez nous obligent à réfléchir mais il serait bon de pouvoir lire tout cela à tête reposée et d'en tirer des conclusions objectives. "

Ce n'était pas tombé dans l'oreille d'un sourd et quelques mois plus tard voilà mon homme qui passait à mon cabinet, sac à la main, et pas n'importe quel sac... avec une trentaine de livres ! Je le remerciai beaucoup sur le moment et sur le moment seulement car ce sac m'a donné mauvaise conscience pendant de longs mois... presque douze, n'ayant pas ouvert la moindre page. Je débutais en homéopathie et la plupart de mes soirées ou jours de repos étaient consacrés à l'étude des cas difficiles, et de la matière médicale que je connaissais encore mal; j'étais pourtant pressé par de nombreuses mères qui me demandaient mon avis sur les vaccinations...

" Je suis en train de travailler le problème, répondais-je à chaque fois et je montrais le sac de livres.

Mon fournisseur passait, lui, de temps en temps et une amitié sincère nous réunissait petit à petit, passant des moments de plus en plus longs à discuter et si je ne souffrais pas d'avoir une minute de retard à mes consultations, le jour où il venait, je prenais aisément une demi-heure. Il continuait ses conférences et avait dû me reprendre les livres sauf trois qu'il m'offrit; attitude sage de sa part car le résultat ne se fit pas attendre, un jour l'envie me prit d'en lire un et comme quelqu'un qui mange un bout de chocolat et qui veut dévorer la plaque, une fringale s'empara de moi et je dus lui réclamer de la nourriture, ce qu'il fit très rapidement.

Le problème des vaccinations est un problème très grave et il est important que chacun puisse se faire son opinion; j'assistai donc à cette conférence qui m'apporta un autre son de cloche et me stimula pour aborder le problème. Dans un premier temps je vous ferai part des quelques réflexions que j'en ai tirées, mais celles-ci ne sont qu'un premier pas, une première ébauche car nous le verrons dans la suite de ce livre le problème est lié à la conception globale de l'homme intégré dans l'univers.

Deux grandes questions sont donc à poser :
1° Les vaccinations sont-elles efficaces ?
2° Les vaccinations sont-elles sans risques ?

- Si elles sont efficaces et sans risque, il n'y a aucune raison pour contester et le débat est clos.
- Si elles sont efficaces et avec risque, il serait important d'évaluer ceux-ci et d'en faire la pesée soigneuse.
- Si par contre elles sont inefficaces et avec risques, il serait alors urgent d'en débattre.

Puisqu'il y a des gens qui se révoltent, qui consacrent la plus grande partie de leur vie privée à essayer de se faire entendre, il est de notre devoir, à nous médecins, gérants de la santé, de les écouter; aussi je vous propose les quelques points qui m'ont réellement troublé lors de la conférence de Mr Mora et je vous livre telles quelles les courbes qu'il nous a montrées, et qui répondent à la première question, les vaccinations sont-elles efficaces ?
Pour ma part, je terminerai sur la deuxième question en essayant de faire quelques remarques. Mais, amis lecteurs, si ce problème ne vous intéresse pas parce que vous l'auriez déjà étudié, ou que votre opinion est déjà faite, ne vous imposez pas ce travail et ne m'abandonnez pas ici car d'autres éléments viendront éclairer d'une lumière nouvelle ce problème si délicat à trancher.

LES VACCINATIONS SONT-ELLES EFFICACES ?

La polio.

En Grande-Bretagne, la mortalité par polio a décliné de 82% de 1950 à 1956 sans vaccination.

Et de 67 % de 56 à 62 pendant la période vaccinale.

Ci-dessous la courbe qui permettra de mieux évaluer l'impact de la vaccination anti-poliomélytique.

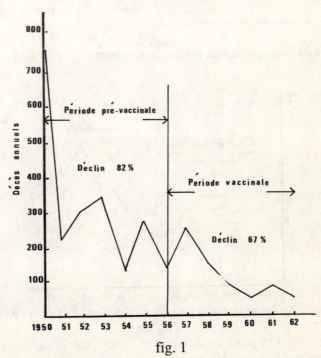

fig. 1

1 - On est en droit en voyant ce graphique de se demander si le déclin de la polio n'était pas dû à un phénomène qui nous échappe et si la vaccination est aussi efficace que cela.

Les vaccinations

Il est très intéressant d'examiner de près les taux de décès pendant les périodes pré et post-vaccinales, en rapport avec les taux de personnes vaccinées, proportionnellement à la couche de population considérée comme exposée (chiffres du Ministère).

Pourcentage de vaccinés sur la population exposée		Evolution du taux des décès	
1957	23 %	1957	− 40 %
1958	35 %	1958	− 43 %
1959	45 %	1959	− 47 %
1960	56 %	1960	+ 72 %
1961	70 %	1961	− 43 %
		1962	− 16 %
		1963	− 24 %

fig. 2

Ces chiffres se traduisent par la courbe suivante.

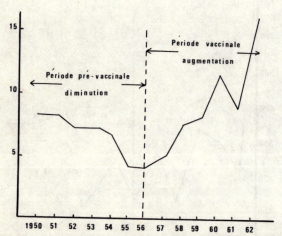

Pourcentage des cas de mortalité par poliomyélite aiguë de 1950 à 1960.

fig. 3

2 et 3 - On peut se demander pourquoi le pourcentage de mortalité par la polio augmente pendant la période vaccinale alors qu'il régressait avant la période vaccinale.

Les vaccinations

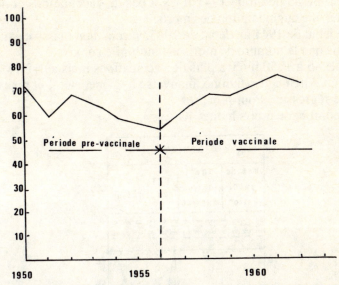

Pourcentage des formes paralytiques de poliomyélite 1953 à 1962.
Extrait des rapports du Ministère de la Santé (Grande-Bretagne)

fig. 4

4 - Même réflexion pour les formes paralytiques.

Avant 1965, à Rio de Janeiro, il y avait environ 84 cas de polio. Il y a eu une vaccination massive par le vaccin Salk de 1956 à 1961 puis une vaccination massive par le vaccin Sabin; or l'on constate en 1975 qu'il y a plus de 700 cas de polio. Les autorités font venir le Professeur Sabin qui les rassure et pourtant le nombre de cas monte jusqu'à 1 200.

La diphtérie.

Voici la courbe de la mortalité par diphtérie pour 100000 habitants à Berlin de 1938 à 1950 :

- de 1938 au début de 1941 il n'y a pas de vaccinations et nous constatons une augmentation des morts.
- du début de 1941 au début de 1945, vaccination massive et nous constatons que le nombre de morts est multiplié par six.
- de 1945 à 1950 il n'y a plus de vaccinations mais aussi il y a le désastre en Allemagne (famine, mauvaise hygiène, etc...) et pourtant la courbe régresse... Pourquoi ?

(le nombre de morts moins 4O fois).

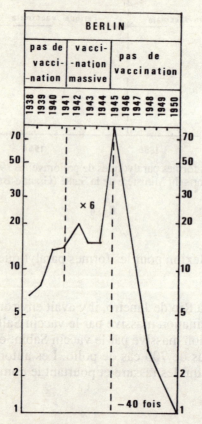

Fig. 5 : Evolution de la diphtérie à Berlin de 1938 à 1950, dans ses rapports avec la vaccination. Taux de mortalité pour 100 000 habitants. Echelle logarithmique.

Voici un deuxième graphique comparant le déclin de la diphtérie dans dix-neuf pays **vaccinés** d'Europe et en Allemagne occidentale **non vaccinée** de 1946 à 1952.

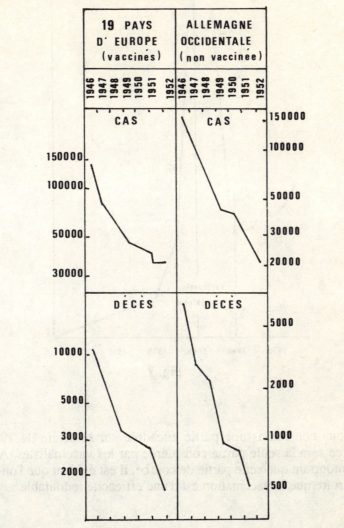

Fig. 6 : Déclin comparé de la diphtérie dans 19 pays (vaccinés) d'Europe et en Allemagne occidentale (non vaccinée) de 1946 à 1952. Cas et décès. Echelle logarithmique.

Voici un troisième schéma montrant l'évolution de la diphtérie en France depuis 1912.

Les vaccinations

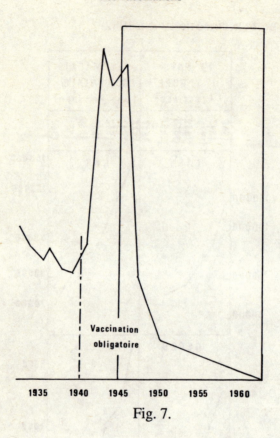

Fig. 7.

Nous constatons une partie encadrée sur la droite de 1945 à 1960; ce sera la seule partie considérée par les vaccinalistes. Ainsi, en ne montrant que cette partie de courbe, il est évident que l'on peut faire croire que la vaccination est d'une efficacité redoutable.

Pour continuer toujours avec la diphtérie voici la comparaison des courbes du Canada et du Japon. Le Canada est toujours cité comme pays où la vaccination donne les meilleurs résultats.

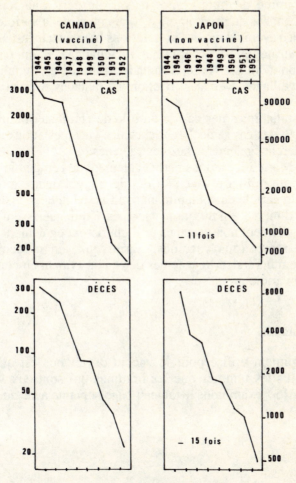

Déclin comparé à la diphtérie au Canada (vacciné) et au Japon (non vacciné) de 1944 à 1952. Cas et décès. Echelle logarithmique.

Fig. 8

Pourquoi les courbes sont-elles pratiquement superposables ?

La variole.

Les vaccinations

Dans une lettre interne du 21 mars 1977, L. Harita responsable du programme de lutte contre la variole écrit que lors des dix dernières années du programme d'éradication de la variole, **on a vu la maladie revenir dans des populations bien vaccinées**; à la suite de quoi, la stratégie du programme fut changée et on passa de la vaccination de masse (Inde, Bengladesh, Ethiopie, Somalie, Kenya) par la surveillance avec identification des malades et vaccinations des contacts.

Les statistiques des cas de variole de Haighate montrent qu'en 1870, 91 % des cas se déclarent chez des vaccinés et qu'en 1881, 96 % se déclarent également chez des vaccinés.

Jean-Marie Mora nous parla également de l'épidémie de variole en 1954 : un militaire vacciné (dernier rappel quatre mois avant) introduit la variole en contaminant son fils; 67 autres personnes sont atteintes dont 15 enfants non vaccinés (qui guérissent) et trois adultes également non vaccinés (qui guérissent également . Il y aura quatorze morts tous vaccinés. Parmi eux, un médecin et une infirmière qui s'étaient revaccinés dès qu'ils avaient eu connaissance du cas de variole initial.

Le tétanos.

L'argument utilisé pour le vaccin du tétanos est que celui-ci touche plus les femmes que les hommes qui sont eux vaccinés à l'armée. Alors examinons le tableau page suivante avec attention.

Les vaccinations

	Années	1969		1970		1971		1972		1973		1974	
	Sexe	M	F	M	F	M	F	M	F	M	F	M	F
VACCINÉS	0 à 1 an				2		1	2	3				
	1 à 4 ans						1		3	1		1	
	5 à 9 ans												
	10 à 14 ans												
	15 à 19 ans												
	20 à 24 ans	1								1			
	25 à 29 ans									1	2		
	30 à 34 ans	1								2	2		
	35 à 39 ans	1	2	1		1	1		2		2	1	
	40 à 44 ans	2	2	2	5	3	3	2	1	1	2	2	
	45 à 49 ans	7	5	8	10	2	1	3	2	5	3	1	8
NON VACCINÉS	50 à 54 ans	**1**	**4**	**5**	**3**	**4**	**8**	**5**	**11**	3	8	6	
	55 à 59 ans	**12**	**4**	**9**	**9**	**10**	**4**	**7**	**5**	4	6	8	
	60 à 64 ans	**21**	**12**	**22**	**16**	20	17	12	11	10	7	24	11
	65 à 69 ans	**24**	**12**	**25**	**13**	22	13	29	20	23	16		8
	70 à 74 ans	15	12	18	17	21	20	18	23	21	14		19
	75 à 79 ans	12	21	8	30	19	27	24	18	13	21		22

(accolade « immunisés ? » regroupant les tranches 5 à 34 ans)

Les chiffres en gras concernent des sujets qui entrent dans une catégorie de population vaccinée depuis plus de 20 ans.

Fig. 9

La partie encadrée représente une tranche de population non vaccinée (puisque le vaccin anti-tétanique est devenu pratiquement obligatoire en 1933) sauf pour les hommes qui ont été mobilisés depuis 1936 (date de la vaccination obligatoire de l'armée) soit pour le service militaire soit pour la guerre (à partir de 1939 pour les hommes de moins quarante ans). Que constatons-nous :

- que les femmes non vaccinées sont moins atteintes que les hommes : 145 hommes pour 101 femmes.

Pendant la guerre de 1914-1918, l'armée française n'était pas vaccinée et elle le fut dès 1936 où plus de quatre millions de vaccins ont été faits entre 1936 et 1940; pourtant le taux de tétanos pour mille blessés a été identique pour les deux guerres.

Par contre l'armée grecque non vaccinée a eu une fréquence du tétanos sept fois moins forte que dans l'armée française. Pourquoi ?

Le B.C.G

Celui-ci est le seul vaccin ayant fait l'objet d'une étude en double aveugle. Cette étude a été menée sous l'égide de l'Organisation Mondiale de la Santé* et a été faite aux Indes entre 1968 et 1971. L'expérience conclut à l'absence de protection conférée par la vaccination par le B.C.G.

Après nous avoir montré cette étude, Mr Mora nous signalait que la tuberculose était une maladie récidivante et nous posait la question suivante : comment pouvait-on croire qu'un vaccin atténué (d'origine bovine) puisse protéger un individu de la tuberculose alors qu'un homme ayant contracté le bacille virulent (humain) et la tuberculose maladie, puisse rechuter à tout instant (il n'est pas rare de voir des individus faire plusieurs atteintes tuberculeuses dans leur vie, loin de là). Question troublante en vérité. Il fut ensuite très prolixe sur la naissance du B.C.G et la manière dont celui-ci a été imposé par Calmette et l'Institut Pasteur à l'ensemble de la population et du monde médical et il cita quatre professeurs donnant leur opinion.

- Le Pr Lignaire faisait remarquer :
" Je ne me suis presque jamais trouvé en présence de faits expérimentaux à réfuter, d'opinion scientifique à discuter; j'ai du faire face à de simples dénégations ou à des insinuations malveillantes complétement étrangères au débat scientifique; je n'ai trouvé à aucun moment devant moi le grand spécialiste que j'espérais dans la question de la tuberculose. " Lignaire dans le B.C.G 1929 (F.B.C.G. 174).

- Le Pr Tallence, le Fard Médical 1932 (F.B.C.G.) :
" J'étais frappé de voir que la majorité (des membres de la société de pédiatrie de Paris) ont comme moi fait les extrêmes réserves. Pourquoi ne le disent-ils pas à haute voix ? Parce que, lorsqu'on le fait, même en toute sincérité on s'attire les attaques les plus violentes, j'en ai fait moi-même avec d'autres la plus fréquente expérience... J'ai été attaqué par Mr Calmette des plus noirs reproches, ne m'a-t-il pas accusé de dire volontairement le contraire de la vérité... Il est donc aisé de comprendre qu'un médecin français, désireux de faire peut-être une carrière hospitalière ne s'expose pas de gaité de coeur au terrible courroux d'un homme si haut placé et si puissant. "

- Le Pr Feru, professeur à la Faculté de Médecine de Poitiers, disait en 1977 :
" Le mépris de travaux rigoureusement conduits, digne pourtant de la plus respectueuse attention; la disqualification morale de l'auteur, accusé de mauvaise foi; le silence dédaigneux opposé à des publications valeureuses dont le seul tort est de contester l'orthodoxie régnante; l'interprétation déloyale, voire même perfide, de résultats expérimentaux désavouant la doctrine académique enseignée en haut lieu : tout moyen est bon pour discréditer le contradicteur, étouffer sa voix, dénaturer ses conclusions, ternir sa renommée, et le condamner à l'oubli le plus injuste."

- Alfred Koestler à propos du drame du biologiste Olga Temer 1972 (F.B.C.G 154.155) :
" Les disciples ont tendance à se montrer plus fanatiques que le maître; ils se sont engagés dans son système, ils y ont investi des années de labeur, ils y ont mis en jeu leur réputation; ils l'ont défendu contre les adversaires et sont incapables de tolérer le soupçon que le système puisse être en défaut. Se montrer plus royaliste que le roi : l'attitude est aussi courante chez les savants voués à une école que chez les politiques ou les théologiens inféodés à une doctrine. "

Les étudiants en médecine ont eux ce cours dogmatique tiré du manuel national de bactériologie : " L'efficacité de la vaccination du B.C.G est maintenant universellement reconnue. Le B.C.G réduit à 95 % la fréquence globale de la tuberculose et évite totalement le cas de méningite édomyliaire." A apprendre par coeur.

Faut-il se rappeler que le B.C.G a été voté à l'Assemblée Nationale devant quelques députés... Faut-il se rappeler également qu'il est plus que normal qu'un ministre des PTT devienne ministre de la santé et réciproquement.

Jean Marie Mora nous montra ensuite ce que l'on peut penser de quelques statistiques et nous donna l'avis de quelques professeurs. En effet, Calmette affirmait dans un article que la mortalité générale avait été de 12,05 % chez les vaccinés et de 21,1 % chez des non-vaccinés. A ces chiffres, voici les réponses.

- Professeur Walngren : " Les documents de Calmette ont de tels défauts qu'il n'est vraiment pas permis d'en tirer d'une manière absolue la conclusion qu'il en tire. "

- Professeur Greenwood Londres : " Calmette a fait un si mauvais usage de la méthode des statistiques qu'aucune confiance ne peut-être accordée tant à ses déductions qu'à l'exactitude des données qu'il a recueillies. "

- Professeur Lignaire : " Je reste toujours convaincu, insiste-t-il, que les statistiques n'ont une valeur réelle que si elles portent sur un nombre restreint de vaccinés et lorsque les témoins non immunisés sont en nombre égal aux sujets prémunisés et vivent dans les mêmes conditions que ces derniers. "

Et notre orateur nous montra un schéma indiquant la mortalité par tuberculose dans les pays d'Europe en 1970. (voir fig. 10).

- Freerkesen dans le Munschener Medicinisch Wochenschirft : " On assiste en Europe à une régression de la tuberculose depuis environ cent ans, **donc depuis bien avant l'introduction du B.C.G**. Cette régression est variable, ainsi en comparant les données de la mortalité par tuberculose au cours des années 1907-1908 et

Les vaccinations

Mortalité par tuberculose toutes formes dans les pays d'Europe en 1970.
Taux pour 100 000 habitants, sujets de tous âges.

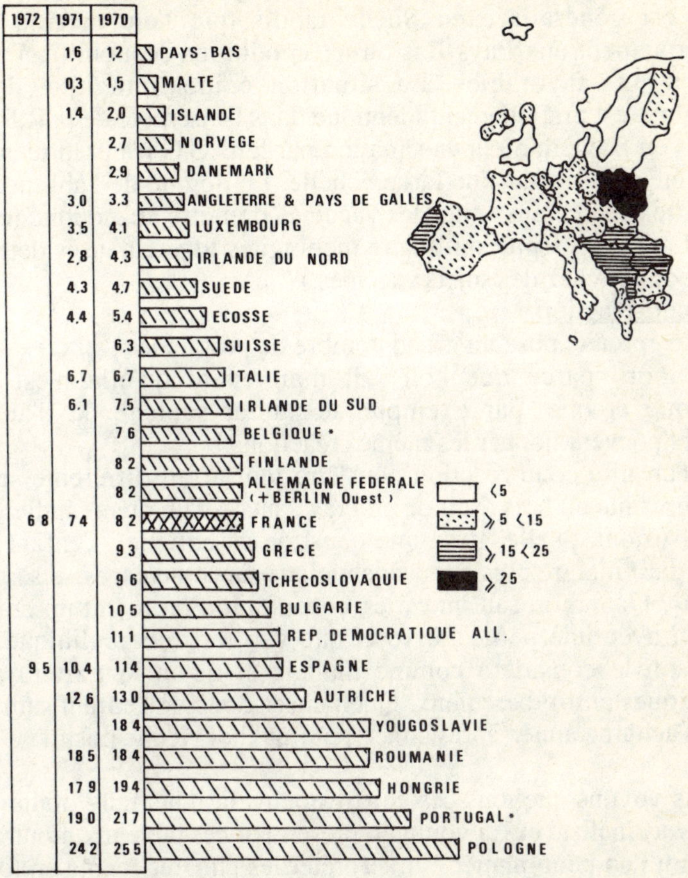

1972	1971	1970	Pays
	1,6	1,2	PAYS-BAS
	0,3	1,5	MALTE
	1,4	2,0	ISLANDE
		2,7	NORVEGE
		2,9	DANEMARK
	3,0	3,3	ANGLETERRE & PAYS DE GALLES
	3,5	4,1	LUXEMBOURG
	2,8	4,3	IRLANDE DU NORD
	4,3	4,7	SUEDE
	4,4	5,4	ECOSSE
		6,3	SUISSE
	6,7	6,7	ITALIE
	6,1	7,5	IRLANDE DU SUD
		7,6	BELGIQUE *
		8,2	FINLANDE
		8,2	ALLEMAGNE FEDERALE (+BERLIN Ouest)
6,8	7,4	8,2	FRANCE
		9,3	GRECE
		9,6	TCHECOSLOVAQUIE
		10,5	BULGARIE
		11,1	REP. DEMOCRATIQUE ALL.
9,5	10,4	11,4	ESPAGNE
	12,6	13,0	AUTRICHE
		18,4	YOUGOSLAVIE
	18,5	18,4	ROUMANIE
	17,9	19,4	HONGRIE
	19,0	21,7	PORTUGAL *
	24,2	25,5	POLOGNE

Légende : <5 ; ≥5 <15 ; ≥15 <25 ; ≥25

* Pour la Belgique et le Portugal, il s'agit des données de 1969.

Fig.10

1928-1929; on constate une réduction de ce taux de moitié à Paris, sa stabilité dans les Côtes du Nord et une augmentation sensible dans le

Finistère et le Morbihan. Il est encore plus difficile de comparer les résultats globaux obtenus dans des pays différents. Cependant on admet généralement que la lutte anti-tuberculeuse est particulièrement efficace en Suède et aux Pays-Bas; or la pratique du B.C.G est généralisée en Suède tandis que l'on vaccine très sporadiquement aux Pays-Bas où les conditions économiques sont plutôt moins favorables. La situation épidémiologique de la tuberculose est pratiquement identique dans l'ensemble de la R.F.A y compris en Bavière où la vaccination par le B.C.G n'a pratiquement jamais été utilisée sur une large échelle. Le dogme de l'absence de méningite tuberculeuse chez les vaccinés doit être abandonné (entre 1964 et 1969 à Vienne sur quatre méningites tuberculeuses deux se sont produites chez des sujets vaccinés.) "

La cuti-réaction.

Cette épreuve pose un grand nombre de problèmes :
- d'abord parce que l'on sait maintenant qu'elle n'est pas spécifique et que, par exemple, le papier scotché où d'autres bactéries peuvent donner les mêmes réactions;
- qu'ensuite cette réaction peut être tout à fait différente selon qu'elle est faite au bras droit ou au bras gauche d'un même individu;
- et surtout qu'elle pose une question essentielle : l'enfant qui reste négatif malgré plusieurs vaccinations successives, est-il sain ou malsain ? Quand on sait que si en consultation on reçoit un enfant pâlichon avec une petite fièvre et que son test tuberculinique est positif, on le considère comme malade et qu'on le traitera aux antibiotiques anti-tuberculeux. Que penser donc de l'enfant sain sur qui on s'acharne année après année pour qu'il devienne positif.

Nous voyons que tous ces chiffres peuvent nous faire douter du dogme vaccinaliste et j'ai voulu en présentant ces tableaux montrer à quel point l'on peut manier et interpréter les chiffres même en toute conscience (et nous verrons plus loin ce que l'on peut penser de la conscience). Le but de ce petit exposé est de stimuler une prise de conscience individuelle, afin que chacun prenne ses responsabilités et qu'il puisse devant un acte quasi journalier expliquer sa position qu'elle soit d'un côté ou de l'autre.

LES VACCINATIONS SONT-ELLES SANS RISQUES ?

Aucun acte médical ne peut se prévaloir d'une absence totale de risques; la plus banale des opérations en comporte toujours une. Il y a donc un risque à se faire vacciner et le problème est de savoir l'évaluer; certains prétendront qu'il est minime en regard des millions de personnes sauvées par cette pratique; alors définissons le risque : il peut être immédiat et pourra être reconnu et évalué relativement facilement mais il peut être à plus long terme et la relation de cause à effet sera peut-être plus difficile à établir.

Les risques immédiats.

La Ligue pour la liberté des vaccinations nous affirme que les accidents post-vaccinaux ne sont pas si rares que cela et qu'ils ont des kilos d'archives et de témoignages pour en attester. Malheureusement il y aurait une conspiration du silence autour de ces cas d'une part de la médecine officielle pour qui le dogme de l'inocuité des vaccinations est un pilier et d'autre part de l'Etat qui est responsable et se doit de verser des dommages et intérêts en cas d'accidents prouvés. Il est certain que l'on voit rarement des journaux à grand tirage se faire écho d'une minorité et que plus souvent l'information donnée et distillée émane des gens en place. En tant que médecin, je dois le dire, les accidents immédiats sont une réalité et je citerai le Dr Mandeson, médecin et professeur de santé publique aux U.S.A dans un article de East Week Journal novembre 1984 : " Mort subite du nourrisson. "

" Je pense et je ne suis pas le seul médecin à le penser ainsi que les morts subites du nouveau né (10 000 aux U.S.A chaque année) ont une relation avec les vaccins de routine; je soupçonne spécialement le vaccin anti-coqueluche mais les autres pourraient être en cause également. "

Le Dr W. Torch de l'Université de Nevada U.S.A a écrit un article suggérant que le vaccin diphtérique tétanos coqueluche est responsable des morts subites; il prouve que dans les deux tiers des cas des 103 enfants étudiés, un vaccin D.T coq. avait été administré dans les trois semaines précédant leur mort. Beaucoup étaient morts le lendemain du vaccin. Il est sûr que ce n'est pas une coïncidence.

" En ce qui concerne la vaccination anti-variolique nous constatons un gros accident sur 5OO vaccinations; un infirme à vie sur 5 OOO; un mort sur 20 000 vaccinations. " Professeur Hermann DOO2 E.

" Le risque d'encéphalite est 2 OOO fois plus grand que celui de la variole. " Dr Max Seguin.

Au second congrès de dermatologie tropicale, WVC Marmelza (Université de Caroline du Sud) vient de rapporter une série de trente huit tumeurs cutanées développées au niveau des traits de scarifications de la vaccination anti-variolique; aucun autre facteur cancérogène ne peut-être invoqué pour expliquer la tumeur dans cette localisation. Une revue médicale relatait récemment trente huit observations de lupus tuberculeux graves suite à la vaccination par le B.C.G.

Je ne m'éterniserai pas sur les risques immédiats... le débat est toujours stérile. Nombre de personnes féodés au dogme vaccinal ne voient pas de relation de cause à effet lorsque l'accident survient, et lorsqu'ils le reconnaissent, ils se targuent que ces cas sont rares et que c'est le prix à payer pour la science... et que ce n'est pas cher payé.

Les risques à moyen terme.

Parlons donc de risques à plus ou moins long terme et abordons le problème des virus vaccinaux. Le Dr Peterson développe les rapports entre la leucémie et la vaccination anti-variolique. Les études concernant la relation entre virus et cancer leucémie ne sont pas nouvelles; le Dr Durand Reynalds a soutenu une thèse de doctorat à l'Université de Paris portant sur les effets néo-plasiques du virus vaccinal et cite plusieurs dizaines de cas de cancer observés chez l'homme mis en relation avec une vaccination même ancienne.

Un concours médical a publié le 20.09.69 un paragraphe intitulé " de l'équilibre écologique des virus ".

" A l'état naturel, les virus rentrent souvent en compétition. Il en résulte une domination excercée sur d'autres par certains virus; or, la vaccination risque de troubler cet équilibre écologique, souvent, de manière assez inattendue. Assez, récemment un vaccin à adéno-virus type IV fut administré à de jeunes soldats, en raison du grand nombre d'épidémies dues à ce virus. Or, après la vaccination, la fréquence des infections respiratoires à adéno-virus ne diminua pas pour autant; à ceci près, que l'adéno-virus à type IV n'occupait plus la position dominante mais avait bel et bien été détrôné par le type VII ou par d'autres types d'adéno-virus. Les mêmes luttes d'influence entre virus ont été consacrées à la suite d'utilisation d'autres types de vaccins anti-viraux. "

La revue Médecine et Hygiène du 5 mars 1969 nous apprend que la vaccination avec des vaccins à virus modifie l'équilibre écologique et tend à rendre des virus jusque là inoffensifs, pathogènes.

A l'heure actuelle, nous savons que les vaccins peuvent être contaminés par des agents étrangers. En 1960, Sewet et Hilemman découvraient du virus simien 4O dans des cultures rénales de singe rhésus utilisées pour la fabrication du vaccin anti-polio à virus vivant. Par conséquent, le virus simien était présent dans la plupart des vaccins anti-polio à virus vivants fabriqués avant cette date sans que l'on ait soupçonné le moins du monde.

Le Professeur Montagnier de l'Institut Pasteur et le professeur Essex du Harward School de Boston se demandent, étant donné la parenté entre le HLTV3 (virus du Sida) et le SLTV 3 (virus du singe vert) si la diffusion du Sida n'aurait pas une origine médicale, car le vaccin (virus tué) anti-polio injectable est fabriqué à partir de cellules de rein de singes verts.

L'on a constaté également l'étonnante dissémination du virus de la leucose aviaire dans des élevages de poules comme dans des oeufs provenant de ces élevages; on a toute raison de penser que ces virus contaminèrent jusqu'en 1962 au moins la plupart des vaccins à virus vivants contre la fièvre jaune ou contre la rougeole fabriquée avec les embryons de poulets ou les cultures des embryons de poulets.

Nous savons que le virus simien 4O provoque des sarcomes lorsqu'il est inoculé aux hamsters, et que le virus de la leucose aviaire est non seulement comme chacun sait la cause de leucémie et d'autres maladies malignes chez les poules mais également provoque la formation de tumeur maligne chez différents types de mammifères y compris le singe. Alors, pourquoi pas chez l'homme ?

<u>Propriétés inquiétantes des virus.</u>

a/ Certains virus sont capables d'induire des aberrations chromosomiques, c'est ainsi que le vaccin contre l'herpès a été retiré du marché en 1977 parce qu'on s'est aperçu que les virus vaccinaux qu'il contenait étaient susceptibles d'acquérir un pouvoir transformant, favorisant l'action des tumeurs, en présence des rayons ultra-violets (autrement dit exposition au soleil).

b/ <u>Certains virus peuvent se potentialiser entre eux.</u>
Le Pr Lwoof a cité dans le " Monde " du 15.12.66 :
" L'exemple spectaculaire de l'adéno-virus VII (virus de la grippe) qui produit avec le SV 4O un hybride possédant le matériel génétique du premier et la coque du second, hybride hautement cancérogène. Des dizaines de milliers de conscrits américains avaient subi depuis peu des expériences de vaccinations anti-grippales effectuées avec un tel mélange; le gouvernement des Etats-Unis a dû retirer du marché la totalité des vaccins qui se trouvaient tous contaminés par le SV 4O. "

En 1977, à Plum en Island, au large de New York, on a procédé à l'expérience que voici : on a infesté un groupe de dindons avec un virus (celui de la peste aviaire) et un autre groupe avec un autre virus (celui de la grippe des dindons). Puis on a mis les deux groupes ensemble et on a trouvé que les individus des deux groupes s'étaient naturellement transmis leurs maladies et que les virus de la peste et de la grippe s'étaient recombinés pour en former un troisième, tout neuf. **Il n'est pas interdit de penser lorsqu'on reçoit simultanément plusieurs injections vaccinales à virus, que ceux-ci peuvent se potentialiser entre eux et donner naissance à d'autres virus qui déclencheront à leur tout des maladies nouvelles.**

" N'est-il pas effarant de penser qu'un groupe d'individus vaccinés contre la grippe, se trouvant en présence d'autres individus vaccinés contre la pneumonie, la polio ou la variole peuvent se transmettre les uns aux autres leurs virus vaccinaux, lesquels se recombinant entre eux pourront créer des virus nouveaux qui seront à l'origine de maladies contre lesquelles l'organisme ne possèdera pas de défense ? Ce qui ressemblerait à de la science fiction ne se réalise-t-il pas à notre insu et à l'insu des apprentis sorciers qui manipulent et inoculent à des centaines de millions d'individus des virus dont on soupçonne à peine les propriétés ?

Il suffit de regarder autour de soi au moment des campagnes de vaccinations anti-grippales pour constater que l'entourage du vacciné est souvent atteint d'une sorte de grippe larvée pour savoir que le sujet vacciné avec un vaccin à virus peut contaminer son entourage. " <u>Simone Delarue.</u>

c/ <u>Un virus même atténué peut reprendre sa virulence.</u>

Le vacciné par vaccin à virus vivant est un porteur de germe et l'O.M.S par une étude menée dans huit pays de 1970 à 1974 sur 360 cas de polioparalytiques a démontré que 144 se sont produits chez des contacts de vaccinés.

d/ <u>Des virus qui séparement ne présentent aucune pathogénicité peuvent provoquer des cancers lorsqu'ils se trouvent en présence de l'un et l'autre</u>. En recombinant un virus inoffensif du babouin et un virus inoffensif de la souris, des biologistes ont créé un hybride qui déclenche des cancers, non seulement chez les babouins et les souris mais chez les chimpanzés et dans les cultures de cellules humaines. " Science et Vie 1979 "

e/ <u>Des virus peuvent rester à l'état latent</u> dans l'organisme sans provoquer de dommages et devenir pathogènes pour l'individu plusieurs années ou dizaines d'années plus tard **ou ne se manifester que dans sa descendance. Toute une série de maladies dégénératives, progressives et souvent mortelles atténuant le système nerveux sont provoquées par une catégorie de virus : les virus lents.** On soupçonne leur rôle dans des maladies telles que la polyarthrite rhumatoïde, la sclérose en plaque et la démence précoce.

f/ <u>Les virus</u> peuvent avoir une action dans le déclenchement des cancers et des leucémies. **<u>Les virus ne peuvent manifester leur pouvoir pathogène que dans la descendance du sujet vacciné</u>**. Les études épidémiologiques ayant attiré l'attention sur les relations possibles entre le virus herpétique et le col utérin d'une part, et entre la grippe de la mère et la leucémie de sa descendance d'autre part, la sécurité des vaccins a dû être réévaluée pour savoir en particulier si le procédé d'inactivation était suffisant pour prévenir les transmissions de fragments de génome." Journée 77 du Laboratoire de la santé Moniteur des Pharmacies 26.02.77.

En 1968, le Docteur Delong professeur en biologie, correspondant de l'Université de Toledo alertait le corps médical sur les dangers présentés par l'emploi des vaccins à virus vivants : " Les virus utilisés dans le vaccin vivant anti-rougeole causent de nombreuses maladies dans les chromosomes des cellules humaines. On l'a constaté aussi bien chez les cellules prélevées sur les personnes vaccinées que chez les cellules humaines en culture qui ont été infectées avec les virus utilisés dans le vaccin antivariolique

De même le virus atténué type II utilisé dans le vaccin vivant antipoliomyélitique a causé des altérations de chromosomes dans les cellules humaines en culture. "

Les accidents à long terme.

Ici mon expérience homéopathique me permet de mettre en garde contre le danger d'une médecine spécialisée qui ne pourrait voir les relations qui existeraient entre différents troubles et la survenue d'une maladie dégénérative telle que le cancer. Les homéopathes l'affirment génération après génération : les vaccinations modifient en profondeur un terrain entraînant des blocages, un encrassement, et une diminution de la résistance de l'individu. Je ne raconterai que cette petite histoire qui m'est survenue : je me trouvais un été très fatigué physiquement et moralement, je doutais et manquais de confiance en moi m'inquiétant dès qu'une petite douleur pointait son nez, imaginant quelquefois le pire. Etant encore objectif, je m'analysai et je trouvai mon remède : *thuya*. Je pris donc une dose en 9 CH et 24 heures après des démangeaisons intenses apparurent sur la face externe de mon bras gauche là où était ma cicatrice de vaccination antivariolique; 48 heures après une suppuration survint et cela dura à peu près dix jours. Or *thuya* est le grand remède antidote de la vaccination antivariolique; c'est lui, qui en homéopathie doit corriger les troubles dûs à ce vaccin... C'est ce vaccin qui déclenche sur un corps sain la toxicologie de thuya et il suffit de lire la matière médicale pour en connaître les résultats : thuya est le remède de la peau malsaine, du psychisme déficient caractérisé par une inquiétude maladive et la peur obsessionnelle du cancer. Le résultat n'est pas immédiat et c'est ici que réside le problème à long terme avec les effets insidieux et malsains. Les homéopathes du monde entier et ils sont nombreux vous diront que la vaccination par le B.C.G est à l'origine de toute cette pathologie rhino-pharyngée qui envahit les cabinets médicaux, à preuve que ce vaccin dilué et dynamisé, redonnera vie à ces enfants accompagné du remède de terrain bien entendu; car encore une fois ne fait pas qui veut des otites à répétition, ne fait pas qui veut des tumeurs ou des cystites; c'est ici qu'intervient le notion de terrain et certains élimineront une vaccination aussi vite qu'elle est arrivée mais d'autres en subiront un énorme préjudice. Je n'ai qu'à parler de ces gosses qui survivent de rechutes en rechutes, d'antibiotiques en antibiotiques, par l'ablation des végétations, ou des amygdales. Une pathologie nouvelle est apparue : les laryngites striduleuses à répétition qui ont remplacé les coqueluches. On ne fait plus de rougeole mais les maladies sclérosantes font leur apparition, on ne fait plus de tuberculose mais le cancer est apparu. Les vaccins peuvent non seulement avoir un risque immédiat mais encore une fois ils étouffent la réaction d'un organisme source de maladies chroniques hautement invalidantes. Il ne faut donc plus que cela reste un geste anodin fait dans n'importe quelle condition sur n'importe qui.

Ami médecin, je vous conjure d'étudier les terrains homéopathiques et vous verrez que votre attitude sera plus circonspecte dans la pratique des vaccinations. Déjà et simplement, ami généraliste, comment acceptez-vous que les vaccinations se fassent dans une salle d'école, tel jour à telle heure et pour tous les enfants sans tenir compte de leur état de santé; ne savez-vous pas qu'une croissance accélérée fragilise fortement un de ceux-ci; ignorez-vous que certains ont des périodes psychologiques très difficiles en cours d'année et qu'à ce moment les vaccinations pourraient bien faire basculer leur fragile équilibre ? Ecoutez nous, nous homéopathes, médecins qui avons été sur les mêmes bancs; croyez-vous que nous sommes insensés au point de risquer leur vie et qu'inconscients nous nous opposons par simple dialectique aux vaccinations. Vous savez que lorsqu'on vaccine, on s'adresse au système immunitaire, or nous ignorons encore tout de celui-ci, c'est une véritable énigme pour notre intelligence et les découvertes n'en sont qu'au stade de balbutiements (lymphocyte T, lymphocyte B, l'interferon, compléments, enzymes, etc...) Tout ceci ne représente qu'une infime partie de ce gigantesque château de cartes dont nous ignorons encore les assises. Je me rappelle encore cet homme qui se tenait vouté dans ma salle d'attente et qui n'arrivait plus à marcher et pour lequel je croyais au diagnostic de sciatique. Je compris vite en réalité qu'il était atteint d'un cancer : il avait maigri de dix kilos en quinze jours et trois semaines auparavant c'était un fort gaillard ne souffrant de rien. En ramassant les foins, il reçut un coup de fourche, aussitôt le médecin lui fit le vaccin antitétanique; ce fut un feu de paille et la découverte d'un cancer pulmonaire l'emmena en trois mois.

Nous savons et nous en reparlerons longuement que le cancer est dû à un déficit de notre système de défense; or le fait de vacciner c'est hyperactiver constamment celui-ci. Dans le cas présent, c'est faire tourner un moteur sans huile. Nos maîtres aux colloques l'ont pressenti et ont eu le raisonnement suivant : " Si le cancer est un déficit du système de défense, il suffit de le stimuler en vaccinant et c'est comme cela que l'on a instauré une nouvelle thérapeutique : la BCG-thérapie. " Les résultats ne se firent pas attendre et devant l'ampleur de la catastrophe celui-ci a été abandonné. Le cancéreux ayant en général un déficit du système de défense, le fait de le vacciner faisait flamber sa maladie. Le médecin et le scientifique se doivent d'être très modestes en ce qui concerne l'immunologie et nous savons tous que c'est ce système infiniment complexe, infiniment puissant qui assure notre équilibre de santé face à tous les déréglements qui peuvent survenir au cours d'une vie. C'est le bon fonctionnement de ce système qui permet aux cancers, aux tuberculoses, aux rhumatismes, pour ne citer que celles-là de ne pas prendre possession de notre corps; un seul grain de sable dans ce rouage et l'équilibre se rompt. Or que faisons-nous en introduisant par la force un agent agresseur? Que stimulons-nous sachant que tout se tient et que nous produisons des réactions en chaîne dont nous ignorons toutes les conséquences. **Je le déclare en tant que médecin, nous sommes des apprentis sorciers et de nombreuses générations jouent au quitte ou double avec nous.**

Je terminerai l'exposé en laissant la parole au Professeur Léon Grégoraki, Directeur du centre de l'Hôpital Sotira d'Athènes, lauréat de l'Académie de Médecine, proposé prix Nobel :

" L'organisme doit rester vierge de toute pollution autant que possible et aussi longtemps que possible, et sa vitalité doit être maintenue par la physiothérapie. Actuellement, nous créons nous-même des maladies et nous allons vers la cancérisation généralisée et les débilités mentales par encéphalite, par l'usage des médicaments, des vaccins et autres abus chimiothérapiques. Nous devons amener le cancer à sa rareté d'il y a trente ans, si nous arrêtons l'altération de notre organisme par l'abus des médicaments, des radiations, des antibiotiques, des vaccins qui ne sont que des toxines microbiennes. "

Les vaccinations

J'étais médecin formé aux vaccinations mais j'ai été mis en question et je l'ai accepté; j'ai donc décidé d'étudier et j'ai beaucoup appris, écouté et les cheveux s'en sont dressés sur ma tête. J'ai pensé à mes enfants et je me suis dit : " Dois-tu vacciner sans réfléchir, dois-tu en faire ton pain quotidien ? Ai-je bien compris cet homme que je suis sensé protéger ? "

Que c'est dur de se remettre en question et que c'est difficile de prendre une décision; il est aisé de continuer et de se protéger derrière la loi. J'ai compris le danger qu'il y avait à vacciner non par le risque immédiat qui est pourtant diabolique pour qui le subit (et il faut se mettre à la place des autres de temps en temps) mais pour le risque qu'encourent les générations futures. J'ai le sentiment, à la suite de tous ceux qui se sont penchés sur ce problème, d'amputer la vie à nos enfants. Il n'est pas facile d'emprunter ce chemin de l'opposition. Croyez-vous qu'il ne me serait pas plus simple de vacciner et d'encourager les vaccinations. Quand le problème se pose comme il s'est posé pour moi, qu'il est difficile de s'y attacher car une fois de plus c'est un travail gigantesque, c'est une remise en question totale d'une conception de la santé. Il est beaucoup plus facile de traiter de fous ceux qui ne se rangent pas à la théorie officielle, il est beaucoup plus facile d'apprendre par coeur une vérité et il est beaucoup plus facile de ne pas se poser de questions. Organisant des soirées débat, combien de fois m'a-t-on laissé entendre : les vaccinations... de toute façon c'est obligatoire, rien ne sert d'en discuter. Voilà toute la gravité du problème, la culplombite fait ses ravages. Rappelons-nous, médecins, qu'il y a cinquante ans on soignait le rhumatisme articulaire aigü par une activité hautement intensive, sport, course à pied, tennis, douche froide, douche chaude; aujourd'hui c'est le virage à 180°, repos complet absolu pendant trois mois puis six mois en semi-complet. Les virages à 180° sont très nombreux et je ne les rappelerai pas ici, ce n'est pas mon propos mais souvenons-nous en. Entre la naissance et la vingtième année un individu reçoit environ dix stimulations immunitaires obligatoires, dont plusieurs avec des vaccins à virus vivants. Réfléchissons avant qu'il ne soit trop tard, afin que les générations futures ne nous disent notre cruelle légèreté. Le problème des vaccinations est un problème très grave et qui peut mettre en péril des générations entières. Certains hommes, en leur âme et conscience, estiment que cet acte est néfaste pour leur survie et celle de leur descendance; est-il normal que d'autres hommes les rendent obligatoires par la force ? **L'homme est-il si sûr de lui pour imposer à d'autres sa façon de voir ? Avons-nous le monopole de la pensée ? N'est-on pas arrivé à une époque où grâce au recul dont on bénéficie, il est possible d'être tolérant.** Si nos savantes théories nous aveuglent au point de nous croire intelligents, notre corps lui a comme mission de vivre et certains le ressentent au plus profond d'eux-mêmes; ils ressentent intensément ce danger qui menace l'intégrité physique et ils aimeraient se faire entendre; mon voeu le plus cher serait que cet appel soit entendu.

Je remercierai donc Mme Delarue, Présidente de La Ligue pour la liberté des vaccinations et Mr Mora, Secrétaire Général, qui se dépensent sans compter pour essayer de redonner vie à notre esprit critique, impératif nécessaire à toute survie d'une société; merci donc pour le coup de pied qu'ils m'ont donné, pour le travail et les ennuis qu'ils m'ont créés, me permettant ainsi de vivre un moment de vie fantastique qui m'a ouvert de nombreuses autres portes. Je laisserai donc pour terminer la parole à Mme Delarue en publiant l'un des ses éditorials.

EDITORIAL

Il y a encore dix ans, nous passions pour des originaux un peu attardés, même dans des milieux qui auraient dû se montrer plus ouverts. Nous nous sentions facilement culpabilisés vis-à-vis d'un entourage souvent hostile, sûr d'être du côté du Progrès avec un grand P, recherchant l'alimentation sur-raffinée, les traitements médicaux derniers cris et cela va sans dire, les vaccinations.

Avec la vogue de l'écologie, la contestation d'une médecine trop technicienne et la surconsommation médicamenteuse, les esprits se sont ouverts, et si nous soulevons encore une curiosité un peu condescendante parfois, nous ne rencontrons plus que rarement une hostilité avouée lorsque nous sommes présents dans un salon comme " Marjolaine " qui vient de se tenir à Paris et que visitent environ 5O OOO personnes.

La notion de " terrain " est admise dans les milieux les plus conformistes.

Les vaccinations

Il n'est pas jusqu'aux laboratoires qui orientent leurs recherches vers des stimulateurs des défenses immunitaires en général, plutôt que vers une lutte anti-microbienne ou virale spécifique.

Le rôle de l'environnement, de l'alimentation (dans sa qualité et non seulement dans ses constituants) ou du psychisme, est désormais reconnu comme prépondérant. Les théories pasteuriennes de la maladie s'estompent doucement, remplacées petit à petit par ce que pressentait Claude Bernard : " Le microbe n'est rien, c'est le terrain qui est tout. "

Et voilà que le Pr Dausset (1) vient d'obtenir le Prix Nobel de la Médecine pour ses travaux sur le système H.L.A ("Humain Leucocyte Antygen"), car initialement mis en évidence à la surface des leucocytes.

Dans une des conférences qu'il a donnée à Montréal en octobre 1980, il a déclaré : "La vaccination des enfants contre toute une série de maladies pourrait bientôt être une pratique du passé."

Ces travaux, qui au départ étaient destinés à comprendre les mécanismes biologiques qui permettaient à l'organisme d'accepter ou de rejeter des greffes de tissus ou d'organes, ont débouché sur des connaissances beaucoup plus vastes des mécanismes profonds de la réponse immunitaire chez l'homme. Les spécialistes seraient bientôt en mesure d'identifier les maladies pour lesquelles un individu pourrait se montrer particulièrement vulnérable, et celles pour lesquelles il possède une aptitude naturelle à les combattre. Il sera donc totalement inutile de vacciner des individus contre une maladie qui ne risque pas de les atteindre : "Les vaccins ne seront alors administrés que pour les maladies à risque élevé", a ajouté le professeur. " Nous sommes à la veille d'une nouvelle époque où chacun recevra un traitement personnalisé ", a-t-il ajouté dans une conférence.

Nous avions eu le plaisir, au cours de notre Assemblée Générale de 1978, d'entendre le Docteur Kalmar nous parler du système H.L.A, véritable carte d'identité biologique (2) et l'information qu'il nous a apportée dès cette époque sur ce sujet était réellement à la pointe de l'actualité scientifique. Il est probablement le seul à avoir fait ressortir que ces découvertes des processus génétiques pouvaient corroborer les constatations cliniques et expliquaient que vaccination n'égale pas automatiquement immunisation, comme une propagande simpliste voudrait nous le faire croire.

Trop d'intérêts entrent en jeu pour que notre politique de médecine préventive soit revue rapidement à la lumière de ces découvertes, mais il nous appartient d'en accélérer le processus en exigeant qu'on cesse de nous imposer des vaccinations systématiques, dont les plus hautes instances scientifiques reconnaissent qu'elles ne sont pas obligatoirement valables.

Dans une étude prospective sur les "perspectives à long terme dans le domaine de la santé" réalisée par le Commissariat Général au Plan, nous pouvons lire que dans le secteur de la santé "les prochaines années seront encore dominées par la logique économique productiviste, c'est-à-dire qu'on peut prévoir l'entrée en force de l'industrialisation dans le domaine de la santé". "Les pays européens se polariseront vers la compétition industrielle et les besoins de santé se situeront au premier plan de la scène, puisque susceptibles à la fois de constituer un marché florissant pour une industrie à la recherche de débouchés toujours nouveaux et de légitimer les mesures prises pour conserver les mécanismes du système productiviste."

Après une étude de tous les facteurs qui modifieront cette situation, le scénario se termine en 1995 par la mise en place d'une nouvelle politique de santé.

" La santé s'entend de plus en plus comme la recherche d'un état de régulation dynamique de l'organisme humain considéré dans son environnement ", **mais pour qu'une nouvelle orientation soit donnée au concept même de la santé, il faudra arriver à un changement des finalités de l'économie...**

Lorsque nous revendiquons le droit à la liberté des vaccinations, lorsque bon nombre d'entre nous préfèrent " renforcer le terrain" en veillant à l'alimentation et au mode de vie plutôt que de lutter contre la maladie par des médicaments ou des vaccins - sommes-nous des rétrogrades ou avons-nous vingt ans d'avance ?

Simone DELARUE

(1) Jean Dausset est un élève du Pr Jean Bernard. Il dirige l'unité de recherches sur l'immunogénétique de la transplantation humaine à l'I.N.S.E.R.M., est membre de l'Académie de Médecine et de l'Académie des Sciences. Il est professeur au Collège de France et professeur d'immuno-hématologie à la Faculté de Médecine Lariboisière - Saint-Louis.

(2) "S.L.V." n°59 Journal de la ligue Nationale pour la liberté des vaccinations - 4 rue Saulnier 75009 PARIS tél : 16.1.48.24.43.60.

CHAPITRE IV

LES DEBUTS EN CANCEROLOGIE

> Les cellules cancéreuses finissent par s'habituer à tout.
> Pr Schwartzenberg.

Un grain de sable allait enrayer ma petite vie de médecin de province bien équilibrée.

Un jour, un homme de 68 ans me consulta : les aliments solides ne passaient plus, ce qui l'avait fait maigrir d'une dizaine de kilos; devant son état général particulièrement altéré, le diagnostic fut facile à faire et fut confirmé par la radiographie : cancer de l'oesophage. Il me demanda de le soigner par homéopathie ne voulant à aucun prix subir une amputation. Considérant à l'époque que celle-ci était la meilleure solution, je dus devant son entêtement décliner mes services.

Quelques mois plus tard, sonna à ma porte un autre homme qui ne ressemblait d'ailleurs plus à un homme ... le teint citron, les joues creuses, le dos voûté et qui me suppliait de le soulager de ses douleurs... en attendant qu'il puisse commencer un traitement par les produits Solomidès qu'il avait commandés lui-même. Il voulait guérir mais il employait le peu d'énergie, le peu de souffle qui lui restait à maudire la médecine qui lui avait caché la vérité de nombreux mois jusqu'au jour où son état s'était réellement aggravé; on lui fit comprendre alors qu'il n'y avait plus grand espoir. J'essayai de le soulager avec quelques remèdes et surtout avec des remontants verbaux, mais son état déclinait et la mort survint rapidement. Je découvris alors sur une photo que sa femme me montra, un robuste gaillard, carré, de plus d'un mètre quatre vingt cinq.

D'autres malades me consultaient et chaque fois, je les encourageais à ne considérer l'homéopathie ou les autres médecines naturelles que comme palliatives; nos maîtres nous l'avaient dit et je relis encore l'un d'eux dans un article paru dans un journal homéopathique et traitant des tumeurs du sein :

" Dans le cas de la tumeur maligne, l'homéopathie doit céder la place et confier le malade aux spécialistes, chirurgiens, radiothérapeutes, et chimiothérapeutes. "

..... Jusqu'au jour où je fus confronté au sein de ma famille à cette terrible maladie qui se nomme cancer. La médecine qui m'avait été enseignée n'y pouvait plus rien et le destin plaça sur ma route des hommes éclairés qui me permirent de sortir tout le positif qui existe dans toute souffrance et de donner une autre dimension à la médecine homéopathique que je servais.

Une fois de plus, c'est mon ami Jean-Marie Mora qui servira de détonnateur en me conseillant d'assister à un congrès qui avait pour thème : " Cancer et méthodes parallèles. " Ayant réservé ma place, je ne pus malheureusement m'y rendre et je vous dois une explication. Ma femme reçut un coup de téléphone de ses parents car sa mère avait un petit état fébrile accompagné de quelques problèmes digestifs. Elle était partie faire un bilan hospitalier dans une ville où sa soeur, médecin, avait de nombreuses relations et ce n'était pas son premier bilan... Voilà une belle femme, droite, bien en chair, les joues roses, distinguée, gourmande... très gourmande et qui préférait prendre un comprimé anti-diabétique que de supprimer une sucrerie; femme qui rayonnait de santé et qui avait consulté de nombreux médecins du plus petit au plus grand (j'entends au nombre de diplômes), et avait séjourné maintes fois en clinique et en hôpital par sécurité. Trois mois avant ce coup de téléphone, mes beaux-parents avaient été en Afrique et à leur retour ils étaient venus passer une semaine chez nous; ma belle-mère avait des diarrhées et pouvant mettre cela sur le compte de l'Afrique, je lui conseillai de consulter s'il y avait persistance des troubles. Son généraliste lui donna quelques remèdes anti-diarrhéiques mais sans résultats; nouvelle ordonnance.... sans résultats. Il l'envoya donc voir un gastro-entérologue qui lui fit passer des radios; une zone était légèrement floue et il conseilla d'en refaire une un peu plus tard si les troubles persistaient; ma belle-mère s'étonnant de ne pas être examinée cliniquement, il lui fut répondu :

" Je fais une lettre au généraliste ".

Celui-ci, rassuré que sa patiente ait été vue par un spécialiste, se contenta de redonner un traitement symptômatique... sans résultats. Les diarrhées persistaient et un petit état fébrile apparaissait, ce qui décida ma belle-mère à retourner auprès de sa soeur pour pratiquer un bilan dans un grand centre hospitalier.

Les débuts en cancérologie

" Cancer généralisé, métastasé; toutes les chaînes ganglionnaires le long du rachis étaient prises. "

Personne n'osait se prononcer et souffler mot à mon beau-père qui nous donnait diverses explications par téléphone, un peu perdu. J'annulai donc le congrès et nous traversâmes toute la France, ma femme, mes deux enfants et moi, pour rejoindre le service où était ma belle-mère et où je retrouvai une connaissance de faculté actuellement chef de clinique. Je pus donc accéder aux dossiers et cet ami était effaré de trouver à la palpation du ventre un plastron énorme (une zone indurée) de plusieurs centimètres d'épaisseur qui orientait tout de suite le diagnostic... Effaré, que personne n'ait senti cette masse... Personne ne pouvait passer à côté si quelqu'un y avait posé la main... Mais voilà, nous sommes dans une médecine d'examens, de radios, prises de sang, et cela doit nous faire réfléchir. Bien entendu, cela n'aurait pas changé grand chose pour le pronostic, dira-t-on, mais nous, les médecins modernes, prenons-en acte et qu'à l'avenir nous ayons les mains les plus baladeuses qui soient. **Nous faisons déjà assez d'erreurs de diagnostic en examinant nos malades pour prendre le risque de ne pas les examiner**.

Je retournai à mes consultations et mon ami Jean-Marie me fit le compte-rendu du congrès; lui expliquant le cas de ma belle-mère, il me donna le numéro de téléphone du Dr Augusti qui préconisait d'autres méthodes de traitements du cancer. Je lui téléphonais le soir à 21 H, et m'excusant d'appeler si tard, je fus reçu très chaleureusement par un homme simple, disponible qui m'assura qu'il y avait encore quelque chose à faire et me rédigea immédiatement une ordonnance, me donnant toutes les adresses pour me procurer les remèdes, et me conseillant également de faire une prise de sang afin d'établir ce que l'on appelle un bilan Vernes.

Quel bien nous fit-il en nous disant qu'il y avait quelque chose à faire, je fis aussitôt ce qu'il m'ordonna comme un grand enfant obéissant. Je reçus le bilan Vernes huit jours après, mais que comprendre de tous ces chiffres... C'était littéralement de l'hébreu; je le joignis aussitôt et il m'en fit la traduction : cancer généralisé, en phase évolutive avec le foie complétement pris et le système de défense effondré... Pas de quoi se réjouir. Il y avait quand même quelque chose à faire, dit-il, et je fis envoyer tous les remèdes afin qu'on les commençat au plus tôt. Malheureusement cette tentative de sauvetage échoua, ma belle-mère décédant quarante huit heures après l'opération, d'une embolie pulmonaire métastasique.

Longue histoire, mais elle fut pour moi le point de départ de ce qui allait transformer ma vie de praticien. J'étais homéopathe, j'avais une bonne clientèle, des guérisons, des échecs, en tout cas plus de guérisons que d'échecs et ma clientèle s'agrandissait. Quelques cas de cancers s'étaient présentés à moi soit que j'en aie fait le diagnostic soit qu'ils vinssent voir si l'homéopathie pouvait les sortir de ce mauvais pas, et les uns et les autres je les renvoyais gentiment vers les spécialistes officiels pensant que je ne pouvais rien pour eux et que c'était là un problème au-delà de toutes ressources homéopathiques. Je voyais des cancéreux avec des prises de sang tout à fait normales (les examens de ma belle-mère l'étaient aussi), et d'un seul coup je découvrais un bilan sanguin qui nous diagnostiquait le cancer, évaluait son évolution, renseignait sur l'état d'organes essentiels (tels que foie, pancréas, intestin) et chiffrait la valeur du système immunitaire. Pardonnez-moi l'expression, mais c'est "à tomber, le derrière par terre". J'avais fait dix ans d'études de médecine et jamais on ne m'avait parlé de ces tests. J'allais donc à Paris voir le Dr Augusti qui m'enseignait le b.a-b.a élémentaire ainsi que la méthode de traitement qui en découlait et je me mis à pratiquer ces bilans.

Une femme que je soignais depuis quelque temps me demanda de voir son mari... Il ne dormait plus la nuit tellement sa hanche le faisait souffrir malgré tous les traitements anti-inflammatoires. Je lui fis pratiquer un bilan Vernes et celui-ci fut très évoquateur d'un cancer avec métastases; le diagnostic fut confirmé et je décidai donc de le soigner aux méthodes Vernes. J'avais lu les livres du Docteur Janet de Bordeaux, élève de ce maître, je me permis de lui téléphoner afin qu'il me guidât dans la marche à suivre. Encore une fois je tombai sur un homme d'une gentillesse sans limite et malgré son emploi du temps chargé, il me donna tout le temps nécessaire et me demanda même d'en abuser en le joignant quand je le voulais et éventuellement en lui envoyant le double des examens pratiqués afin qu'il me conseillât dans mes débuts. Le Dr Janet avait mis au point une technique que l'on appelle ionocinèse* qui permettait de traiter directement la tumeur ou ses métastases. Mr X. fut mon premier patient et décidant de mettre toutes les chances de son côté, je commandai donc l'appareil afin de commencer ces séances au plus vite; une semaine après, il ne souffrait plus, dormait bien et reprenait des couleurs...

Inouï... Je lui faisais une vingtaine de séances et lui injectais les Solutés Vernes mélangés à un coktail réunissant des oligo-éléments, des extraits de foie, de la vitamine C, des composés organo-silicés, de l'homéopathie, etc... La seule chose officielle que j'avais laissée à ce patient était l'hormone journalière, traitement chronique d'attente qui lui avait été donné dans un centre rénal et un anti-hypertenseur. Il était en effet obèse, hypertendu, diabétique et avait un foie en déconfiture : autant dire que ce n'était pas facile, mais il allait pourtant de mieux en mieux et il décida de partir en vacances sur la côte d'Azur. Il fit malheureusement la veille du départ un accident vasculaire cérébral et je le fis hospitaliser dans le service du Dr Fath, aujourd'hui disparu et dont je tiens à dire ici l'admiration que cet homme m'inspirait, celui-ci ne m'ayant jamais critiqué, au contraire encouragé en acceptant de continuer mon traitement dans son service. Il me joignit afin de me dire qu'avec cette hormone il était fréquent d'avoir ce genre d'accident et qu'il fallait préférer une autre marque. Ah, que je m'en voulais d'avoir laissé ce médicament. Heureusement, Mr X. récupéra et on l'envoya dans une maison de rééducation où l'on refusa bien entendu mes conseils.

Lorsque je le revis plusieurs mois après, il avait un teint blême, cadavérique et il souffrait à nouveau de sa hanche. Ma secrétaire et moi-même pensions que c'était bien fini mais nous reprenions quand même le traitement, notre surprise fut grande car de semaine en semaine, le père X. reprenait du poil de la bête et il partit en vacances. Les mois passèrent et se posait le problème de l'arrêt du traitement... Il en avait assez le pauvre, surtout qu'il comprenait mal pourquoi on s'acharnait sur lui, sa femme ne voulant pas qu'on lui dise la vérité et s'occupant elle-même de lui donner les informations qu'elle jugeait utiles. Nous avons arrêté les métaux Vernes injectables et nous alternions des cures d'oligo-éléments, de sérocytols*, ou de phytothérapie. Les années passèrent et souffrant à nouveau de sa hanche, nous dûmes pratiquer quelques séances de rayons. Je le revoyais de temps en temps, certes pas guéri mais il se portait bien.

Ce n'était pas mon seul malade et d'autres personnes atteintes de la même affection vinrent me consulter. L'histoire suivante est assez intéressante: Mme B, cinquante ans, habitant dans une région éloignée de la mienne, avait un écoulement du sein gauche; je n'étais pas encore initié aux techniques Vernes et j'avais demandé avis au gynécologue de sa région : " lésion à haut risque, à surveiller. " Les mois passaient et l'on surveillait...; à mon retour d'un congrès traitant des méthodes de dépistage et des traitements de cancer, j'appris par l'intéressée elle-même qu'elle avait un rendez-vous à l'hôpital pour sa surveillance et que ce qui devait arriver, arriva : une biopsie fut faite et la certitude étant là, elle fut programmée immédiatement sur le centre de radiothérapie; je lui fis le compte-rendu de tout mon congrès, de tout ce que j'avais appris ces derniers mois sur le sujet et lui proposai de faire un bilan Vernes avant de prendre toute décision; une amitié existait entre nous depuis longtemps et Mme B ne voulait pas même vingt-quatre heures pour réfléchir...

La chose était entendue, elle ne ferait pas de rayons et on commencerait tout de suite un traitement Vernes. Sa courbe qui était significative, s'améliora nettement après une semaine de traitement. De semaine en semaine, nous faisions des bilans, j'attendais avec impatience et appréhension chaque nouveau test. Les valeurs montaient, descendaient en fonction de chaque métal injecté mais la tendance générale était bonne; je surveillais le traitement, lui recommandais de ménager son foie et surtout je passais de longs moments à lui expliquer comment être positive dans la vie en l'occurrence être bien dans sa peau, ce qui était primordial dans son cas. Elle n'avait pas été gâtée par la vie : sa mère était décédée quand elle avait cinq ans et en tant qu'aînée, elle était devenue la petite mère de la maison. Puis, les frères et soeurs s'envolant, elle n'eut comme ressource, à la mort de son père, que de devenir la bonne d'un château. La vie n'était pas facile et pour s'en sortir elle trouva la solution d'épouser un ouvrier agricole. Elle travailla dur comme vendeuse de magasin, elle éleva deux enfants et vivait dans les combles d'une maison que ses beaux-parents avaient bien voulu mettre à sa disposition. Mme B. était toujours souriante, riante, trop riante pour être vraie... Tout allait bien, tout va bien, tout va très bien, Mme la Marquise....

Pourtant, diverses circonstances me firent frissonner pour elle, en effet, le chirurgien gynécologue alla la voir chez elle pour lui dire la bêtise qu'elle faisait et la décourager de suivre mon raisonnement. Plus tard, elle me téléphonait m'annonçant qu'elle venait de se fracturer la jambe après avoir été heurtée par un gosse en vélo; je me souviens encore du frisson qui me passa dans tout le corps... Serait-ce une métastase ? Les radios ne montrant rien, elle alla à l'hôpital de sa région se faire plâtrer et se fit repérer par la secrétaire du service de gynécologie qui passait par là. Aussitôt notre médecin descendit la chercher, voulant lui montrer un par un les cancéreux agonisants... Elle refusa, et il la cantonna dans son bureau lui expliquant qu'il était le spécialiste de la cancérologie et que ce n'était pas pour rien que les médecins lui envoyaient tous les cas. Il lui demanda de regarder le nombre d'ouvrages qu'il avait déjà lus, même en anglais expliqua-t-il ce qui prouvait qu'il était à la pointe de toutes les dernières connaissances et pour finir en apothéose, il lui demanda de regarder ses ordonnances afin d'admirer ses diplômes que le Dr Woestelandt ne possédait pas. C'était du temps perdu, il connaissait mal Mme B. qui n'était pas femme à fléchir et elle me dit : " Vous savez il faut que je vous aime bien pour rester avec vous. " On continuait donc le traitement et nous en étions à six mois. Pourtant dès le début, on l'avait prévenue à l'hôpital: " Si vous ne faites pas de rayons dans quinze jours, vous commencerez à maigrir, et dans deux mois, ce ne sera pas beau. "

Entre temps, au milieu de mes consultations, je recevais un coup de téléphone : " Woestelandt, vous faites une erreur, vous vous trompez de chemin... Il est encore temps de changer de traitement; si d'autres malades s'avisaient de changer de route, nous prendrons les mesures nécessaires. "

Croyez-moi, cela en fait des coups au coeur !... Mais cela n'était pas fini et Mme B. que j'avais persuadée des joies du ski de fond se fit à nouveau une fracture: scintigraphie osseuse immédiate, encore une fois rien à signaler... Ouf, on continuait; j'oubliais qu'entre temps elle avait repris son travail et, sa place étant prise, elle alla voir toute étonnée la secrétaire qui lui répondit :

" Quand on a un cancer, on reste chez soi et on laisse le travail à ceux qui en ont besoin. "

Toutes les conditions étaient réunies, comme vous le constatez, pour que tout se passât bien et même le médecin du travail consulté pour la réembauche nous aida en la voyant :

" Ah oui, votre médecin a raison, pour votre moral c'est bon de reprendre. "

Son médecin hospitalier lui ayant proposé de la suivre pour constater son évolution, elle en fut ravie et accepta. Elle avait un petit ton narquois et moqueur, cela ne lui déplaisait guère d'aller le titiller. Je n'aimais pas beaucoup cela car je savais combien la médecine était un art difficile et que toute situation peut toujours se retourner, mais elle avait décidé de gagner, d'abord pour moi, car elle savait à quel point il était important qu'elle guérisse, ensuite pour le représentant officiel qu'elle avait décidé de défier. Il demanda mammographie, prise de sang et tout était normal, il essaya encore une fois de l'encourager à faire autre chose, autre chose que la poudre de perlinpinpin et devant son obstination il augmenta encore son pronostic : " On verra dans deux ans."

Nouveau coup de frisson quand son infirmière me téléphona : Mme B. ne la reconnaissait pas, lui demandait ce qu'elle venait faire; nouveau coup de coeur en la joignant car elle me confirma l'épopée ajoutant qu'elle s'était retrouvée sur une route sans savoir ce qu'elle allait y faire. Je faisais aussitôt une scintigraphie cérébrale : rien à signaler... Ouf, encore une fois et **j'enviais tous les gens qui sont sûrs de ce qu'ils font**. Devant les bilans Vernes, qui se répétaient sans aucune indication pathologique, j'arrêtai les métaux progressivement et par sécurité car c'était ma petite protégée, je la passai au traitement par le gui*.

Cela fait maintenant six ans et ma malade se porte bien.

A la même époque, je recevais un ancien client, du même âge que moi et la consultation était toujours une partie de rire et de détente; il y avait entre nous quelque chose qui faisait que l'on s'appréciait mutuellement. Il nous arrivait quand même d'être sérieux et en l'interrogeant sur les maladies familiales, il me parla de sa soeur qui avait un cancer du sein. Elle avait subi quelques séances de radiothérapie et comme elle ne les supportait point, elle alla voir un médecin qui prescrivait du Solomidès. On se mit à parler du cancer et je lui expliquais les résultats que j'avais avec ces solutés Vernes. Je lui communiquais mon enthousiasme probablement puisqu'une semaine après je vis sa soeur Madeleine en consultation. Le premier bilan pratiqué était mauvais, (son cancer était évolutif) mais après une semaine de traitement les résultats s'amélioraient fortement jusqu'à nous donner un bilan tout à fait normal au bout de quelques mois. La clinique était identique aux résultats biologiques et la joie de vivre était au plus haut degré, une amitié s'installa entre nous et chaque séance d'ionocinèse était un plaisir de se rencontrer. Les malades cancéreux que je suivais se comptaient sur les doigts d'une main et je les bichonnais. Je la couvais littéralement de loin, comme Madame B. dont nous venons de parler et elles avaient fini par se rencontrer dans mon cabinet aimant à se donner de leurs nouvelles et parler de tout et de rien.

Les résultats étaient tellement bons que toute la famille me consulta; les parents, les enfants, la soeur et même le mari qui était très sceptique et très réservé au début. Chaque semaine, puis de façon plus espacée, je recevais les courbes et je modifiais le traitement. Régulièrement, je téléphonais au Dr Janet, ou au Dr Augusti pour leur demander conseil et je prenais rarement une décision avant de leur en avoir parlé; ils m'avaient conseillé d'attendre deux mois de bilans successifs normaux avant d'entreprendre la diminution progressive des métaux Vernes, ce que je fis... nous étions au sixième mois. Tout allait bien jusqu'au jour où Madeleine me téléphona qu'elle avait une petite rougeur sur le sein qui ne disparaissait pas depuis quinze jours. Je la reçus immédiatement, repris les métaux Vernes, donnai un traitement homéopathique... Pas de résultats, la rougeur s'accentuait et une induration commençait à apparaître. J'arrivais à joindre le Dr Janet qui me conseilla de la mettre sous perfusions, mélangeant trois métaux et rajoutant un certain nombre de médicaments de soutien des principales fonctions. Malgré cela la rougeur s'agrandissait à une vitesse grand V et les bilans Vernes successifs s'aggravaient, je recontactais le Dr Janet après avoir pris avis du Dr Augusti, et le suppliai de la recevoir bien qu'il fût en déplacement. Je n'eus pas à le supplier longtemps et très gentiment il la reçut dans un hôtel de la Côte d'Azur où il participait à un congrès. Elle revint confiante et me remit une lettre. Le Dr Janet avait essayé de la rassurer et me disait le contraire dans son petit mot :

" Cher Ami, nous assistons ici à une évolution aigüe secondaire sur cancer du sein et l'évolution sera très probablement fatale. "

J'avais la confirmation de cette complication secondaire dans mes bouquins de pathologie et joignant le Dr Janet à son retour, je lui expliquai mon désarroi lui demandant s'il n'y avait pas quelque chose d'autre à faire; il me répondit :

" Woestelandt, si vous êtes décidé à vous occuper du cancer, il faudra vous faire une carapace. "

Je ne l'avais malheureusement pas et j'avais le sentiment qu'il y avait encore quelque chose à faire. A l'évidence les métaux Vernes ne marchaient plus et je contactai le Dr Lagarde afin qu'il puisse la recevoir et tenter un traitement Solomidès dont je n'avais pas l'expérience. Elle était toujours souriante, pleine d'entrain et bien décidée à gagner la partie, souvent je me suis demandé si elle était vraiment au courant de son cas. Elle était soutenue par ses soeurs, véritables rayons de soleil, par ses parents qui l'accompagnaient à Menton afin de permettre à ses enfants de rester avec elle. Un traitement Solomidès mélangé à de la chimiothérapie fut appliqué et malgré ce nouveau traitement la petite rougeur du début était devenue un énorme placard rouge induré, douloureux et recouvert de pustules. Il fut décidé d'opérer et de pratiquer quelques flashs radiothérapiques. Un professeur consulté refusa ces rayons faisant le diagnostic suivant : "Cancer évolutif aigü secondaire à une brûlure radiothérapique. " J'étais descendu à Menton le week-end pour montrer à Madeleine que je ne l'abandonnais pas et que j'étais plus que jamais décidé à me battre à ses côtés. Je m'étais tellement imprégné de son problème que quand Lagarde m'annonça le diagnostic, je pensais égoïstement : " Et il a fallu que cela tombe sur moi. "

Peu de temps après, ayant l'occasion de passer trois jours avec Janine Fontaine* dans une petite ferme isolée du plateau Jurassien, je lui parlai du gros problème qui m'empêchait réellement de dormir et elle accepta de la recevoir. Aussitôt, avec la complicité de sa famille, nous organisions un voyage express par avion de Menton à Genève mais malheureusement au dernier moment, elle ne put le prendre trop fatiguée, et préféra attendre quelques mois. Je fus déçu et interloqué devant l'optimisme affiché de Madeleine. Elle retourna chez elle, m'annonçant qu'elle ne suivait plus le traitement Solomidès, ses veines ne tenant pas le coup et que l'on avait sursis à la greffe en attendant que l'inflammation se calme; nous attendions mais son teint nous renseignait sur son état.

Je continuais de consulter et je reçus une femme d'une cinquantaine d'années pour un problème de rhumatisme; surprise de l'interrogatoire minutieux homéopathique, je sentais qu'elle me cachait quelque chose et je lui fis avouer qu'elle avait eu un cancer du sein il y a une quinzaine d'années, qu'elle avait toujours refusé de se faire opérer ou accepter d'autres traitements destructifs et qu'elle avait été soignée par Mr Solomidès, lui-même. Elle ne fit plus rien jusqu'au jour où son état s'aggrava fortement et où un guérisseur la prit en charge; elle paraissait réellement en bonne santé mis à part qu'elle souffrait de l'épaule et l'on pouvait craindre une métastase osseuse. Elle ne voulait en tout cas pas que je m'occupe de son cancer et ne voulait pas me donner le nom du guérisseur. Devant mon insistance, elle me signala tout simplement qu'on lui apprenait à visualiser son cancer et qu'elle travaillait dessus tous les jours, m'affirmant qu'il était stabilisé et que je pouvais être rassuré. Loi des séries, je reçus dans le même temps d'autres malades qui avaient entendu parler des bilans Vernes et qui étaient soignés par un guérisseur qui visualisait leur mal. Je connus enfin son nom et pris contact avec lui.

Il avait une bonne tête, une quarantaine d'années, un bon carbonique au sens homéopathique, jovial, une poignée de main rassurante et généreuse. Il me fit entrer dans une petite pièce où une malade était étendue sur un lit, et me présenta, en face, assise dans un fauteuil, jambes croisées, une très jeune femme aux cheveux bouclés avec de grands yeux tout ronds qui s'appelait Catherine. La séance allait commencer et je m'assis dans un petit coin en observant; il commença par mettre en relaxation la malade selon un rituel que je connaissais ayant déjà assisté à des séances dites "ondes alpha" puis, c'était le tour de la jeune femme. La malade déjà entraînée à ce genre de séances se mit à parler et à décrire l'endroit où elle était à l'intérieur de son corps; des poumons on lui demanda d'aller à la colonne vertébrale puis de descendre jusqu'à la hanche afin de visualiser une douleur qu'elle ressentait; l'autre jeune femme était totalement entrée dans le corps de la malade par la pensée et confirmait les descriptions : " Au niveau de la hanche, il y avait une métastase osseuse et elle la décrivait comme un trou avec des fibres de couleur sombre qui y arrivaient... " Tout autour il y avait un ballet fou, incontrôlé de particules qui tournaient paraît-il dans le sens contraire. Par la pensée, la malade et la jeune femme s'unissaient afin de remettre ces particules anarchiques sur le droit chemin. J'assistai à d'autres séances et les malades faisaient des descriptions qui me surprenaient; cela ressemblait à des navettes spatiales, et l'on nommait cela paraît-il des chakras. Je devenais donc un voyageur à l'intérieur du corps et l'on passait du bas de la colonne lombaire à l'épyphyse avec une facilité déconcertante tout au moins en apparence. Les couleurs foisonnaient, un véritable kaléidoscope et je compris vite que les couleurs sombres n'étaient particulièrement pas de bonne augure. Je me décidai à contrôler cette vision intérieure par des bilans Vernes et cliniques et nous décidâmes de mettre nos malades en commun.

Pour revenir à Madeleine, dont l'état s'aggravait et qui attendait sa greffe du sein, je lui proposai de tenter ce traitement et allai avec elle à la première séance où le guérisseur fut comme à l'habitude très gentil. Le bilan Vernes pratiqué s'était soudainement très aggravé car le foie, dernier rempart, avait lâché et il y avait probablement des métastases. Catherine visualisa et me décrivit, en effet, de mauvais méridiens à ce niveau. Plusieurs séances eurent lieu mais Madeleine fut obligée d'arrêter, son état s'aggravait de jour en jour. Je n'osais plus lui téléphoner... Que lui dire ?... Que lui raconter encore ?... J'avais tout essayé et je me demandais toujours s'il n'y avait pas quelque chose à faire que je ne connusse point. J'appris son décès et je n'eus plus de nouvelles de la famille pendant un certain temps jusqu'à ce que je reçoive une lettre de ses soeurs qui me fit le plus grand bien... et j'en avais besoin.

Je n'avais pas de carapace et sa mort fut pour moi une blessure terrible; certes, je n'étais ni le mari, ni les enfants, ni les parents mais son sourire sur un corps décharné, son regard interrogateur les derniers temps, la confiance, l'amitié qu'elle m'avait fait partager étaient présents en moi; d'autant plus que c'était un peu moi, par l'intermédiaire de son frère, qui l'avait amenée dans mon cabinet... Ce fut une bonne leçon de la vie.

Elle n'était pas ma seule malade et, en plus de la clientèle homéopathique importante, je voyais des cancéreux arriver de toutes parts et à tous les stades. A tel moment, j'étais face à la mort, à tel instant on me téléphonait pour un nez qui coule... Les bilans Vernes s'accumulaient dans mon bureau, les cas difficiles se multipliaient, les malades désespérés me téléphonaient, et je continuais d'apprendre persuadé qu'il y avait certainement d'autres méthodes qui pouvaient exister. Que c'est dur de faire son expérience sur le terrain... il fallait soigner, répondre à la demande et étudier. Je participais à tous les congrès de médecine parallèle qui touchaient, de près ou de loin, le problème du cancer (Liège, Paris, Bordeaux, Genève) et j'allais assister aux cours du Dr Augusti à Paris. Je multipliais les bilans Vernes et devant les difficultés d'interprétation, je téléphonais fréquemment aux maîtres. Pour ne pas les lasser, je les appelais chacun à leur tour afin qu'ils me donnent leurs avis et leurs conseils sur tel ou tel cas et je m'aperçus vite que les gains de ces appels n'étaient pas d'avoir une attitude précise à prendre sur tel dossier, mais que c'était le réconfort de savoir qu'ils pensaient la même chose que moi et qu'il n'y avait pas d'autres solutions à envisager. Devant la décision, nous sommes toujours seuls, personne d'autre ne peut la prendre pour nous; il m'est ainsi arrivé que de jeunes médecins me demandent conseil au téléphone... **Qu'il est facile de donner son avis lorsqu'on ne prend pas la responsabilité.** J'avais donc le réconfort d'avoir un avis et seulement un avis, c'est ici que je comprenais que personne ne pouvait se mettre à la place du malade. Il est seul, complétement seul, devant un choix à faire, devant une décision à prendre. Ah, tous les beaux parleurs qui viennent comme des mouches donner de bons conseils : " Si j'étais à ta place, je ferai cela... etc... " PERSONNE, PERSONNE NE PEUT SE METTRE A LA PLACE DE CELUI QUI SOUFFRE ET C'EST DANS CE DOMAINE QUE L'ENTOURAGE DOIT REFLECHIR ET MESURER SES PROPOS.

Parmi mes premiers malades, il me faut parler également de Mme D. Elle avait une énorme ascite (eau dans le ventre), son visage était amaigri, la peau tirée, le teint terreux et à l'évidence, le diagnostic n'était pas brillant. Je décidai de lui faire un bilan Vernes et nous aurions le résultat dans une dizaine de jours. Je partais à ce moment-là dans le Jura pour le week-end avec Janine Fontaine et ma femme me téléphona le soir même, cette femme se trouvait mal. La famille avait été obligée d'appeler le médecin de garde et celui-ci la fit hospitaliser pour avoir un bilan complet; une coelioscopie* fut prévue pour la fin de la semaine. La veille de l'opération, je reçus le bilan Vernes... catastrophique...; je n'avais jamais reçu de bilan aussi mauvais (celui de ma belle-mère était bon en regard de celui-là). Il y avait certainement des métastases au foie et probablement le poumon était-il touché; je l'annonçai au fils et nous laissions les examens hospitaliers se terminer, voici le compte-rendu :

" Vision panoramique du pelvis : d'emblée, on est frappé par l'existence d'un essaimage pariétal diffus évoquant une carcinose péritonéale diffuse.

L'utérus est amarré de part et d'autre par des coulées blanchâtres qui recouvrent les deux annexes.

La partie postérieure de l'utérus n'est pas visible.

La prédominance de ces lésions au niveau du pelvis fait évoquer le diagnostic de carcinome ovarien.

Les deux coupoles diaphragmatiques sont recouvertes de métastases.

Le foie ainsi que le ligament rond sont recouverts de métastases. "

Le chirurgien lui donna quinze jours de survie et si la famille décidait de faire de la chimiothérapie, on pouvait peut-être, selon lui, espérer maximum trois mois. J'allais voir cette femme et lui expliquais ce qu'elle avait, ce que l'on pensait du problème et lui proposai le traitement par les Solutés Vernes. Elle signa une décharge pour sortir de l'hôpital et nous avons entrepris le traitement. Je lui faisais d'emblée les cocktails du Docteur Janet qui consistent en perfusions de liquides contenant des solutés Vernes, des extraits de foie, des extraits d'artichaut, de la vitamine C, des composés organosilicés; j'adjoignais des sérocytols, des oligo-éléments par voie buccale et de la phytothérapie. Le résultat fut miraculeux, les bilans se normalisant très rapidement et l'ascite, qui d'habitude se renouvelle constamment, s'assécha complétement. Les couleurs réapparurent, le poids augmenta et cette femme rajeunissait de semaine en semaine; six mois s'écoulèrent, et nous étions tous ravis.

Malheureusement un jour son ascite réapparut... : sa fille quittait le domicile familial pour aller s'installer à quarante kilomères de là avec son mari et ses enfants et elle se retrouva isolée... ce fut un choc moral. Je repris donc les cocktails et toute la batterie de remèdes, mais sans résultats; les ponctions devenaient de plus en plus fréquentes et je commençais à devenir pessimiste en me disant qu'après tout, avoir gagné six mois, ce n'était déjà pas mal. Son beau-fils vint me voir et me demanda s'il n'était pas possible de tenter le Solomidès; je n'en avais pas l'expérience et j'hésitais à le prescrire me rappelant les propos du Docteur Janet qui nous conseillait de bien dominer une thérapeutique, de bien la maîtriser plutôt que de jouer aux apprentis-sorciers en utilisant toutes sortes de thérapeutiques. La méthode Vernes nous donnant de bons résultats, étant de pratique très simple et de plus remboursée par la Sécurité Sociale, elle était aux yeux de ce dernier la première à apprendre et je le suis toujours sur cette opinion. Je me mis donc à compulser les ouvrages qui traitent de la méthode et pour engager le traitement, je demandai conseil au Docteur Lagarde. Devant la gravité du cas de ma patiente, il me conseillait d'adjoindre de l'amygdaline, produit qui a soulevé des tempêtes aux Etats-Unis et en Europe et qui est fait à partir de noyaux d'abricots. Dix jours après le début du traitement, l'ascite avait fondu comme neige au soleil et nous voilà repartis. Notre brin de femme à nouveau rajeunissait, prenait du poids et comme je le lui conseillai, faisait de la montagne; elle était très belle et avait décidé de se pomponner. Nous avons fait le traitement huit mois et devant la normalisation des tests et un état clinique parfait puisque je ne sentais plus du tout la masse que l'on percevait dans le bas-ventre, je décidais de remplacer le Solomidès injectable par d'autres thérapeutiques d'appoint. Connaissant l'importance du psychisme, inlassablement je lui demandai de se découvrir une passion et je la mis en relation avec une personne donnant des cours de peinture sur soie. Je la suppliais également de prendre des leçons de conduite et je pris de force rendez-vous auprès d'un moniteur; elle habitait, en effet, un village éloigné de ce qu'on appelle la civilisation et refusait souvent de venir me voir pour pratiquer des séances d'ionocinèse; elle ne pouvait voir sa fille et ses petits-enfants sous prétexte de ne pas déranger son mari qui était quelque peu bourru.

Quelques mois plus tard une ascite réapparut et je me rendis compte sur son visage que cette fois-ci, ce serait la fin. Elle n'avait plus le courage de se battre, tellement déçue de voir cette eau réapparaître. Elle croyait, me disait-elle, être complètement guérie et ne se voyait pas du tout reprendre le traitement; une fois de plus, je passais de très longs moments avec elle, lui expliquant qu'elle serait guérie le jour où une passion éclaterait en elle, le jour où elle donnerait un sens à sa vie, le jour où elle cesserait de subir la vie; mais ce jour-là, je ne lui ai pas communiqué l'enthousiasme, elle partit avec mon traitement et seulement mon traitement. Je lui demandai de faire de l'ionocinèse, elle refusa; je lui fournis un produit pour tenter d'assécher l'ascite, elle ne vint pas le chercher, et je n'eus plus de nouvelles. Je voulais lui téléphoner mais avais-je le droit de forcer les gens à vivre comme m'avait dit un jour son beau-fils ? Le rencontrant un jour, il me confia que sa belle-mère avait arrêté très tôt le Solomidès pour aller voir une guérisseuse âgée qui lui avait demandé de venir tous les matins avant le lever du soleil chez elle pour faire des passes magnétiques. J'étais un peu fâché qu'elle ne m'en ait point parlé et surtout qu'elle ait lâché le traitement qui avait par deux fois si bien amélioré son état, mais pouvais-je lui en vouloir, qu'aurai-je fait si j'avais été à sa place? Il est vrai qu'il est facile de parler quand on n'est pas atteint du mal.

Elle finit par me recontacter; une énorme tumeur dure emplissait tout son abdomen; elle avait maigri de dix-huit kilos et ne me dit rien de ses aventures au lever du soleil. Nous fîmes semblant tous les deux de repartir à zéro une fois de plus mais la guérison était "pour du semblant" comme disent les gosses au cours de leurs jeux et je dus sur sa demande la faire hospitaliser.

Lui rendant visite un soir, elle me parla de la fin et je n'ai point cherché à la tromper. Nous nous mîmes à parler de la mort, de ce qu'elle pensait, de ce que je pensais et le temps qui paraît toujours interminablement long quand on rend visite à un malade passa très vite et il était très tard quand je la quittai; son visage était gai, épanoui et je crois que notre discussion lui fit un grand bien; elle mourut quinze jours plus tard en combattant car bien qu'elle n'eût point peur de la mort, elle avait décidé de vivre après notre discussion. Le décès de cette jeune femme était pour moi important car son combat était mon combat; condamnée à quinze jours elle avait vécu (et non survécu), deux années et demie; au lieu d'être dégradée par des méthodes destructives, elle avait rajeuni et s'était embellie. Je montrais son dossier à ceux qui comme Saint Thomas voulaient toucher pour croire et, de son histoire, je retenais plusieurs leçons :

- qu'il y a de nombreux remèdes efficaces et non toxiques, ce dont j'étais déjà convaincu, et qu'il me fallait continuer le combat car c'était un vrai combat que de vouloir soigner le cancer.

- que les émotions et les passions non contrôlées étaient fatales à l'organisme.

- qu'un sens à la vie était nécessaire.

Les débuts en cancérologie

Très vite, d'autres malades cancéreux me contactaient, la plupart ayant été irradiés, chimiothérapés et amputés chirurgicalement; ils récidivaient et l'on avait fait comprendre à leur famille qu'on ne pouvait plus rien pour eux... que faire ? La médecine allopathique part facilement en guerre contre la médecine parallèle en matière de cancer mais je leur demande humblement: que faire avec ces malades qui ne ressemblent plus à des hommes, chez qui on ne peut plus continuer à détruire sous peine de mort immédiate... les renvoyer chez eux en leur disant qu'ils ont fait le mauvais choix et que la prochaine fois, il faudra qu'ils réfléchissent. Je demande aux gens de médecine qui ont la critique si aisée s'il est facile de recevoir des mourants à qui on ne peut plus raconter que la vie est belle et qu'il y a des petits oiseaux de toutes les couleurs, mourants qui ont déjà eu toutes les thérapeutiques possibles et imaginables; **alors je leur réponds que le rôle du médecin n'est pas de suivre le malade quant tout va encore bien, son rôle est de l'accompagner jusqu'au bout; son rôle n'est pas de le tromper quand tout va bien et de le décevoir quand tout va mal, son rôle est de le mettre en face des réalités quand il est en mesure de les affronter et de le faire rêver quand la route est finie. Alors, si les produits qu'utilisent les médecines parallèles étaient reconnus inefficaces, je les utiliserais quand même, ne serait-ce que pour donner un espoir.**

CHAPITRE V

L'ALIMENTATION

> Trois grandes peurs conditionnent la conduite des hommes : la peur de manquer, la peur du qu'en dira-t-on et la peur de mourir. Un certain assouplissement spirituel empêche l'homme de penser à la mort comme il faudrait. On se préserve tant bien que mal du qu'en dira-t-on par le mensonge et le déguisement. Mais la peur de manquer terrorise littéralement. Gavé, bourré à mort, éreinté par des labeurs digestifs insensés, ses canaux bouchés au point qu'aucune vie ne peut circuler librement, notre civilisé suralimenté "véritable poubelle vivante" tremble encore de manquer, de se voir affaibli, d'être sous-alimenté, de pâtir gravement. La plus laide des frousses est sans doute celle-là et c'est la plus tenace, quelle faiblesse !
>
> Nil Hahouteff

Nombre de clients nous demandaient tous les jours ce qu'il fallait manger, et nombre d'entre eux étaient étonnés que les différents médecins consultés ne leur aient jamais parlé de nourriture. Les malades sont laissés dans ce domaine à leur libre arbitre et la raison en est simple : la nourriture n'intéresse pas ou peu la faculté et les médecins n'ont pas de cours de diététique... A la limite, il existe dans certains établissements un certificat facultatif; personne ne peut contester ce fait, et il suffit de voir la place qu'occupe l'alimentation dans les cuisines d'hôpitaux pour situer tout de suite son niveau hiérarchique dans l'art de guérir enseigné aux jeunes médecins. Celui-ci est donc terriblement gêné par les questions pressantes de ses malades et j'ai été à la même enseigne. J'interdisais donc quelques plats que tout un chacun connaît comme nocif, et comme homéopathe connaissant les désirs et les aversions qui évoluent avec le temps ou les circonstances, je conseillais d'une pirouette à chacun d'écouter son corps et que le raisonnable l'emporte sur la passion qu'est la gourmandise. J'étais moi-même rabelaisien, gourmand et gourmet, voire plus gourmand que gourmet et j'avais du mal à donner des conseils de sagesse que je n'appliquais pas.

Connaissant les constitutions homéopathiques et les tempéraments, je savais que j'étais un sujet *sulfur* complémenté par *nux vomica* et que mon destin physique s'orientait vers les maladies d'auto-intoxication, d'encrassement progressif type colique néphrétique, goutte, artério-sclérose, hypertension artérielle ou infarctus. J'ai plusieurs fois tenté de me restreindre, de me mettre au régime et nous avons avec ma femme, évolué de l'hypocalorique à la cure de raisins, du végétarisme à la macrobiotique avec des rechutes genre "débauches" fréquentes. Je soutenais à ma femme que le moral était important et que de me retrouver devant un bol de riz et de poireaux après une journée de travail me gâchait tout mon plaisir de vivre. M'intéressant au cancer, je savais pertinemment que l'alimentation avait un rôle primordial, mais comment équilibrer la joie de vivre et une alimentation peu attrayante à mes yeux, et laquelle conseiller ? Je me suis donc mis à lire, à essayer d'apprendre ce que l'on ne m'avait jamais appris pendant dix années d'études et je découvris des théories en grand nombre et, si elles avaient quelques points en commun, elles possédaient de nombreuses et d'importantes divergences... Puis j'ai lu les travaux de SHELTON sur les incompatibilités alimentaires, et je retenais surtout qu'il ne fallait pas associer pain et fromage... Alors, ce fut la goutte qui fit déborder le vase : allez raconter cela aux bons français. Je retournai donc à la case départ et je me contentai une fois de plus de prescrire un régime restrictif pensant que l'homme se détruisait par l'abondance, d'interdire quelques éléments réputés nocifs (graisses cuites, chocolat, alcool), et de laisser aux malades le loisir de se faire plaisir de temps à autre, car l'important était d'avoir un bon moral.

Comme je vous l'ai dit, je me lançais dans la lutte contre le cancer avec des thérapeutiques en résonnance avec la forme d'esprit que j'avais; les premiers résultats m'étonnaient et je ne pouvais plus reculer. Mes ordonnances me faisaient un peu honte en tant qu'homéopathe mais nous étions pressés et il fallait à tout prix ouvrir les portes du malade, et je prescrivais donc oligo-éléments, organothérapie, extrait de foie injectable, phytothérapie et autres thérapeutiques. Les débuts étaient enthousiasmants et les mois passèrent.

Les tests d'un de mes malades étant normaux depuis un certain temps, je voulais commencer comme le conseille Mr Janet à espacer les piqûres pour les arrêter et m'en tenir à un traitement de terrain; mais un obstacle se dressa devant moi, car la patiente me dit :

" Ah, non, il ne faut pas arrêter mes piqûres, qu'est-ce que je vais devenir si vous les arrêtez. "

A ce moment, j'ai eu un déclic et j'ai compris que moi qui me battais d'une certaine façon contre toutes formes de médecine qui rendaient les gens assistés, je faisais de même avec une autre thérapeutique : les malades devenaient mes malades et sans médicaments ils ne savaient plus vivre. Je ne pouvais quand même pas les piquer à vie et les soutenir constamment; en tout cas, l'idée de m'attacher à vie quelques clients ne me réjouissait guère, moi qui avais été un pigeon voyageur, qui avais hésité à m'installer médecin par peur de devoir rester trente ans au même endroit... De plus, mon but n'était pas d'améliorer ces malades mais de les guérir et il y avait sûrement une solution; **les solutés Vernes et autres thérapeutiques douces représentaient un moyen mais pas la solution.** A ce moment, je tombais sur une citation de SILVANESCHI :

" IL FAUT RECEVOIR LA MALADIE COMME UNE LETTRE, ELLE EST TOUJOURS DESTINEE A NOUS REVELER QUELQUE CHOSE. "

De ce jour, je découvris qu'en tant qu'homme je ne pouvais guérir personne, que seul le malade pouvait se guérir et que nous n'étions là que pour l'aider. Mon rôle était donc de leur faire ouvrir la lettre et de leur faire comprendre que pour un temps limité je serais leur assistant; le temps qu'ils se prennent en main et saisissent le pourquoi de leurs souffrances. Je les aiderais trois mois, six mois, voire neuf mois car on ne change pas son mode de vie du jour au lendemain mais, si au terme de ce délai, ils n'avaient pas trouvé le pourquoi, tout pourrait revenir. Que ce soit la chimiothérapie, la radiothérapie, la chirurgie, l'homéopathie, les solutés Vernes, le Solomidès, le gui, si la personne ne se prend pas en main, si elle ne cherche pas à découvrir la cause de son mal et si elle ne fait rien pour y remédier, aucun thérapeute ne la mettra à l'abri d'une aggravation. Le seul avantage de nos méthodes, c'est de ne pas les détruire, de laisser intact les bons éléments et de leur donner toutes les chances de repartir quand la conscience d'être leur en aura donné l'ordre.

Le médecin doit remettre sur les rails le train qui a déraillé : l'accident a eu lieu car la voie n'était pas bonne, il faut donc réparer la locomotive, la mettre sur la bonne voie et la laisser partir; mais elle rencontrera d'autres aiguillages, et à elle de choisir.

Le médecin ne doit pas la mettre sur une voie de garage, la démanteler et la conserver dans un parc préparé à son usage. Aucun médecin n'a de droit sur la vie de quiconque; son rôle est de remettre sur les rails, en laissant au corps physique et mental toutes les chances de repartir : " Primum non nocere. " Notre tâche n'est pas de porter les gens à bout de bras constamment; nous avons un rôle d'informateur et de conseil, mais nous ne pouvons pas changer le cours de la vie car aucun médecin n'a le secret de la vie. S'il l'avait, il vivrait à l'infini. Ce secret est en chacun et la maladie n'apparaîtra que lorsque les lois de la nature seront bafouées... reste à

L'alimentation

redécouvrir ces lois; nous, médecins, devrions incarner cette sagesse, tenir ces lois sous notre protection et être un refuge pour tous les paumés de la société. En un mot, **être un exemple.**

L'idée parait bonne, CHANGER SA VIE... Un slogan magnifique. Mais changer quoi et c'est là tout le problème. Comme je vous le disais la question alimentaire m'a hanté l'esprit, et il m'apparaissait de plus en plus évident que la clé du changement se trouvait là. Il n'y a qu'à penser au jeune conducteur qui achète sa première voiture et qui va demander quelle essence il faut mettre pour que le moteur tourne rond: super, ordinaire ou gas oil ? L'analogie est frappante entre le réservoir et la bouche, et comble de notre société matérialiste, nous tenons plus à notre voiture qu'à notre corps... Et pourtant, la ressemblance s'arrête là car à l'opposé de la voiture le corps humain nous a été légué une fois pour toute; à nous d'en faire l'usage que l'on veut, être de bons ou de mauvais conducteurs. Il fallait donc trouver une réponse et celle-ci, comme toute chose que l'on attend sincèrement, fut rapide à venir. Je découvris enfin la méthode alimentaire qui ne souffrait à mes yeux, médecin de l'individu, aucune remarque. Comment en effet, ne pas être irrité de voir tous les jours dans de nombreux écrits: " le régime normal d'un individu normal". Je ne comprenais pas comment on pouvait établir un régime standard connaissant trop bien l'enfant *silicea* qui mange comme quatre et qui ne grossit pas d'un poil voire qui maigrit, et l'enfant *calcarea carbonica* qui ne fait que passer devant un gâteau et grossit sans l'avoir goûté. Enfin... Donc une recherche s'ouvrait à moi et je raconterai les circonstances de cette rencontre.

Invité à une conférence du Dr Lagarde, je m'y rendais par amitié pour l'orateur, l'ayant écouté à plusieurs reprises lors de colloques médicaux. Questionné à la fin de son exposé, celui-ci conseillait aux cancéreux de ne manger ni sucre ni viande; cela souleva de son siège l'homme qui se tenait à ma droite...

" Pardon, dit-il, je voudrais dire quelques mots sur mon histoire personnelle; j'ai eu, il y a cinq années un cancer du testicule qui a été enlevé chirurgicalement suivi quelques mois plus tard d'une rechute pulmonaire; j'ai décidé alors de m'en sortir seul et de refuser à nouveau l'opération et la chimiothérapie qui m'étaient proposées. Dans ce but, j'ai suivi une méthode alimentaire qui consistait à écouter mon corps et ayant envie de sucre, j'ai mangé un kilo de miel

L'alimentation

par jour, et ayant envie de viande, j'en ai mangé, abondamment, crue, pendant plusieurs mois. Et je suis ici, parmi vous, guéri. "

Son intervention laissa planer un grand silence et la soirée se termina. Ce que j'entendis me remplit d'aise car j'affirmais qu'il fallait écouter son corps et se faire plaisir et non, encore une fois, suivre des instructions générales destinées à Mr Toulemonde; mais ce n'était qu'une approche grossière de ce que j'allais appliquer et conseiller aux malades plus tard. Six mois environ s'écoulèrent et j'entendis parler d'un film qu'avait réalisé un centre d'écologie alimentaire qui préconisait une méthode particulière. J'y allai donc et une salle de toute beauté nous attendait dans les vieux quartiers de Genève.

Malheureusement pour l'orateur, les spectacles et les conférences sont légions, et nous ne fûmes qu'une vingtaine à l'écouter : Jean-Jacques Bésuchet venait nous entretenir d'une méthode alimentaire particulière : l'instinctothérapie. C' est à ce moment là que je reconnus l'homme qui était à ma droite lors de la conférence du Dr Lagarde, et je vous affirme que ce soir là, je ne m'étais pas trompé de soirée. J'étais face à lui et je fus impressionné par un regard et une énergie qui se dégageait de cet être vraiment exceptionnel. La conférence m'enthousiasma et la soirée passa beaucoup trop vite. Je l'ai déjà dit, il était atteint d'un cancer du testicule, et il existe deux formes de ce cancer : l'une relativement sympathique qui selon les statistiques est radiosensible, (c'est-à-dire qu'elle réagit favorablement à des séances de rayons), l'autre maligne et dont le pronostic est fatal à court terme. C'était son cas... On lui enleva donc le testicule et comme tout cancéreux, on lui fixa ses rendez-vous afin qu'il bénéficie de tout le service après vente médical.

Comme tout cancéreux également, de bonnes gens lui mirent entre les mains quelques livres ou recettes pour une bonne santé et il alla même trouver des guérisseurs qui avaient, au dire de certains, des dons. (Je ferais juste une petite parenthèse pour dire à quel point les malades sont stimulés par un entourage qui se découvre tout d'un coup le rôle de conseiller, le malade finissant par être la proie de toute une croyance à la recherche du remède miracle. Nous verrons tout au long de ce livre que **le remède miracle n'existe pas**, ou plutôt qu'il existe mais à l'intérieur de nous.)

Malgré la chirurgie, les tisanes et les passes magnétiques, un

L'alimentation

contrôle quelques mois après l'obligea à se rendre à l'évidence : une métastase atteignait le poumon. Seul traitement, la chirurgie, et le rendez-vous fut pris. Jean-Jacques fut assez chaviré et on le comprend... Bon enfant, confiant, il s'était fait opérer, s'était soumis à tous les contrôles exigés par les médecins, avait pris des tisanes, des remèdes de bonne femme, s'était fait aider par quelques radiesthésistes ou autres guérisseurs, ne fumait pas, ne buvait pas, faisait du sport, avait un bon job, était beau garçon et ... son corps se gangrénait. On lui avait promis la guérison et la récidive était là; l'opération étant prévue le lundi et la nuit de dimanche fut terrible... qui pouvait dormir... Que faire ? Refuser l'opération mais par quoi la remplacer ? Et si cela s'aggravait, n'aura-t-il pas perdu trop de temps comme le soulignait son médecin ? Les heures passèrent et le vieil adage affirmant que la nuit porte conseil, ne fit pas exception à la règle; Jean-Jacques téléphona au médecin à sept heures du matin, lui annonçant sa décision : il refusait l'opération et il allait essayer de se prendre en main. Il avait eu l'occasion de lire une brochure décrivant l'expérience d'un nommé Guy-Claude Burger, qui avait eu également un cancer et qui s'en était sorti par un régime alimentaire particulier. Il expliqua cela au médecin, persuadé que jusqu'ici il n'avait fait les choses qu'à moitié, et qu'il ne pouvait donc guérir qu'à moitié. Chose extraordinaire, événement d'une grande richesse, et j'insiste pour que vous puissiez bien saisir ce moment, il faut que ce soit un non médecin, un homme dont le rôle n'est pas de soigner ses contemporains, qui ait la sagesse de se poser la question suivante :

" Je suis jeune, sportif, tout allait bien alors, POURQUOI AI-JE UN CANCER ? C'est bien de m'enlever le testicule, le poumon, mais POURQUOI AI-JE UN CANCER ? L'opération ne résoudra rien à mon problème si je ne sais pas **pourquoi**. "

Question extraordinaire et pourtant d'une simplicité étonnante, d'une logique imparable, que le thérapeute du vingtième siècle ne se pose pas, et je dis thérapeute car je mets dans le même sac les non-médecins qui existent dans le couloir de l'illégalité. Si ceux qui ont la charge de guérir ne cherchent qu'à trouver la solution miracle, (chirurgie, drogues toxiques, tisanes de grand-mère, pouvoirs magnétiques), je leur dis qu'ils sont à côté de leur charge. C'est en toute modestie, en toute humilité, et en réaliste qu'ils doivent dire aux malades qu'ils sont là pour parer au plus pressé mais qu'il est urgent qu'ensemble ils découvrent la vraie cause de leur maladie, et qu'ensemble dans un premier temps et un premier temps seulement, ils cherchent les moyens les plus efficaces non traumatisants pour trouver le bon chemin. Jean-Jacques a tranché et a décidé de changer radicalement sa vie en changeant tout d'abord son alimentation. Je vais essayer d'expliquer cette méthode que nous avons conseillée un certain temps aux malades ainsi qu'aux bien-portants, nous rappelant la formule du Docteur Knock : " Tout bien portant est un malade qui s'ignore. "

L'INSTINCTOTHERAPIE.

A la naissance tout être possède un instinct alimentaire; celui-ci permet au nourrisson de trouver le sein de sa mère, et, quand le lait maternel s'épuise, l'instinct doit permettre à l'enfant de choisir ses aliments afin d'assurer au corps l'équilibre idéal. Le jour où le nourrrisson tombera malade, cet instinct sera là pour le guider et, en tant que médecin, je me dois de vous rappeler ce que l'on appelle "l'épreuve des trois biberons". Quand on reçoit un jeune nourrisson la nuit à l'hôpital dans un état de santé grave dit de déshydratation aiguë (toxicose aigüe), il est urgent de le réhydrater immédiatement; n'ayant pas le temps d'attendre les résultats du laboratoire pour connaître ce qu'il lui faut exactement comme liquide, nous lui proposons trois biberons: l'un d'eau sucrée, l'autre d'eau salée, et le troisième d'eau neutre; si le bébé a besoin de sel pour se rééquilibrer, il se jetera sur le biberon d'eau salée... Allez donc boire de l'eau salée !

Cet instinct transmis génétiquement de génération en génération ne pourra s'exercer que sur des aliments originels, c'est-à-dire non transformés, existant tels quels dans la nature; l'enfant pourra désirer une pomme, saura reconnaître une poire, un poireau mais il ne pourra, bien entendu, s'exercer sur un hachis parmentier ou une poire Belle-Hélène. Regardez un cheval dans un champ, il va laisser des plages entières d'herbe qu'il ne touchera point, et à voir l'herbe qu'il laisse on peut être étonné et tenté de le traiter de difficile. Ce

L'alimentation

n'est pas le paysan qui lui a fait la leçon lui interdisant de toucher cet endroit; c'est son instinct, son instinct héridataire qui lui a dit : " Ne touche pas cela, il y a quelque chose de mauvais pour toi, de mauvais pour ton équilibre, pour ta santé. " Pareillement, le chien connaitra la plante qui le vermifugera et ce n'est pas vous qui le lui avez appris, c'est son instinct. Laissez les animaux vivre selon leur instinct alimentaire, ne leur faites pas de petits plats cuisinés et vous verrez qu'ils ne connaitront pas la maladie. L'homme est un animal, certes évolué, mais un animal quand même, et cet instinct il le possède également; seulement voilà, l'homme est intelligent, et il ne va quand même pas se laisser dominer par celui-ci : "Nous ne sommes pas des bêtes. " Alors l'instinct ne nous guidant plus, du fait d'une cuisine sophistiquée, il va falloir nous orienter par d'autres moyens afin de nous rapprocher au plus près de l'équilibre santé. Trois solutions nous sont offertes actuellement pour nous guider.

1° : L'intellect : Il faut manger tant de grammes de viande par jour car le Professeur Durand, Professeur à l'Académie, diplômé mille fois, l'a dit, et l'on entend cette phrase tous les jours dans les cabinets médicaux : " Je n'aime pas la viande, mais j'en mange car il faut en manger, ou je mange de la viande rouge trois fois par semaine et de la viande blanche les autres jours par raison. "

2° : La passion : la gourmandise, cette version aurait un côté plutôt sympathique : " Cela ne doit pas être très bon pour la santé, mais c'est tellement bon. "

3° : Le conditionnement : " Je ne supporte pas le lait, mais j'en prends tous les matins dans mon café au lait. " ou " Les enfants ne veulent pas prendre leur lait le matin, mais il faut bien qu'ils aient quelque chose dans le ventre avant de partir à l'école, alors je leur mélange avec du chocolat. "

Ces raisonnements font d'ailleurs l'affaire de tous et pas un jour ne se passe sans que l'on entende qu'il faut prendre une nouvelle vitamine, une nouvelle enzyme, ou un produit miracle pour entretenir la forme, pour être plus intelligent que les autres ou pour parer notre déficit sexuel. La diététique intellectuelle fait vivre un grand nombre de personnes, la gourmandise enchante les restaurateurs, les traiteurs et les usines à grande bouffe.

Pour découvrir son instinct donc, il faut que la nourriture présentée soit pure, c'est-à-dire non produite artificiellement et non transformée, ce qui implique que l'aliment soit cru; vous verrez toute l'importance du cru par la suite. Le jeu consiste donc à placer sur une table un maximum d'aliments crus et de laisser votre instinct s'aventurer. Imaginons donc une grande table et disposons quelques éléments qui constitueront le frugal repas d'un anopsothérapeute (terme scientifique). A gauche, un grand plat avec quelques tomates, betteraves, carottes, du celeri, des artichauts et du chou-fleur; un petit bol de radis par ici, et quelques paniers de fruits secs par là avec amandes, noisettes, noix, cacahuètes, figues, dattes, pruneaux; mettons deux pots de miel d'origines différentes et, au centre de la table installons un morceau de viande de boeuf bien rouge et appétissant, ainsi qu'un morceau de thon frais, n'oublions pas les oeufs dans un petit saladier. A droite de la table étalons les fruits, bananes, poires, oranges, citrons, fraises, prunes, pommes, raisins et les jours de fête, ce qui peut-être tous les jours, mettons des huîtres ou autres fruits de mer. L'hiver lorsque les fruits et légumes sont un peu plus rares donnons une note de gaieté à la table avec quelques fruits exotiques, ananas, mangues, goyaves, kiwis, noix de coco, fruits de la passion; j'oubliais toutes les céréales que nous faisons germer dans de petites assiettes creuses, blé, orge, lentilles, pois chiches, ainsi que les jeunes pousses. J'en oublie certainement et qu'ils me pardonnent.

Une magnifique table aura deux intérêts :
- d'une part, un grand choix pour l'instinct.
- d'autre part, un plaisir des yeux et des sens.

Quelques règles.
Une fois assis devant ce spectacle grandiose de la nature, il nous faut définir les grandes règles à observer et surtout les erreurs à ne pas commettre.

1° : <u>Les aliments doivent exister dans la nature et être présentés tels quels</u> sur la table, ils ne doivent pas être transformés par l'homme; ainsi les fromages, le pain par exemple sont proscrits de cette table.

2° : <u>Les aliments doivent être consommés séparément</u> afin que l'instinct puisse les reconnaître. Comprenez bien que si vous mettez du citron dans l'huître, vous ne saurez plus si vous mangez du citron ou de l'huître. J'habite dans une région où les huîtres ne pointent pas leur nez l'été, et c'est un manque pour moi car j'ai fait une grande partie de mes études du côté de la Rochelle et mon inconscient est

L'alimentation

marqué par ces plats grandioses de fruits de mer que l'on vous servait sur le port. Un jour d'octobre, ma femme créa la fête en disposant les huîtres que l'on ouvre une à une et j'ai eu la désagréable surprise de m'arrêter à la quatrième. La cinquième ne me disait absolument rien et c'est là que je compris l'arrêt instinctif, ce qui nous amène à la troisième règle.

3° : <u>Le même aliment doit être consommé jusqu'à l'arrêt instinctif</u> : si un aliment vous plait, qu'il est agréable au goût et à l'odorat, qu'il vous apporte des sensations indéfinissables, reprenez-le, ne vous arrêtez pas car il y a dans cet aliment quelque chose qui est nécessaire à votre équilibre. Par exemple, si le goût et le parfum du morceau de melon que vous mettez à la bouche vous remplissent de joie, mangez-en un deuxième, puis un troisième, voire le melon tout entier et lorsque votre corps sera rassasié de l'élément qu'il recherchait, vous verrez que le goût du melon apparaîtra fade, insipide voire désagréable... C'est l'arrêt instinctif. Bien entendu, il n'y aura peut-être pas assez de melon pour tout le monde, et dans ce cas, ce petit problème pratique se résoudra facilement par le partage, geste qui vous apportera autre chose sur un autre plan; vous vous arrangerez ensuite pour faire votre provision de melon les jours suivants.

Voilà les trois grandes règles, et il nous reste maintenant à développer quelques petits points pratiques.

<u>Quelques points pratiques</u> :
1° : <u>L'eau</u> sera la seule boisson présentée sur la table mais il sera cependant préférable de la boire en dehors des repas; à ce sujet, ceux qui feront l'expérience, s'apercevront qu'ils auront peu soif, les fruits et les légumes apportant la liquidité nécessaire.

2° : <u>Ne dites pas</u>, comme l'enfant capricieux, je n'en veux pas sans avoir goûté; n'oubliez pas que vous êtes plein de préjugés et qu'il vous faut retrouver le goût des aliments; ne pensez pas qu'il est impensable de manger des oeufs crus, du poisson cru et si vous n'aimez pas, ne dites pas que c'est "infect", mais dites simplement que votre corps ne désire pas ce que représente ce poisson pour le moment, en cette saison... Un jour, certainement à l'occasion d'un petit déséquilibre, votre corps en réclamera et vous serez surpris de trouver agréable ce que vous détestiez quelques mois auparavant.

3° : Comment donc, manger les oeufs. Cela est très simple, vous les cassez et vous séparez le blanc du jaune comme cela existe à l'état naturel; si vous désirez le jaune, mangez le; si vous désirez le blanc, mangez le séparement.

4° : En ce qui concerne les protéines animales, il est nécessaire d'y consacrer un peu de notre temps.

La viande.

A la question, aimez-vous la viande, beaucoup d'entre vous répondent :

- " Enormément, et j'en mange tous les jours (certains jusqu'à quatre fois par jour).

- Mais l'aimez-vous crue ?

- Ah, non, il faut qu'elle soit bien grillée, et avec une sauce ou cela ne passe pas. "

Voilà le problème : car celui qui dit aimer la viande (aimer dans le sens bon et profitable à mon corps afin de vivre) doit l'aimer crue. Une viande grillée avec une sauce au beurre et flambée au cognac ne s'appelle plus de la viande : c'est le plat du chef et il faut dire j'aime le plat du chef (aimer dans le sens pour ma gourmandise). Quand vous dites, je raffole d'une banane, ce n'est pas celle qui vous est servie au restaurant chinois que vous aimez, c'est celle que vous pouvez cueillir d'un régime. Méfions-nous du verbe aimer qui peut être employé à toutes les sauces également : en effet, vous pouvez aimer un fauteuil Louis XV ou alors aimer une femme ou encore une crème au chocolat...

Un grand nombre de personnes qui s'occupent de l'alimentation déconseillent voire interdisent la viande pour différentes raisons; on s'aperçoit en pratiquant l'alimentation crue qu'à certaines périodes et chez certains individus le besoin se fait ressentir. D'autres par contre font la fine bouche et ont une sensation d'écoeurement... Ils font comme le cheval devant sa plage d'herbe : leur instinct de conservation leur dit : " Attention, c'est un toxique pour toi, évite la ou ce sera une source d'ennuis pour l'avenir. " J'étais un gros mangeur de viande, carbonique qui se respectait, et je l'aimais à toutes les sauces mais je l'aimais également crue! Comme vous le savez, personne n'est prophète en son pays, et ma mère qui de temps à autre, venait passer une soirée, aimait faire griller très légèrement (un simple aller retour comme dit l'expression) une tranche de viande épaisse sur le feu de bois, notre compagnon de toutes les

L'alimentation

soirées en Haute-Savoie. J'ai souvent trahi mon instinct, la tentation étant trop grande de voir cette viande séduisante légèrement dorée... je savais que celui-ci me détournait de la viande, ce soir-là.

En parlant de cette protéine, il faut aussi parler de cette affirmation qui jaillit à tout moment :

" Docteur, vous êtes bien gentil mais vous êtes assis à un bureau et vous pouvez vous permettre de ne manger que des fruits; mon mari, lui, il conduit un camion toute la journée et alors s'il n'a pas son steak, il ne peut pas tenir le coup. "

Mis à part le fait qu'il est répandu dans l'opinion que le travailleur intellectuel ne consomme pas d'énergie ce dont nous dirons un mot quand nous parlerons plus précisément de ce problème, je serais tenté de répondre qu'il faut avant tout, essayer, et que nous verrons ensuite. Mais comme il faut satisfaire le raisonnement intellectuel, voici une réponse : quand l'homme est perdu, et que son intelligence n'est plus capable de lui donner une réponse satisfaisante, le conseil que je pourrais lui donner est de faire confiance à la mère nature et d'observer les lois qu'elle a mises en place. Regardons tout simplement le règne vivant qui nous est soit-disant inférieur. Celui-ci fonctionne grâce à l'instinct et nous sommes donc à bonne école. Ressemblons-nous au tigre, au poisson, à l'éléphant, à la vache ? Bien sûr que non. Au singe, ces grands singes que beaucoup d'entre nous ont longtemps regardés dans quelques zoos ? Cela nous laisse rêveurs et nous avons toujours à l'esprit cette grande discussion qui revient périodiquement, descendons-nous du singe ? Il est vrai que nous lui ressemblons drôlement... et ce n'est pas que d'apparence. Si nous n'avons pas les ongles du tigre pour dilacérer la viande nous possèdons le même estomac que notre ami singe, et si nous n'avons pas la panse de l'herbivore nous possèdons le même intestin que notre ami singe; et qu'est-ce-qu'il mange, ce cousin, qui pourrait de ses deux mains nous briser la colonne ? des fruits et des noix. Croyez-vous qu'il se pose le problème de savoir s'il a suffisamment de protides ou de calcium pour équilibrer ses menus; tout ce dont il a besoin lui est fourni par les fruits, les noix et quelques racines.

Je viens de parler de calcium et j'en parlerai plus précisément quand nous aborderons le problème du lait mais, je voudrais rappeler que les aliments crus étant seuls autorisés, il n'y a donc pas de fromages à la table instinctive. J'en dis deux mots maintenant car sans viande cuite et sans fromage, l'homme moderne est complétement perdu et persuadé qu'il va manquer de tout ce que nos savants lui passent devant les yeux, c'est-à-dire calcium, protides, enzymes, vitamines... c'est le début de la fin. Je viens de vous rassurer en vous montrant que le singe n'a rien à nous envier dans le domaine de la santé... Il n'a d'ailleurs même pas éprouvé le besoin de créer un système médical ! Alors, j'aimerais que vous réfléchissiez un instant tout simplement à la nourriture de notre bonne vache qui doit alimenter une tonne de viande et suppléer aux besoins de ses petits; elle ne mange que de l'herbe... de l'herbe, rendez-vous compte... Il y aurait donc tout dans l'herbe, de la vitamine A à la vitamine E, de l'enzyme au coenzyme, du lipide au glucide; cela me fait rêver mais si vous n'êtes pas rêveurs alors vous serez intéressés par l'expérience suivante :

- De jeunes poulettes ont eu un régime dépourvu totalement de calcium. Et que font-elles à l'âge adulte ? devinez... des oeufs, tout simplement des oeufs, élément semi-liquide contenu dans une coque solide faite de calcium. Oui, le corps est intelligent et il alchimise*. S'il lui manque un élément il est capable à partir d'autres éléments de le fabriquer. Seulement pour que notre corps fasse des merveilles, et alchimise, rêve de tout homme, il ne faut pas l'encrasser et lui offrir au contraire la nature pour laquelle il a été programmé.

Avant de faire quelques considérations médicales et philosophiques sur cet aspect alimentaire, il me faut parler du sujet brûlant, source de nombreuses discussions : le lait. A-t-il sa place à la table instinctive ?

LE LAIT.

En parcourant les écrits non officiels traitant de l'alimentation, nous disions qu'il y avait de nombreux points de discordance; un point pourtant les rapproche presque tous: le lait n'est pas fait pour l'homme. Affirmation étonnante et qui m'a surpris également au départ. J'affirmais pour ma part que le lait était mon meilleur médicament et lorsque j'avais trop mangé ou trop bu lors d'une soirée entre amis, je m'offrais un demi-litre de lait avant d'aller me coucher. Avant de donner les explications qui ont cours pour écarter le lait de la table de l'homme, je voudrais faire une remarque qui apporte un peu plus de compréhension à l'instinctothérapie. A chaque client, je pose la question suivante :

" - Aimez-vous le lait ? "

La réponse est toujours celle-ci :

" - Oui, beaucoup. Je mange énormément de fromages et de yaourts.

- D'accord mais le lait, l'aimez-vous ?
- Oui, je bois tous les matins mon chocolat ou mon café au lait.
- Oui, mais le lait l'aimez-vous ?
- Ah, le lait pur, vous voulez dire, ah, non, je ne le supporte pas. D'ailleurs il m'écoeure. "

Beaucoup d'entre vous se reconnaîtront dans cette petite scène et nous verrons un peu plus loin dans cet ouvrage que notre corps n'est pas idiot, il est au contraire particulièrement intelligent et le fait d'avoir un instinct qui nous oriente en est une des preuves. Si donc on lui présente un verre de lait, pur, blanc, une impression d'écoeurement va se manifester chez certains; ce corps nous parle avec son langage et nous conseille de passer notre chemin : il nous dit : " Merci, cet aliment n'est pas bon pour moi. " Alors, que se passe-t-il ? Le propriétaire de ce corps décide de ne pas écouter son instinct, trouve l'excuse intellectuelle (calcium) ou gourmandise ou conditionnement pour déguiser ce lait en boisson chocolatée ou fromages. Comme nous l'avons expliqué, le corps à ce moment-là est incapable de donner son avis, l'instinct ne connaissant que le produit naturel. L'homme a donc réussi par son intellect à forcer la première ligne de défense de son corps et a réussi l'exploit de faire ingérer à celui-ci d'une manière déguisée l'élément dont il ne voulait point; la gourmandise satisfaite, à lui de se débrouiller pour digérer le lait. Le corps vous avait prévenu qu'il était incapable d'assimiler ce produit, ce sera un déchet qu'il faudra mettre quelque part. Je profite de cet exemple sur le lait pour rappeler qu'il en est de même au sujet d'autres aliments. Le corps ne veut pas de viande, par exemple, alors on la fait bouillir, on ajoute de nombreux ingrédients sauce et alcool, et on ingère le tout.

Il n'est pas mon but ici de dénigrer la grande cuisine avec ses grands chefs qui font l'orgueil de la France ou avec ses ménagères cordons bleus qui assurent la tradition, mais, en tant que médecin chargé du respect et de la défense du corps j'essaye tout simplement d'expliquer les causes probables d'un état de non-santé.

L'alimentation

Pour en revenir au lait, à ceux qui ont l'intention d'écouter leur corps, il est bien entendu qu'il faut l'écarter si vous n'en avez pas le désir. Quant aux fromages et autres dérivés, ils sont écartés de la table instinctive étant des produits transformés; pour ceux qui ont un désir de lait, le sujet est délicat, il faut faire intervenir ici un raisonnement intellectuel et comme ce n'est qu'un raisonnement, libre à chacun d'en tirer sa conclusion. Notre instinct étant étouffé, encrassé depuis longtemps on peut toutefois se demander s'il pourra refaire surface et quand nous avons une question aussi importante que celle du lait, peut-on lui faire confiance immédiatement; bien entendu c'est non, mais on est obligé de raisonner. Comme notre intellect ne nous apporte pas de réponse satisfaisante, il faut à nouveau regarder la nature et les lois qu'elle a dictées. Regardons-la.

La vache donne son lait à son petit veau.

La lionne à son lionceau.

Et la femme à son nourrisson.

Chaque mère donne son lait à son petit... un certain temps et une fois ce temps écoulé l'enfant ne touchera plus au lait de sa vie.

Le petit veau à six mois passe dans les champs et devient herbivore. Le lionceau court dans la jungle et devient carnivore.

Et l'enfant devrait être sevré de lait et devenir, aux dires de certains, frugivore.

L'homme a décidé de continuer de boire du lait et c'est là la première erreur. Pour ce faire il a du en commettre une seconde : voler le lait d'une autre espèce qui ne lui est pas destiné.

Si le lait de vache était destiné à l'homme, comment expliquer cette orgie de laits industrialisés vendus en pharmacie... Pourquoi avec tous les excédents de lait le nourrisson est-il gavé de poudre, soit disant maternisée ? Le lait de vache est en fait destiné au petit veau et on ne peut le contester. Il serait d'ailleurs souhaitable pour notre santé que celui-ci puisse rester sous le ventre de sa mère plutôt que d'être nourri au lait artificiel gorgé d'antibiotiques et piqué aux hormones. Ce lait est fait de grosses protéines, de fort poids moléculaire et pour digérer celui-ci notre petit veau possède deux estomacs. Le premier qui prédigère, ce qui donnera la caillette et le second qui redigère cette caillette. Ce lait si riche permettra le miracle de la nature suivant : faire passer le veau de 50 kgs à 250 kgs en quelques mois.

Les défenseurs de la consommation du lait nous diront que

L'alimentation

l'homme en a toujours bu et que nos grands-parents et aïeuls en ont consommé sans être plus malades pour cela. Il faut ici faire un retour en arrière et une petite enquête nous apprend qu'il y a trois à quatre générations dans l'ensemble de la France, cinq à six dans les pays de montagnes, le village qui possèdait une vache était un village riche, et le paysan à qui elle appartenait était surnommé Crésus. Nous avons toujours l'expression dans les oreilles : " Faire son beurre ". Le beurre était en effet une denrée chère parce que rare, et celui-ci représentait une monnaie d'échange pour le paysan. Le Dr Kousmine* dans son ouvrage, raconte que des paysans du Valais dans leur enfance mettaient le beurre à table le jour de Noël. Il ne fallut pas très longtemps pour que l'éclair passât dans la tête des paysans et ils décidèrent de " faire du beurre " en produisant du beurre. Le seul ennui c'est que tout le monde a eu cette idée et nous sommes arrivés aux alentours des années 50 à une surproduction de produits laitiers; Mendes France en a distribué dans les écoles et aubaine pour le monde paysan la publicité démarrait. On allait donc assister et on assiste toujours d'ailleurs dans nos périodes de surproduction à une orgie de films publicitaires vantant les mérites du lait et à la création de produits de sous marque ... A l'image des lessives, on crée chaque jour une marque de fromages ou de yaourts. Les espaces jardins sont ornés de magnifiques photos géantes représentant un enfant devant une grosse tartine recouverte d'un beurre aux couleurs tentantes. L'image de la santé nous est donnée par les publicités et non plus par le médecin.

Mais vous croyez être libres de la publicité !... Alors voici pour nous distraire cette petite histoire. Il y a de nombreuses années les Américains avaient fait cette expérience : ils avaient réalisé deux films absolument identiques, deux westerns; identiques pas tout à fait, car en plein milieu de l'un des films ils avaient disposé sur un bar l'espace d'une image une bouteille de Coca Cola. Le résultat.... Les ventes de cette boisson ont doublé pendant l'entracte dans la salle où était projeté ce film par rapport à l'autre, (à méditer pour les parents dont les enfants sont les esclaves de la télévision).

Voilà donc les arguments avancés par les adversaires du lait... Tout est contestable et d'aucuns trouveront des arguments sans nul doute. Pour ma part, né dans le Nord, j'ai jusqu'à l'âge de quatorze ans été nourri au lait, café au lait le matin, 16 heures et soir tous les jours même dimanches et jours fériés. A la recherche de la santé par mon métier, j'ai été assez ébranlé par ces théories et pour trouver la solution il n'y avait qu'une seule chose à faire : expérimenter sur moi-même. J'ai donc supprimé le lait de ma table ainsi que ses dérivés puisque je voulais tester mon instinct. **C'est sur le terrain que l'on forge son opinion et non dans les amphithéâtres ou dans les idées préconçues.**

On pourra objecter que l'on peut vivre en ne buvant que cela; que des millions de gosses déshérités seraient bien contents d'en avoir; que de nombreux montagnards font du lait et de leurs dérivés leur nourriture essentielle, ce qui ne les empêchent pas de vivre vieux. Je répondrais à cette objection qu'il ne faut pas confondre vivre et survivre et rappeler que le montagnard fabriquait du fromage pour pouvoir passer sans dommage la rude période de l'hiver où la nature est au repos; de même que la ménagère a confectionné des confitures. Si l'on remonte l'histoire des hommes, nous voyons qu'après avoir migré à la recherche de nourriture et de chaleur, celui-ci s'est installé et de ce fait a du trouver des solutions pour survivre dans les moments les plus difficiles. Seulement voilà, aujourd'hui au vingtième siècle en plein été, la nature mère est d'une générosité sans équivalent, nous offrant une nourriture abondante, variée, riche en soleil, et nous disposons à notre table les confitures, les fromages, les viandes cuites, les charcuteries, les pâtisseries et autres préparations culinaires, rejetant le cadeau princier de la terre. Nous lui faisons outrage et jetons chaque année dans les fossés tonnes de fruits et de légumes... Ne nous étonnons pas aujourd'hui qu'elle nous rejette et que l'homme devienne allergique à la terre qui lui a permis de naître.

Reste encore à débattre ce fameux problème du calcium qui obsède nos contemporains :

" Mais le petit... Où va-t-il prendre son calcium ? " Entends-je dire tous les jours ? Avant d'y répondre, je demande un peu de réflexion (c'est cela lutter contre la culplombite). Nous avons eu du lait dans les écoles, nous avons plus de quatre cents fromages en France, nous mangeons des yaourts, de la purée au lait, nous ingérons du chocolat au lait, du beurre... en bref, nous sommes la civilisation du lait et paradoxalement nous sommes la civilisation des vertèbres tordues, des disques affaissés, des rhumatismes dégénératifs, de l'arthrose (disposition anarchique du calcium). Nos villes et nos campagnes sont envahies de rhumatologues, de

L'alimentation

chiropracteurs, d'ostéophates, de kinésithérapeutes, et d'acupuncteurs... et pourtant, avec tout le lait que nous ingurgitons nous devrions être tous des goldoraks, des superman aux vertèbres de fer pleines de calcium. Dernièrement, un ami client nous a amené dans une des plus grandes minoteries de Genève et la visite se terminait dans la salle de mise en sacs de la farine; celle-ci arrivait par de grands tuyaux et tombait dans des sacs de cinquante kilos prévus à cet effet; les ouvriers fermaient ceux-ci et les empilaient dans un coin après les avoir soulevés; ce jour-là, la chaîne était arrêtée, ce maillon subissait quelques menues transformations : désormais les sacs ne pèseront plus que trente kilos, tel en avait décidé la médecine du travail suisse forcée de constater que les colonnes de nos petits jeunes ne valaient pas celles de nos aînés. A méditer...

Et cette nouvelle maladie, une véritable épidémie qui se propage à un train d'enfer dans notre société, surtout parmi les femmes. Les journaux et les devantures de librairie s'associent à la médecine pour en dévoiler tous les secrets :

La spasmophilie.

Qui n'a été ou ne sera spasmophile un jour ? Notre sang est d'un seul coup déficitaire en calcium et en magnésium, ce qui nous provoque des fourmillements, des crampes, des palpitations, des angoisses, une perte du souffle, des migraines, et j'en passe... la maladie spasmophile étant devenue la poubelle de tous les symptômes inclassables qui ne rentrent pas dans le cadre des maladies bien définies. Quel est le traitement ? Injection intraveineuse de calcium. Quel est le traitement de l'arthrose ? Injection intraveineuse de calcium à haute dose.

Et quel est le gagne-pain de nos chirurgiens ? Les coliques néphrétiques (précipitation anormale de calcium dans les reins).

Ne devrait-on pas réfléchir un peu plus à ce problème ?

Donc, où se trouve le calcium ? Et bien, tout simplement dans les fruits frais, dans les fruits secs (en particulier la noisette) et dans les légumes. Rappelez-vous que les singes n'ont rien à nous envier au point de vue ossature et que cette bonne vache trouve dans l'herbe tout le calcium qu'il lui faut.

D'un point de vue pratique, je dois avouer que je me suis très

L'alimentation

bien passé des fromages et du lait et que j'en ai tiré de nombreux bénéfices; mes enfants en pleine croissance grandissent bien sans le moindre apport laitier et, fait objectivable, ma fille qui avait le nez bouché (pour lequel je n'avais toujours pas trouvé de solution thérapeutique) vit celui-ci respirer après la suppression du lait. Le contrôle du diagnostic est aisé, il suffit de lui faire reprendre cet aliment pour que celui-ci se rebouche. Ce phénomène qui est un premier pas vers l'allergie n'est peut-être pas dû à la seule faute du lait et je m'en explique : le lait de nos jours n'est pas le lait d'antan qu'il soit acheté à la ferme ou en berlingot. Nous savons qu'aucun médecin n'osera donner de médicaments à une femme qui allaite car il sait que son lait sera porteur de molécules chimiques indésirables; il en est de même pour le lait de vache et, comme la nourriture hivernale de celle-ci est automatiquement supplémentée en antibiotiques, l'herbe mangée étant largement imprégnée d'insecticides et de pesticides tout ce joli monde se retrouve dans le lait... ne nous étonnons donc pas d'être dans la civilisation de l'allergie. L'homme voulant ignorer à tout prix qu'il fait partie intégrante de l'univers et que chacun de ses gestes a des retombées à l'autre bout du monde, un taux de radioactivité "limite" a été retrouvé dans 95 % des dérivés laitiers lors d'une enquête dans la région parisienne, bien entendu, il en est de même pour les fruits et les légumes et tout produit de consommation et nous allons en parler. Je voudrais quand même faire part de ma petite expérience en clientèle et je vous assure que je pourrais vous faire un roman de témoignages de guérisons obtenues en faisant supprimer les produits laitiers, que ce soit migraines, diarrhées, troubles hormonaux, stérilité, asthénies, allergies ou pathologies rhino-pharyngées. Kent, premier des homéopathes par son génie après Hahnemann le disait dans sa matière médicale : si les gens supprimaient les produits laitiers, la moitié du monde serait débarrassée de ses souffrances. Par ces résultats, j'ai souvent pensé que si les gens savaient manger, notre profession pourrait se faire du souci; il faudrait alors qu'elle fasse preuve d'imagination et les hommes sincères n'auraient aucun problème à le faire, la suite du livre en fera la preuve.

Avant d'en terminer avec le problème du lait, je tiens à produire ici un article du Professeur H. Lestradet, paru dans les "Cahiers de nutrition et de diététique" en mars 82.

L'alimentation

" Quel lait pour le nourrisson " H. Lestradet, p. 49-62.

- " Si l'on utilise un autre lait que le lait maternel, sans précautions particulières, il y a des pertubations majeures. Les différences des laits sont fondamentales (...) Le taux de lactose dans le lait de femme est deux fois plus élevé que dans le lait de vache. " **Or le lactose est nécessaire à la croissance du cerveau, deux fois plus rapide chez l'enfant que chez le veau.**

- " Romulus et Rémus n'ont pas dû être élevés par une louve, car le lait de cette dernière contient 9 fois plus de protéines que celui de la femme. " Une pareille overdose de protéines aurait été rapidement mortelle, vu la surcharge du foie et des reins chargés d'éliminer l'acide urique, Yamala et Kamala, enfant loups, sont décédées très jeunes de troubles articulaires. Cette surcharge est déjà sensible avec le lait de vache qui contient 3 fois plus de protéines que le lait maternel:

" Le foie et les reins d'un enfant nourri au lait de vache sont d'un tiers plus gros que le foie et le rein d'un enfant nourri au sein. "

- " En ce qui concerne le calcium, a priori, l'apport est beaucoup plus large (trois fois plus que le lait de femme). Malheureusement la forte teneur en phosphate (cinq fois plus grande) et l'alcanisation du milieu intestinal ont pour effet de retenir plus des 2/3 du calcium dans l'intestin. **Il en résulte chez le nourrisson nourri au lait de vache une tendance à l'hypocalcémie. "**

" Le fer du lait de vache, maternisé ou non, est disponible pour la croissance des germes pathogènes (...), dont le développement se trouve ainsi facilité. " Etonnons-nous des odeurs excrémentielles ! " **Tout enfant nourri avec un lait sec demi-écrémé est obligatoirement en carence de fer"** ... d'où **"une anémie notable, aggravée d'ailleurs par le fait que les protéines du lait de vache irritent la muqueuse digestive et donnent lieu à des saignements microscopiques. "**

- " Pour le sodium ", on le trouve en quantité 3 fois plus grande dans le lait de vache, " d'où une tendance à une rétention d'eau et à **une élévation de la tension artérielle.** On se demande actuellement si cette surcharge en sel (...) ne pourrait pas être à l'origine d'un certain nombre d'hypertensions artérielles de l'adulte. "

J'ai une pensée pour les paysans en ce moment dont une grande partie vit des revenus du lait et je les rassure car je ne pense pas que

L'alimentation

du jour au lendemain la population s'arrêtera de consommer des produits laitiers; depuis des dizaines d'années de nombreuses personnes ont écrit de semblables choses sur ce problème et la consommation n'a fait qu'augmenter. Mais tout en les rassurant je les avertis car l'idée fait son chemin et ira de plus en plus vite à la mesure de la propagation des maladies; l'homme en effet, ne prend conscience d'un problème que quand il souffre. Aussi, au même titre que les malades à qui je demande ne plus être des assistés médicaux, je souhaite vivement que les paysans ne voient pas comme unique solution à leurs problèmes l'assistanat de l'Etat. Ils ont plusieurs années devant eux pour faire preuve d'imagination... Demain, il sera peut-être trop tard. Pour les rassurer encore, je leur dirais avant qu'ils ne connaissent la conclusion de ce livre, que j'aime à déguster de temps à autre une bonne fondue ou apprécier un bon reblochon, **mais de temps à autre seulement...**

L'expérience instinctive a été pour moi une révélation et malgré quelques erreurs j'ai pu en tirer des conclusions intéressantes.

L'instinct qui nous attire sur un élément particulier, ne revient pas immédiatement mais une chose était évidente : notre corps devient de plus en plus exigeant et se plaint aux moindres erreurs. Cette expérience du cru me permit de désigner facilement les coupables et les dégâts qu'ils occasionnaient lorsque je faisais une exception avec des amis. Le fromage m'empêchait de dormir, le chocolat me faisait percevoir mon pancréas et le lait me gonflait l'estomac. Je compris alors que ce lait épongeait l'acidité du vin lorsque je l'appelais "mon médicament" au retour d'un dîner bien arrosé...

Plusieurs remarques sont à faire ici et j'en profite quitte à ce que cet exposé soit un tantinet décousu . Quand on démarre une alimentation, en particulier le régime cru, nous voyons notre état s'aggraver et pour ma part je me suis retrouvé avec une éruption sur les deux épaules, des hémorroïdes et un état diarrhéique sans compter la fatigue. Ma femme supporta un eczéma sur le visage durant plusieurs mois et fut également fatiguée. Cela faisait dire à notre entourage : " Nous, on mange ce qui nous plait et nous ne sommes pas malades !... " Ceci d'un petit ton ironique... de plus, "si à chaque fois que l'on fait une exception on se trouve moins bien, il vaut mieux continuer à manger mal". C'est, bien entendu, un point de vue qui se défend et l'idée m'en a traversé l'esprit, je l'avoue, mais rassurez-vous, n'a fait que traverser.

Nous avions comparé le corps humain à une voiture, continuons donc. De nombreux voyants lumineux ornent le tableau de bord, s'allument ici quand l'huile manque, là quand les freins sont usés; il en est de même pour le corps humain. Il est intelligent et allume des voyants pour nous avertir de nos erreurs. Imaginez que vous coupiez les ampoules de votre voiture, le jour où le liquide manquera dans votre circuit de freins, c'est l'accident assuré. Ce n'est pas la peine de vous faire un dessin en ce qui concerne votre bien le plus précieux : votre corps; si nous n'acceptons pas qu'il nous avertisse, ne soyons pas étonnés un jour d'être réveillé par une maladie grave. Pour ma part, bien que cela déséquilibrât ma petite vie douillette et gourmande, je décidais d'accepter le dialogue avec mon corps et lorsque j'ai une crise d'hémorroïdes ou une éruption ou un mal de tête, j'entame une enquête policière à la recherche du responsable.

Une autre remarque nous était souvent faite au sujet de ce mode d'alimentation :

" D'accord, je suis malade, mais mon état ne justifie pas en ce moment que je me mette à manger des fruits. "

Je tiens à rappeler que ce n'est pas un régime de fruits crus, mais que la table instinctive offre en plus de la viande, du poisson, des huîtres, des crustacés, des céréales, des légumes, du miel, des fruits secs, etc... Il est certain que quand tout va bien, l'individu n'est pas très motivé à changer son équilibre bien douillet, dans quel but ? Et c'est là le fond du problème. Dans quel but le faire alors ? Nous nous rappelons la célèbre réplique de Maître Molière :

" Faut-il manger pour vivre ou vivre pour manger ? "

Le problème est posé, quel est le sens de notre vie et y-en-a-t-il un ?

Je ne m'étais pas encore posé cette question et j'essayais tout simplement de trouver une certaine vérité dans la recherche d'une nourriture idéale pour l'homme, sans connaître le sens de ma vie me contentant uniquement d'essayer de vivre.

INTERET D'UNE ALIMENTATION CRUE.

Très vite un double intérêt se dégageait de l'apport d'une nourriture originelle.

A) <u>A un premier niveau, au sens matériel</u>.
1 - Action sur le système de défense.
Je connaissais en tant que médecin un phénomène biologique objectivable : la leucocytose post-prandiale; en d'autres termes cela veut dire que si l'on vous fait une prise de sang à jeûn, c'est pour éviter que les résultats soient troublés par une importante élévation des globules blancs; ceux-ci représentent le système de défense. On peut affirmer par ce phénomène, que chaque fois que l'on mange un aliment cuit ou transformé, nous agressons notre corps qui répond immédiatement par une hyperstimulation de ce système; l'alimentation crue* ne provoque pas cette réaction. Or, nous savons que la plupart des maladies graves type cancer, finissent par éclore à cause d'un déficit du système de défense; nous ne laissons jamais au repos notre corps, le stimulant sans cesse par notre alimentation raffinée (et je rajouterai également par notre pratique des vaccinations). Il est évident de toute façon à un esprit logique d'admettre qu'une nourriture crue faite en grande partie de fruits, de légumes, de noix n'a pas la nocivité d'une table faite de sauces, de graisses, de chocolat, fromages et mayonnaise.
2 - Une diététique révolutionnaire : <u>l'abandon des calories.</u>
Par la nourriture crue, j'épurais mon corps et je me rendais compte, (bien qu'au début, je faisais quelques erreurs dues à mes antécédents rabelaisiens) que ma silhouette s'améliorait et que nombre d'anciens clients ne me reconnaissaient pas. Certaines vieilles personnes me demandaient même si j'étais le fils du médecin qu'elles avaient consulté deux ans auparavant... J'étais plutôt du genre "bien enveloppé" et j'avais maigri d'une quinzaine de kilos tout en mangeant abondamment. C'est là tout le miracle de la nature, on peut manger de tout et sans limitation : les obèses maigriront et les maigres grossiront pour trouver l'équilibre idéal. Ce premier niveau dont je parle est le plan matériel où tout est objectivable, calculable par nos scientifiques et puisque nous avons parlé du piège du raisonnement intellectuel en voici un beau que l'on peut encore démasquer:
- Fort de calculer le nombre de protides, de glucides, de lipides, de calories, notre médecine a établi des règles à respecter pour maigrir, grossir ou équilibrer un diabète. Ce faisant la grande cohorte des obèses se voient privée à vie de tous les magnifiques

fruits qui les tentent pour cause de calories, les diabètiques punis également pour cause de sucre. Faux, tout est faux, et je peux l'affirmer par mon expérience personnelle et celle de ma clientèle; l'individu qui mange selon les principes qui viennent d'être énumérés, peut manger dix bananes par jour, un kilo de miel, des avocats, des dattes, pruneaux, figues et autres sucreries naturelles, il maigrira très vite, la personne qui n'a pas constaté cela, fait des entorses aux règles. **Le corps est programmé génétiquement pour digérer et assimiler un certain nombre de choses bien définies en rapport avec les lois de la nature et à ces conditions il n'existe plus de calculs savants portant sur des régimes équilibrés, soit disant, normaux.**

En ce qui concerne les diabétiques, j'ai tenté l'expérience instinctive, avec un adolescent, piqué à l'insuline depuis quelques mois et dont la maladie avait été découverte à la suite d'un coma. Il l'a suivi à la lettre et progressivement nous avons diminué les doses d'insuline au vu de la disparition du sucre dans les urines. Très rapidement, il était sevré de ce médicament et retrouvait une vie normale. Cet état de guérison dura quelque temps puis un nouveau coma survint, dû à l'abandon total du régime, le jeune se considérant comme guéri...

3 - L'harmonie ou le stress.

Une autre considération objectivable et qui encouragerait beaucoup de monde à se convertir au crudivorisme est relative à la nervosité, ou en franc parler: "aux nerfs". Le premier film qu'avait réalisé Guy-Claude Burger sur l'instinctothérapie nous montrait une scène évidente mais étonnante : nous savons que la queue des animaux est un aboutissement de leur système nerveux. Nous reconnaissons le chien qui a peur à sa queue entre les pattes, ou le chien heureux au balancement de celle-ci. Qui n'a pas admiré la queue en panache du cheval ? Avez-vous déjà vu la queue d'un cochon ? Et bien dessinez-la moi ou si vous le voulez, je vais la faire pour vous :

L'alimentation

Oui, la célèbre queue en tire-bouchon, malheureusement nous ne pouvons plus en voir beaucoup, les paysans la coupent à la naissance car ils se la mordent mutuellement comme d'ailleurs on leur plombe souvent les dents pour qu'ils ne se déchirent pas les oreilles... Ils sont tellement nerveux... en somme une vie de cochon. Pourtant, cet animal n'est pas obligatoirement nerveux, et sa queue, contrairement à ce que l'on pense, est droite. Il suffit pour s'en persuader de regarder vivre un cochon sauvage ou des sangliers; ceux-ci se promènent toujours en groupe et lorsque le premier de la meute sent une agression, d'un seul coup, il est stressé, il tord sa queue et en quelques secondes la meute l'imite et s'arrête. Le cochon avec la queue en tire-bouchon est donc un animal stressé. Guy-Claude Burger et à sa suite Jean-Jacques Besuchet en ont élevé en étable leur donnant une alimentation crue, au choix, faite de pommes, de carottes, de glands, etc., telle qu'ils la trouvent dans la nature. Leurs queues sont alors droites, ils ne dégagent aucune mauvaise odeur et le calme existe dans la porcherie à tout moment de la journée... L'analogie est simple avec les hommes sans faire de jeu de mots douteux.

La nourriture crue calme les nerfs et apaise les individus; la nourriture cuite transformée, les stresse pour employer le terme anglo-saxon.

Objectivable encore cette expérience faite par les Américains : des rats sont mis dans une cage contenant des fruits, des légumes, des céréales et un grand bol d'alcool : ils ne toucheront jamais à l'alcool. On les met ensuite dans une autre cage contenant la nourriture de l'homme de la rue, corn-flakes, hamburgers, et un grand bol d'alcool : ils deviendront tous alors de grands alcooliques... Il suffira pour les désintoxiquer de les repasser dans la cage aux fruits. Que signifie donc cette expérience ? Qu'une alimentation cuite c'est-à-dire morte, encrasse les organismes qui ont besoin de stimulants, en l'occurrence l'alcool. Nous comprenons, dans notre société de "fast-food", que les hommes ont besoin de plus en plus de stimulants : l'alcool dans un effet primaire euphorise, dans un effet secondaire détruit. De même, la viande stimule dans un premier temps et encrasse dans un second; la cigarette illumine puis affaiblit. C'est le piège infernal des stimulants dont l'homme a de plus en plus besoin. Mais jusqu'où peut-il stimuler son corps ? J'entends dire tous les jours dans mon cabinet :

L'alimentation

" Docteur, je ne comprends pas, je n'ai jamais été malade..."

B) Le second niveau : la découverte de l'énergie.

Grossièrement nous pouvons schématiser l'homme par la réunion de deux corps : le premier physique représenté par un ensemble de molécules bien connues, le second énergétique invisible à nos sens.

Ce corps physique que vous connaissez bien et pour lequel vous allez chercher conseil chez votre médecin ne peut vivre que grâce à une énergie, comme une lampe de poche ne peut éclairer qu'avec des piles. Le jour où l'énergie quitte le corps physique, c'est la mort. Il faut donc lorsque l'on s'alimente nourrir nos deux corps. De même dans le monde végétal la fraise, par exemple, possède un corps physique que vous pouvez dessiner et un corps énergétique qui empêche ce corps de se désintégrer. Lorsque vous la cueillez dans un champ et que vous la mangez, vous vous nourrissez de son corps physique (enzyme, glucides, vitamines, etc...) et de son corps énergétique, ainsi vos deux corps sont alimentés. Mais quand vous faites cuire votre fruit et que vous le badigeonnez abondamment de sucre pour le servir en confiture, vous ne nourrissez plus que votre corps physique car l'énergie a disparu de ce fruit. Vous avalez un aliment mort. On peut vivre avec de la confiture, me direz-vous; je répondrais non, on ne peut que survivre. Nous avons la chance que l'alimentation ne soit pas la seule source d'énergie: le soleil en est une autre, la terre également et surtout l'énergie ancestrale, héritage qui s'épuise tôt ou tard si on ne le fait pas fructifier. Cet héritage, capital vital explique la différence de constitution des individus et ce n'est pas parce que celui-ci apparaît en excellente santé malgré des beuveries journalières qu'il doit nous servir d'exemple... **les enfants ou les petits-enfants de cet homme n'auront probablement pas grande énergie à se partager.**

Parlant de cette énergie, nous nous devons d'aborder le problème de la qualité biologique des fruits. Il vient à l'esprit de chacun qu'il est peut-être préférable de bien faire cuire nos aliments espérant faire évaporer tous les produits chimiques plutôt que d'ingérer des fruits totalement intoxiqués.

Nous pouvons affirmer aujourd'hui que les fruits traités n'ont pratiquement plus d'énergie grâce à la photo Kirlian, méthode qui permet de photographier l'énergie et dont voici un exemple frappant de photo prise par le Pr.Guilpin (voir la couverture de ce livre), montrant en haut un grain de raisin traité et en dessous un grain de raisin biologique.

A l'évidence, il parait nécessaire dans une vue à long terme de consommer des produits biologiques mais à court terme on peut assurer qu'une nourriture crue de produits originels même traités permet l'épuration de l'organisme. Pour se protéger au maximum et dans la mesure du possible des produits toxiques, il suffira d'éplucher fruits et légumes. En effet tout élément vital et sain excerce une force centrifuge; par exemple si le corps physique humain est intoxiqué, il réagira (s'il est en bonne santé) par des éliminations vers l'extérieur en nous donnant le spectacle d'une éruption ou d'une diarrhée; il en est de même avec les fruits, et les produits toxiques seront éliminés vers l'extérieur, ici la peau.

Disons quelques mots de Mr Kirlian qui était russe, passionné de photographies, et qui mit au point avec son épouse un procédé permettant de visualiser sur du papier l'énergie d'un élément. Nous venons de voir une photo de deux fruits, mais les applications sont plus vastes et l'on s'en sert dans le domaine médical. Sachant que toutes les lignes de force du corps humain dénommées en acupuncture méridiens partent ou arrivent au niveau des deux mains et des deux pieds, il est aisé en photographiant ces extrémités de connaître la qualité énergétique de chaque organe. En effet chaque méridien correspond à l'un de ceux-ci. Le procédé est simple, il suffit de faire passer un courant de fréquence très élevée avoisinant les 60 000 KHz pour impressionner une pellicule sur laquelle est posé l'objet à étudier. Ce procédé permettra également de contrôler l'action des diverses thérapeutiques.

Voilà donc l'essentiel au sujet de cette façon de se nourrir et si vous le voulez bien, je précéderai toutes les objections qui ne tarderont pas à fuser dans votre esprit les connaissant pour entendre toujours les mêmes dans mon cabinet.

LES OBJECTIONS A LA METHODE.

1° - <u>Première objection</u> : c'est une méthode de riches.
Je le pensais et il est vrai que certains magasins diététiques contribuent à donner cette image de marque. Nous avons assisté à un

envol des prix mais seulement en ce qui concerne certaines spécialités, or le crudivorisme n'achète pas ces spécialités. A l'heure actuelle, et cela se développera de plus en plus on tente de donner une nouvelle béquille à la population en leur proposant vitamines et autres reconstituants; tous ces produits sont nécessaires à ceux qui ont une alimentation défectueuse ou non biologique; pour les autres ils ne sont pas nécessaires. Ceci dit, il est tout à fait normal de payer trois fois plus cher un fruit pour lequel le paysan n'a pas cédé à la folie collective des traitements et a préféré la qualité à la quantité; même en payant trois fois plus cher vous vous apercevrez que votre budget d'alimentation ne dépassera pas le précédent. Ceci pour trois raisons :

a/ La première est d'un calcul tout simple : enlevez de votre table le fromage, l'alcool, les patisseries, les boissons artificielles, les charcuteries, les biscuits-apéritif, et j'en passe puis faites vos comptes.

b/ La seconde, je vous en avais déjà touché deux mots : plus on mange sain et biologique, moins on mange jusqu'à littéralement oublier de se mettre à table de temps en temps, et ce n'est pas un artifice... L'explication en est encore très simple : manger cru c'est manger la vie, c'est assimiler l'énergie; manger cru n'est pas encrasser notre organisme et donc économiser notre énergie. Manger cuit, c'est manger mort, c'est se priver d'énergie et c'est en dépenser. Or le corps a besoin de cette force et il la réclame, et vous pouvez observer ce qui se passe sur vous et autour de vous : plus vous mangez et plus vous avez faim... Le corps n'est jamais rassasié. Je me rappelle qu'enfant les boulangers faisaient de la pâtisserie le dimanche, aujourd'hui les étalages sont remplis toute la semaine. C'est le règne des patissiers, chocolatiers, charcutiers, traiteurs, négociants de nourriture en tout genre.

Manger cru c'est donc manger trois fois moins et la possibilité de payer la nourriture trois fois plus.

c/ La troisième raison est un problème de santé et je suis bien placé pour en parler, mais je n'ai pas besoin de faire un dessin pour expliquer les dégâts causés sur le corps humain par la boulimie collective à l'heure actuelle. Je vous rappelerai uniquement le dicton que certains d'entre vous ont été obligés de méditer : " La santé n'a pas de prix. "

L'alimentation

2° - <u>Deuxième objection</u> fréquemment entendue :
" De toute façon Docteur, mon intestin ne supporte pas les fruits. "

Croyez-moi, ce n'est pas un cas isolé, les gens en effet ne supportent plus les fruits, ils ont ce que l'on appelle de la colite (par exemple, rectocolite hémorragique); alors ils font tout cuire ou s'en abstiennent. Bien entendu et encore une fois, ce sont les fruits qui sont responsables et jamais quelqu'un ne remettra en cause la façon de s'alimenter. Or, c'est de cela qu'il s'agit et je vous donne un truc qui ne m'a jamais fait défaut en plusieurs années d'expérience : supprimez les produits laitiers, vous assimilerez les fruits. Je pense aujourd'hui que l'ABUS du lait et de ses dérivés encrasse totalement l'intestin, comme de la suie dans un conduit de cheminée et empêche celui-ci d'assimiler les éléments nécessaires à la vie apportés par les fruits et les légumes.

3° - <u>Troisième objection</u> : que manger l'hiver ?

Comme la fourmi, vous avez la possibilité de faire des réserves pour la saison difficile et le séchage apparait comme le moyen le plus efficace pour conserver l'énergie. En plus de ces aliments séchés, fruits ou légumes, nous avons les fruits en coques (noix, noisettes, amandes), les pommes, les poires, les mandarines, clémentines et oranges presque tout l'hiver. Nous avons toujours à notre disposition la viande, le poisson, et les oeufs, ainsi que, fidèle aux rendez-vous, les fruits de mer. Bénéficiant également des moyens de transport, nous nous régalons des fruits exotiques tels que ananas, mangues, goyaves, kiwis, avocats et noix de coco. Vous voyez qu'il n'y a pas à avoir peur de l'hiver. Certains puristes de l'alimentation nous objecteront que suivre les lois de la nature implique de ne manger que ce qui se trouve dans notre région et d'écarter les fruits exotiques, ceux-ci étant adaptés aux habitants des régions tropicales. Nous ne sommes pas d'accord pour deux raisons :

- avant la séparation des continents par les océans, l'homme primitif dont nous sommes issus se délectait de ces fruits et notre instinct héréditaire les connait fort bien. On ne peut en douter d'ailleurs lorsque l'on pratique l'instinctothérapie.

- la seconde raison vient du fait que si on voulait suivre les lois de l'énergie, il faudrait que l'homme à l'image de la nature travaille intensément en été et se repose en hiver; or nous faisons tout le contraire et j'imagine mal comment on pourrait inverser le cours des choses. Travaillant donc énormément en hiver, nous sommes croyez-moi heureux de croquer l'énergie et le soleil qui nous viennent des îles.

4°- <u>Quatrième objection</u> : comment se réchauffer quand il fait froid ?

Alors je rappelerai tout simplement que lorsqu'il fait bien chaud le moyen pour se désaltérer est de boire du chaud. Mis à part cela, Jean-Jacques nous a donné la bonne idée de prendre avant les repas un bon bain ou une bonne douche chaude. Essayez c'est fantastique.

5° - <u>Cinquième objection</u> : Si on ne peut plus faire de bons gueuletons, qu'est-ce qu'il reste de la vie ?

Un bon repas entre amis avec un reblochon coulant arrosé d'un petit Gamay... ou un petit filet de perches du lac recouvert de frites et dégusté en compagnie d'un petit blanc de chez nous, voilà quelque chose de bien agréable...! Argument qui ne me laisse pas insensible l'ayant utilisé un certain moment et qui est probablement le plus grand obstacle à franchir. Je n'y répondrai que partiellement tout de suite car il nous faut encore comprendre beaucoup de choses pour apporter une réponse satisfaisante. Pour ma part, j'avais déjà fait un grand pas, un très grand pas dans le domaine alimentaire mais je n'étais pas encore prêt à le faire à cent pour cent et il me plaisait d'aller dîner sous une tonnelle au bord du lac et ceci faisait partie de mes petites exceptions.

La seule chose que je peux dire maintenant c'est que **le problème alimentaire est lié au sens que l'on donne à sa vie,** question énorme et que nous ne pouvons élucider en deux mots.

Que fait l'homme sur cette terre ? Si on ne répond pas à cette question il est impossible de résoudre le problème alimentaire en tout cas quand on est en bonne santé. Je me rappelle un jour avoir reçu un monsieur d'un certain âge porteur d'un cancer déjà avancé et pour lequel la médecine officielle avait décliné ses offres.

Quand je lui proposai de supprimer les fromages, il se tourna vers sa femme et dit :

"Ah, ça non, je ne pourrais jamais me passer de fromages. "

Cette anecdote pour dire que si un individu n'a pas l'énergie nécessaire pour supprimer son fromage, il n'aura pas l'énergie pour se débarasser de son cancer. Cette réponse m'avait marqué et me fit changer ma façon de travailler avec les cancéreux. Il me fallait désormais trouver le moyen de leur fournir l'énergie mentale qui leur faisait défaut. Je ne mis pas longtemps à leur trouver ce moyen et ce fut une fois de plus mon ami Jean-Jacques Besuchet qui me le donna en m'invitant à un des ses cours qu'il donnait dans l'Institut qu'il avait crée à Yverdon en Suisse. Mais avant d'aborder ce problème, il me faut quand même vous faire quelques confidences toujours en ce qui concerne l'alimentation.

J'ai moi-même fait des retours en arrière et j'ai dû prendre mes responsabilités quant aux désagrements qui s'en suivaient, mais les mois passèrent et malgré une table crue et instinctive je ne me sentais pas au mieux de ma forme. Une des raisons essentielles était que je ne me reposais pas, surchargé par des tâches journalières et l'on sait qu'il faut se ménager quand on change de régime alimentaire. Ce n'était pas la seule raison et malgré une nourriture saine, j'avais encore quelques problèmes digestifs à type de diarrhées encore trop fréquentes et des gaz intestinaux. Je pensais que mon instinct était encore bien mal affûté et que je devais manger trop de choses qui s'accommodaient mal entre elles. Je décidais donc de reprendre la lecture du livre de Shelton sur les combinaisons alimentaires que j'avais laissé, déçu de voir que le pain et le fromage ne faisaient pas bon ménage. J'avais plusieurs fois essayé d'entreprendre cet ouvrage et j'en avais été découragé au bout de quelques pages... et je ne dois pas être le seul.

LES COMBINAISONS ALIMENTAIRES.

Il fallait compartimenter les aliments, les classer, les sous-classer, les opposer, les additionner, les soustraire et je me refusais à chaque fois d'étudier un mode d'alimentation qui aurait nécessité un ordinateur à portée de table... J'étais pourtant décidé ce week-end à aller jusqu'au bout et voulais connaître tous les secrets des combinaisons alimentaires; opération réussie, et je m'aperçus que la difficulté n'était en fait qu'apparente.

Ce livre me rappela les notions élémentaires de physiologie que

L'alimentation

nous avions apprises dans nos premières années d'études et que j'avais complétement oubliées, probablement parce que mal comprises. Je retournais donc à mes chères études et apprenais à distinguer puis à jouer avec les éléments : sucre, amidon, protéines, végétaux, fruits aqueux, fruits acidulés, fruits doux et noix. Je redécouvrais la cohorte d'enzymes qui travaillent toujours dans l'ombre et dont on ne se soucie guère durant nos agapes; je relisais les expériences de Pavlov, célèbre physiologiste connu de tous par son chien, dont les sécrétions se mettent en route à chaque coup de sonnette. Savez-vous que lorsque vous mettez une pomme dans votre main avec l'intention de la manger, immédiatement l'estomac secrète un sucre adapté à la digestion de cet aliment particulier; de même un flot de salive se présente ce qui vous met " l'eau à la bouche ". Oui, nous avons un corps plus qu'intelligent et si nous le respectons et si nous l'écoutions, la vie serait certainement bien différente... Rappelons-nous du dicton que je répéterai souvent : " Corps sain, esprit sain. "

La digestion des aliments implique la participation d'un certain nombre d'enzymes qui agiront à différentes étapes, (bouche, estomac, intestin) et à différents moments; ceci est relativement complexe mais très intéressant et je souhaite que de nombreux lecteurs désirent lire l'excellent ouvrage d'Albert Moseri " La nourriture idéale et les combinaisons alimentaires ". Je me contenterai ici de quelques réflexions ou expériences qui peuvent nous faire prendre conscience de l'intelligence de notre corps, je reprendrai donc quelques passages du livre de Shelton :

" Le physiologiste Carlson essaya, mais en vain, de provoquer chez des sujets un flot de suc gastrique en leur faisant mastiquer différentes substances et en agaçant leurs muqueuses buccales avec des substances non comestibles. On en conclut que les substances indigestibles mises dans la bouche ne provoquent pas de secrétion. <u>L'organisme fait son choix.</u> "

" Au cours de son étude du reflexe conditionné, Pavlov fut amené à reconnaître qu'il n'est pas nécessaire de mettre l'aliment en bouche pour provoquer la secrétion du sucre gastrique; le simple fait de taquiner un chien en lui montrant un aliment savoureux suffit à provoquer cette secrétion. "

" Dans Physiology in Modern Medecin " Mac Leod écrit :

L'alimentation

"Ainsi, selon les besoins, la réaction du suc gastrique peut être pratiquement neutre, faiblement ou fortement acide, et contenir plus ou moins de pepsine. Le facteur temps joue aussi. A un moment de la digestion, le caractère du suc peut être différent de ce qu'il est à un autre moment."

Ceci dit, voici les grandes règles des associations alimentaires, que cela toutefois ne vous coupe pas l'appétit, car je vous donnerai quelques trucs ou recettes en conclusion.

1° <u>Manger les acides et les amidons à des repas séparés.</u>
Les amidons (toutes les céréales et leurs dérivés, pain, pâtes, etc...) sont en effet prédigérés dans la bouche grâce à la ptyaline, or celle-ci voit son action détruite en milieu acide. Exemple : Une salade vinaigrette empêchera la prédigestion du pain; une orange ne facilitera pas la prédigestion de châtaignes.

2° <u>Manger les aliments protéiques (viande, oeufs, poissons, noix) et les amidons à des repas séparés.</u>
Le Dr Richard C. Cabotte de Harward qui n'a jamais prôné ni combattu aucune méthode particulière de combinaisons, écrit : " Quand nous mangeons des hydrates de carbone(pain, pomme de terre, pâtes), l'estomac secrète un suc approprié, de composition différente de celui qu'il secrète en présence des protéines. L'estomac répond ainsi à la demande qui lui est faite. **C'est un de ces nombreux cas où des organes du corps, censément inconscients ou dépourvus d'âmes opèrent un choix et prennent d'eux-même une direction intelligente**; pourtant, nous mangeons de plus en plus de hot-dogs (pain plus saucisses), hamburgers (viande hachée plus pain).

3° <u>Ne manger à un même repas qu'un aliment contenant une protéine concentrée.</u>
La digestion requiert de la part des secrétions une modification et un minutage propre à chaque protéine, il faut donc choisir : manger ou de la viande ou du poisson ou de l'oeuf par exemple.

4° <u>Manger les protéines et les acides à des repas séparés.</u>
La présence d'acides dans la bouche et l'estomac empêche le déversement du suc gastrique, or les protéines pour être digérés

nécessitent un flot de ce suc.

5° <u>Manger les corps gras et les protéines à des repas séparés.</u>
Dans Physiology and Modern Medecin, Mac Leod écrit :
" On a démontré que la graisse inhibe d'une manière spéciale les secrétions du suc gastrique... "
La présence d'huile dans l'estomac retarde l'effusion du suc gastrique sur un repas subséquent qui, sans cela se digererait aussitôt. (Notons qu'une abondance de légumes verts surtout crus, neutralisent l'effet inhibitif de la graisse; on peut donc neutraliser cet effet de la graisse sur la digestion de protéines en consommant beaucoup de verdure au repas.)

6° <u>Manger les sucres et les protéines à des repas séparés.</u>
Voilà qui explique la recommandation que font les mamans à leurs enfants de ne pas manger de sucreries avant le repas parce que celles-ci " gâtent l'appétit ". En effet, les sucres ne sont digérés ni dans la bouche, ni dans l'estomac mais dans l'intestin; retardés dans l'estomac ils fermenteront.

7° <u>Manger amidons et sucres à des repas séparés.</u>
Nous venons de le voir les sucres subissent leur digestion dans l'intestin grêle et mélangés à des amidons, leur digestion sera retardée et ils auront tendance à fermenter très vite. Et Shelton nous dit : " Les pains aux dattes, aux raisins secs, aux figues en faveur auprès des habitués des boutiques d'alimentations saines, sont des abominations diététiques. "

8° <u>Enfin Shelton conseille de manger les melons seuls.</u>
Et ceci est un conseil fameux pour ceux qui affirment ne pouvoir supporter les melons.

Tout ceci paraît bien compliqué et nous couperait l'appétit... S'il faut maintenant se mettre à réfléchir avant de mettre quoique ce soit dans la bouche, les repas vont devenir une véritable punition. En réalité, toutes ces règles se résument fort bien et facilement et nous allons essayer de proposer un petit schéma alimentaire.
a. <u>Le matin: faire un repas de fruits.</u>
Disposer harmonieusement sur votre table un certain nombre

d'aliments sans se soucier de la classification fruits acides, mi-acides ou doux. Et puis laissez- vous attirer par la vue, l'odeur du fruit. Goûtez-le et si vous y trouvez une grande joie, reprenez-en jusqu'à que votre corps vous fasse signe d'arrêter. Il le fera à la seule condition que le fruit ne soit pas écrasé, préparé, mélangé ou assaisonné. Lorsque vous aurez l'arrêt instinctif, parcourez à nouveau la table à la recherche du fruit qui comblera votre vue, votre odorat et votre goût. Et vous verrez très vite qu'avec deux ou trois sortes de fruits vous serez rassassiés.

 b. <u>Le midi</u> : disposez à nouveau une multitude de fruits sur la table accompagnés d'un choix de légumes. En effet, les légumes s'adaptent bien avec les fruits et, comme le matin, ne picorez pas par ci par là mais essayez de définir en vous quelques désirs bien individualisés.

 c. <u>Le soir</u> : la table sera recouverte de protéines animales (viandes, poissons, oeufs), de légumes et de graines germées ainsi que de jeunes pousses. Ne choisissez qu'une protéine et si une seconde vous tente, vous attendrez avec plaisir le repas du lendemain. Rappelez-vous aussi que plus vous mangerez de légumes verts, plus vous digérerez les protéines.

 d. <u>En milieu de matinée et d'après-midi</u>, vous pourrez au choix manger des amandes, noisettes, noix, cacahuètes, dattes ou fruits séchés divers ou alors miel ou alors quelques autres fruits frais...

 Voilà donc un petit schéma d'alimentation qui vous permettra de vous diriger vers l'instinctothérapie, car en effet nous avons étouffé notre instinct et avant de le retrouver il y a une petite démarche intellectuelle à faire à la lumière des travaux de nos physiologistes. **Bien que tout cela paraisse un petit peu compliqué cette connaissance des aliments fait perdre à ceux-ci le caractère de banalité que la routine leur conférait.**

 Je tiens à préciser ici qu'il est toujours facile de prononcer les principes de telle ou telle méthode mais que la pratique n'est pas toujours aussi aisée. Nous avons tous besoin d'être guidés et seul il est souvent difficile d'appliquer à la lettre ce que l'on a appris. J'en ai fait l'expérience personnellement et j'ai dû me rendre à la réalité sur le terrain avec les malades. Je stimulais énergétiquemment ceux d'entre eux qui étaient atteints gravement, afin qu'ils tapent du poing sur la table et qu'ils se mettent à la recherche de leur instinct. Le jeu en valait la chandelle car nous avions remarqué au centre écologique de Jean-Jacques que certains enfants leucémiques se jetaient sur les jaunes d'oeufs et allaient de mieux en mieux; tout se passait comme si le corps trouvait dans ce jaune l'élément nécessaire pour combattre sa maladie.

L'aliment était notre meilleur médicament et je trouvai dans cette formule la meilleure alliée qui soit aux solutés Vernes et à l'homéopathie que je prescrivais.

Malheureusement après quelques semaines d'enthousiasme, les malades faisaient des entorses au régime, plongeant quelquefois dans de véritables boulimies de mets peu recommandables et j'en ai fait personnellement l'expérience. Il fallait donc stimuler parallèlement le mental de façon à ne pas trop faire de retour en arrière préjudiciable à la santé de certains pour qui le temps était compté. Encore une fois avant de me lancer dans ce chemin qu'est la dynamique mentale, je voudrais ajouter un petit mot à ce chapitre et donner quelques conseils à ceux qui, encore en bonne santé, aimeraient la garder longtemps. La méthode que l'on vient de décrire est à mon avis le plus sûr moyen d'avoir un corps sain; il nous faut toujours suivre une étoile dans la vie, et je crois que celle-ci est une bonne étoile. Mais avant d'y arriver, il faut que l'on se débarasse de lourds fardeaux que sont le conditionnement, la gourmandise, et l'hypertrophie intellectuelle. **Pour gagner la bataille, il faut, je crois, savoir prendre son temps et se rappeler la fable de la Fontaine "Le Lièvre et la Tortue".**

Etant tous différents les uns des autres, il est important qu'une méthode alimentaire soit en pleine harmonie avec le mental du sujet, c'est pour cela que l'instinctothérapie peut plaire à certains mais il est évident que vous pourrez choisir d'être végétarien, macrobiote ou cartoniste; l'important est que vous ayez compris qu'il faut prendre grand soin de votre corps et surveillez attentivement ce qui y pénètre.

Des cancéreux ont guéri par la macrobiotique, d'autres en étant végétariens, d'autres en appliquant leur méthode personnelle, résumé de tout ce qu'ils ont lu. L'important est qu'un jour vous tapiez du poing sur la table et que vous vous preniez en main du point de vue alimentaire. Pour ma part, l'instinctothérapie m'a séduit et c'est pour cette raison que je l'ai développée dans cet ouvrage **mais je tiens à préciser ici comme je l'ai déjà dit dans l'introduction que par**

L'alimentation

la suite, je remettrai en cause quelques affirmations que je viens d'énoncer.

Pour permettre de faire un petit entracte avant d'aborder le problème du mental, voici un petit texte de Gunter Schwab, dans " la danse avec le diable " :

" L'expérience alimentaire que l'humanité fait actuellement sur le plan mondial, n'est encore qu'un jeu qui mène à la dégénérescence. Bientôt ce sera un jeu qui mènera à la mort. La pauvreté de l'alimentation en éléments vitaux et l'accroissement de la gourmandise provoquent une exaltation du besoin de manger. L'homme civilisé mange quantitativement trois à cinq fois plus qu'il en a besoin. L'appareil digestif n'est pas construit pour être constamment soumis à une telle surcharge. Déjà le malheureux enfant au biberon se voit imposer ce vice par ses chers parents. L'appareil digestif contraint à une très grande activité tire à lui une importante partie du sang de l'organisme. Et c'est ainsi que le centre de gravité de l'être humain est tombé de sa tête dans son ventre et que le corps humain est devenu un sac à détritus. "

CHAPITRE VI

LA DYNAMIQUE MENTALE

> Il faut recevoir la maladie comme une lettre. Elle est toujours destinée à nous révéler quelquechose.
> Silvaneschi

Les mois passaient, et je me rendais compte malgré l'attrait de la table instinctive que beaucoup de malades nous lâchaient en route après une période d'euphorie; moi-même qui devais montrer l'exemple me laissais envahir de temps à autre à la nostalgie d'un bon cassoulet, d'une boîte de chocolat ou d'un pain brioché tout frais à seize heures. Les malades défilaient devant moi et je savais à quel point il était important pour eux de nettoyer leur corps grâce à l'alimentation saine et crue. J'essayais donc d'être ferme en leur assurant que c'était bien simple et qu'il suffisait d'un peu de volonté. Je n'étais pas malheureusement au mieux de ma conscience du fait de mes incartades et le message devait probablement mal passer; j'ai essayé de me trouver des excuses me disant que je n'étais pas malade et que c'était déjà beau que je fasse l'effort de manger cru à 85 %. UN EFFORT... J'ai lâché le mot. Etait-ce un effort de manger cru ? Apparemment non, car notre table ressemblait à un repas de roi par son abondance, ses couleurs, ses odeurs et comme nous l'aimions pour nous désintoxiquer d'un repas dit classique. Mais nous sommes tellement conditionnés, nous avons tellement flatté notre gourmandise, que c'est en fait un effort de volonté de supprimer la cuisine de nos grands-mères, et puis, pourquoi en faire un ? Pourquoi se priver et dans quel but ? Les malades, eux, savaient pourquoi mais nous, les bien portants, il serait toujours temps pour nous y mettre. Dans la ville où j'habitais, je connaissais un restaurateur amoureux de son métier et de la bonne chère qui avait une silhouette particulièrement confortable; il souffrait d'une multitude de maux dûs à son intoxication alimentaire mais ne s'inquiétait guère et me répondait que de toute façon, on devait tous mourir et qu'il préférait le faire en ayant bien mangé même si cela devait lui faire perdre cinq ans. Le problème était posé. **Y-a-t-il un sens à notre vie** et celui-ci est-il suffisamment motivant pour que l'on se prive d'une jouissance de la vie matérielle et que l'on prenne soin de notre corps ? Je ne connaissais pas encore la réponse mais quelque chose vibrait en moi qui provoquait régulièrement ma conscience.

Confronté aux malades, il me fallait de toute façon leur inculquer l'optimisme et cette volonté qui leur manquaient pour combattre leur mal; je me rendais compte qu'on ne pouvait changer d'alimentation comme cela et que le changement devait s'établir de pair avec le changement de rythme de vie et d'attitude d'esprit.

Le Dr Simonton, médecin radiothérapeute et sa femme, psychologue, s'étaient aperçus que des personnes ayant à peu près le même âge, la même situation sociale, le même cancer avaient des survies tout à fait variables; certains décédaient très rapidement, et d'autres survivaient des années; les seconds lui répondaient :

" Docteur, je ne peux pas me permettre de quitter cette terre tout de suite mes enfants doivent finir leurs études. "

Ou alors " J'ai un projet à terminer." ou " Il n'en est pas question, j'ai mille choses à faire. "

A l'opposé, les mourants n'avaient ni but ni sens à leur vie.

J'avais lu le livre du Dr Moody : " Guérissez par le rire". Il nous rapporte qu'un journaliste américain, grand reporter, avait subi lors d'un voyage professionnel une grande peur; pas le " J'ai peur ", employé couramment, mais l'émotion profonde que peu d'hommes ont véritablement connue, l'émotion négative qui peut ébranler un corps. A son retour à New York, devant un état général altéré, il subit des examens chez un ami médecin hospitalier et on diagnostiqua une maladie auto-immune. Le diagnostic n'apportait pas grand chose, encore une fois, et si on a mis une étiquette, on n'en connaissait pas la cause ni le traitement. La seule chose que l'on savait c'est que le corps se détruisait petit à petit jusqu'à ... Ce journaliste réfléchissant au problème s'aperçut vite que cette maladie etait survenue après cette grande peur et en conclut que si une émotion négative avait provoqué sa maladie, une émotion positive devait le guérir. Avec l'accord de ses médecins qui n'avaient d'ailleurs rien d'autre à proposer, il se fit projeter journée après journée, semaine après semaine des films comiques; il avait décidé de rire... jusqu'à mourir de rire suivant l'expression consacrée. Des examens de sang étaient effectués régulièrement et l'on constata une diminution constante des anti-corps circulants, jusqu'à une guérison complète.

Le Dr Thérèse Brosse dans son livre " La Conscience Energie" nous dit ceci :
" L'EMOTION NON CONTROLEE PAR UNE INSTANCE SUPERIEURE ENTRAINE DES RUPTURES D'EQUILIBRE PHYSICOCHIMIQUES DONT L'AMPLEUR EST PROPORTIONNELLE A CELLE DE LA COLERE OU DE LA PEUR QUI LES ONT PROVOQUES, DE MEME LE TRAUMATISME LENT DES EMOTIONS REPETEES, L'ANXIETE, LES REFOULEMENTS, LES FRUSTATIONS, PEUVENT ETRE RESPONSABLES D'UN DIABETE, D'UNE ULCERATION GASTRIQUE, OU D'UNE TROMBOSE ARTERIELLE, D'UNE HYPERTENSION MALIGNE DONT LES EXAMENS REVELENT LE PROCESSUS : DES OSCILLATIONS DE LA GLYCEMIE, DU TAUX DES CORPS ACETONIQUES, UNE AUGMENTATION DE LA VISCOSITE, DE LA COAGUBILITE, TANDIS QUE SE DEVERSENT DANS L'ORGANISME DES HORMONES ET DES PRODUITS DE LA NEUROSECRETION ADRENERGIQUE ET CHOLINERGIQUE. "

Il était donc hors de question pour moi, désormais, de ne parler que d'alimentation avec les malades et il me fallait envisager la façon de leur faire comprendre leurs émotions, de leur donner un moral de vainqueur... et de les faire rire.

LA DYNAMIQUE MENTALE

Un jour d'été, mon ami Jean-Jacques m'invita à participer à un stage de dynamique mentale qu'il organisait dans l'institut qu'il avait créé à cet usage. Je n'hésitai pas à annuler mes rendez-vous et m'y rendis avec la plus grande joie, ressentant par avance l'énergie que je pourrais tirer d'être à ses côtés et à sa table durant quatre jours. J'étais malgré tout, un peu inquiet me méfiant de tous ces stages qui en promettaient et qui étaient plus ou moins douteux en ce qui concerne les échanges d'énergies entre les êtres mais, il fut pour moi une révélation et de nombreuses portes s'ouvrirent augmentant ma dette envers Jean-Jacques. Nous étions huit ou dix à ce stage et les participants de tous âges venaient dans le but de rendre féconde une vie plus ou moins stérile. Je fus un peu distant la première journée ne voyant pas les rapports que je pouvais avoir avec ces gens puis petit à petit quelque chose d'indescriptible se passait et la dernière journée une sincérité, une amitié nous réunissait tous.

Chacun s'étant dévoilé, il n'y avait plus de façade et nous nous apercevions que chacun, pris séparement, à des niveaux différents, dans des rôles différents, avions les mêmes problèmes et que nous étions tous dans le même train. Un stage comme celui-là nous permettait de casser, de briser quelques pans de nos murs érigés dans notre cerveau et qui nous faisaient ressembler au cheval avec ses oeillères. Petit à petit nous nous mettions à nu et chaque problème était l'occasion pour Jean-Jacques de nous donner quelques éléments de réflexion.

Voici donc un petit résumé, en quelques pages d'un cours de dynamique mentale. Que les spécialistes ne m'en veuillent point de ce raccourci mais je pense qu'il pourra vous donner une idée générale et envie, à certains, d'aller plus loin... (car dans ce domaine rien ne remplace un stage pratique).

Le jugement.

Dès le début, il nous montra un dessin représentant un visage de femme et nous demanda de lui donner un âge avec spontanéité et sans arrière-pensée.

Quel âge lui donnez-vous ?
- quelques-uns découvrent une jeune fille de 18-20 ans.
- d'autres considèrent qu'ils ont en face d'eux une vieille femme de 70 ans et même de 80 ans.

Nous remarquons également dans les groupes, la gêne de dire ce que l'on pense spontanément, comme un enfant, devant un groupe; en effet certaines personnes après avoir entendu d'autres avis (par exemple 18 ans) se trouvent ridicules de penser 70 ans et preférent affirmer quelque chose qu'ils ne ressentent pas (par exemple, cette femme à 40 ans). La peur d'être jugé... qu'elle est grande cette peur dans notre société ! Nous le verrons par la suite, la vie est un miroir et ce que l'on reproche aux autres est très souvent en nous. Et si tous nos actes sont sous la dépendance du jugement d'autrui... nous devons être de sacrés juges envers les autres.

Comment mettre d'accord les deux groupes de personnes. Certains voient une jeune fille de 18 ans et d'autres une vieille femme de 80 ans. Si l'on avait trouvé 30 ans et 50 ans, on aurait pu

trouver un terrain d'entente... mais là 2O et 7O ans.

La solution est pourtant simple et tout le monde a raison : regardez-bien le dessin, vous y découvrez deux visages et je vais vous aider par les petits croquis ci-après.

La tolérance.

Cette expérience nous amène à méditer sur notre esprit de tolérance et comprendre que notre cerveau est un récepteur; chaque chose de la vie émet des vibrations et en fonction de la longueur d'ondes sur laquelle nous sommes branchés, nous recevons tel ou tel aspect de la chose. " En toute bonne foi " vous étiez persuadés qu'elle avait 80 ans et votre ami " en son âme et conscience " lui en donnait 2O. Acceptons donc les avis des autres, ne critiquons pas le goût de quelqu'un qui aime ce que nous n'aimons pas.

La loi de la dualité.

Cette photo etait utilisée par Jean-Jacques comme introduction à la loi de la dualité, nous rappelant qu'en tout phénomène il existe les deux opposés. Pour l'illustrer, il nous racontait l'histoire suivante :

Il s'agissait d'un marchand de chaussures, gros industriel qui décidait d'étendre son marché; pour cela il envoya un de ses représentants au Sénégal; celui-ci vingt-quatre heures après son arrivée, envoya un télégramme disant :

" Patron, reviens immédiatement, **il n'y a rien à faire,** tous les Sénégalais marchent pieds nus. "

Notre industriel ne se découragea pas et six mois après, choisit un autre représentant qu'il avait remarqué par son optimisme, son dynamisme et sa bonne humeur et lui demanda d'aller au Sénégal pour faire une étude de marché. Celui-ci, vingt-quatre heures après, envoya à nouveau un télégramme disant :

" Patron, envoyez immédiatement stock important de chaussures, **il y a tout à faire**, les Sénégalais marchent pieds nus. "

Rappelons-nous cette loi, dans la vie de tous les jours et apprenons à dégager le côté positif de chaque situation à laquelle nous sommes confrontés. Même si dans un premier temps cela apparaît très négatif, il y a de par cette loi quelque chose de très positif à sortir. (Nous reparlerons plus loin de cette loi de la dualité qui est une des lois essentielles du monde des énergies.)

Avoir un but.

Connaissant cette loi, Jean-Jacques nous rappelait qu'il était impératif d'avoir un but dans la vie et qu'on ne pouvait pas laisser un bateau sur l'eau sans gouvernail. Nous devions prendre une feuille de papier et inscrire noir sur blanc notre but à atteindre impérativement. Cela fait, nous devions ensuite écrire les étapes nécessaires à la réalisation de ce projet, les classer afin d'établir un plan de bataille, et surtout <u>fixer des dates</u> car nous le savons tous, cette simple règle nous permet de nous surpasser facilement.

Dans le même ordre d'idées, il nous conseillait chaque soir au coucher d'inscrire notre programme du lendemain en nous imposant de réaliser les choses les plus désagréables dès les premières heures. Si le coup de téléphone ennuyeux n'est pas fait, l'énergie mentale dépensée à y penser toute la journée est considérable.

Notre animateur nous conseillait également de ne pas dévoiler notre idée, notre projet. Il était essentiel de nous concentrer, d'en tirer la substantifique moelle, d'établir notre plan de combat et lorsque nous nous sentions prêts à affronter toutes les tempêtes, alors il nous était possible d'en parler. Car, vous le savez aussi bien que moi, vous êtes enthousiastes, vous avez une idée géniale et immédiatement vous voulez la partager avec votre ami... et c'est le "bof" de l'autre.

En voici la représentation énergétique :

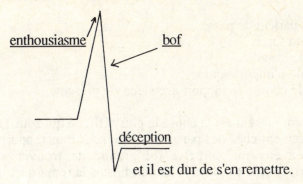

et il est dur de s'en remettre.

N'oubliez pas que la critique accompagne toujours les grandes choses. Si vous n'êtes pas critiqués, c'est que vous pensez comme tout le monde, et si vous pensez comme tout le monde vous n'apportez pas grand chose... à la vie. Alors, concentrez-vous, mûrissez votre projet, élaborez les fondations et après lancez-vous :
" Fais ce qui te fait peur et le succès t'appartient. "
" Qui ne risque rien, n'a rien. "
Se concentrer, voilà un mot à méditer. Quand nous connaîtrons le pouvoir de la pensée (cf chapitres suivants) nous saurons que nous finissons toujours par devenir ce que nous pensons être.
A un degré moindre concentrons nous sur les petits actes de la vie quotidienne.
Nous coupons du pain... alors coupons du pain.
Nous coupons de la viande... alors coupons de la viande.
Mais, couper du pain en s'occupant des jeux des enfants pour gagner du temps, c'est prendre le risque de se couper un doigt et de ne plus avoir de temps pour jouer avec eux. Combien d'entre nous, lors d'une soirée, avons dû traverser la grande pièce pour atteindre le buffet où nous pourrions nous rafraîchir. Nous avons soif mais il y a du monde. Nous finissons par nous lancer mais tout en pensant à ce que les autres pensent et en essayant de passer inaperçu... c'est à ce moment-là que nous renversons la bouteille, la table et que nous devenons la vedette du spectacle... Concentrons-nous sur la chose à atteindre.

<u>Vivre dans le présent</u>.

Une enquête réalisée en Suisse nous montre ces résultats :

4O %des gens parlent du passé.
30 % parlent du futur.
12 % parlent de la santé.
10 % parlent de n'importe quoi.
08 % parlent de choses en rapport avec leur vie présente.

Vivre le moment présent est la chose la plus difficile qui soit. J'ai été invité dernièrement chez des personnes bien sous tous rapports. En arrivant chez eux ma surprise fut grande de trouver un appartement mort, froid... Comme je leur en faisais la remarque, ils me rétorquaient : nous ne sommes pas chez nous et nous attendons la retraite pour faire ce qu'il nous plaît. (Ils vivent dans cet appartement depuis plus de dix ans.)
Combien de personnes vivent avec cette mentalité ?
Combien ai-je entendu de fois dans les consultations :
" Nous travaillons dur, nous ne dormons pas, nous nous bourrons de cachets mais plus tard nous profiterons ! "
Mais qui peut prévoir l'avenir ?
Vivons l'instant, vivons le moment. Vivons la chose. L'avenir c'est l'avenir et le passé c'est du passé...

Le fini et le continu.
Combien de foyers vivent cantonnés dans une pièce, sur des chaises en formica... Le salon est fermé, les fauteuils recouverts de housses et il faut pour y accéder chausser des patins; deux fois par an il sera ouvert, à l'instar de quelques pièces du château de Versailles.
Combien de gens n'aiment que " ce qui est fini ".
" Je ne rentrerai pas dans cette maison tant que tout ne sera pas fini. "
Et l'on nettoie, et l'on fait briller, et l'on nettoie et l'on fait briller (surtout quelques jours avant les règles, moment propice où un grand nombre de femmes se découvrent une vocation de femme de ménage.)
Pour vous faire sourire, voici la petite histoire d'un disciple : un jour, il dit à son maître :
" Maître, pourras-tu venir voir notre maison, ma femme et mes enfants t'acceuilleront. "

Devant son acceptation, ils se hatèrent de finir tous les travaux. Le jardin était impeccable. Pas une branche ne traînait par terre; pas un grain de sable ne s'égarait dans l'allée aux cailloux blancs; pas une feuille ne jonchait le sol; pas une mauvaise herbe. Le Maître arriva et se promenant le disciple disait :

" Regarde, Maître, les cailloux blancs sont avec les blancs et les noirs avec les noirs. Les allées sont tracées, l'herbe est coupée. Pas une feuille morte dans le jardin. Regarde, Maître."

Mais le Maître ne disait rien.

" Regarde, Maître, tout est fait, tout est tracé; les arbres sont taillés; regarde Maître. Tout est fini. "

" Oui, dit celui-ci, <u>tout est fini</u> ! "

A méditer...

Ayez toujours quelque chose à finir. La création, la vie c'est l'infini. <u>Le fini</u> c'est la <u>fin</u>.

Le couple.

Puis, Jean-Jacques nous parla du couple et nous montra à quel point il pouvait être un danger si l'on en n'était pas conscient. La vie est un échange d'énergie et pour vivre il faut s'ouvrir aux autres. Le grand danger d'un couple est de se refermer sur lui-même. Nous verrons plus loin que chacun possède des qualités, des dons qu'il est venu réaliser et que la vie a un sens. Seulement une certaine morale est venue nous conditionner pour que l'on vive pour l'autre et c'est souvent la femme qui en fait les frais.

Quel est le sens de votre vie ? Je vis <u>pour mon mari</u>.

Non. Non et il faut répondre : je vis avec mon mari et l'union fait la force mais j'ai ma personnalité, des qualités propres et qui font que je suis. Je perçois la femme de 2O ans et lui la femme de 90 ans.

Un petit schéma nous montre à quel point il est indispensable que chacun s'ouvre aux autres, et que le couple ne se renferme pas sur lui-même, à l'intérieur d'une coquille... Car tôt ou tard le seul sujet de discussion sera la critique des autres, n'ayant plus rien à se dire.

Le couple ouvert au contraire, rencontrera, grâce aux activités de chacun, des personnalités passionnantes, qui leur ouvriront des horizons sans frontières.

L'amour de l'autre - c'est le respect de la liberté.

Et pourquoi avons-nous peur de la liberté ? Parce que nous

n'avons pas confiance...

En qui ? En l'autre ou en nous ? Confiance en nous, car si nous sommes rayonnants, ouverts, positifs, nous comprendrons l'amour et nous deviendrons des <u>êtres aimants</u>. Et <u>qu'est-ce qu'être Aimant</u> ? C'est être celui qui attire tout sur lui simplement par son rayonnement... A vous d'être rayonnant, et d'attirer votre conjoint. A vous de chercher à conquérir constamment l'être aimé.

La vie est une marche en avant, une constante remise en question. Combien de fois, j'entends des femmes me dire :

" La vie n'a plus de sens pour moi depuis que mon mari est parti. "

Il ne faut plus que cela se dise : la vie a un sens. Il nous faut le découvrir. Nous nous sommes associés un temps et si ce temps est révolu, la vie a toujours un sens et à votre intention, Mesdames, voici la lettre que vous pourrez envoyer à vos maris lors des prochaines vacances :

" Chéri,
La vie est fantastique sans toi.
Mais, elle est encore plus belle avec toi. "

Il nous faut être et non apparaître.
Il nous faut ETRE et non A PART ETRE.

Le choix.
Quand nous avons un choix à faire, selon la dualité, il y a deux solutions. Le tableau suivant est un peu schématique mais il est intéressant de le relire quand une décision est à prendre.

CONNU	INCONNU
Pas de risque	Risque
Répétition	Nouveauté
Monotonie	Originalité Stimulation permanente
Revenu assuré moyen	Possibilité de revenu plus élevé mais non garanti
Sécurité extérieure	Sécurité intérieure
J'ai	Je suis
Régression	Progression

L'analyse transactionnelle.
Mon but ici n'est pas de faire un cours sur ce sujet qui nécessite plusieurs journées d'études, mais d'en faire une petite approche afin d'en dégager quelques enseignements pratiques.
Toute société peut se diviser en trois : les enfants, les adultes, les anciens.
Les enfants jouent, rient sans se soucier du lendemain. Les adultes

sont les moteurs de la société et se doivent de lui apporter la nourriture et de la protéger. (Le terme "être adulte" se passe de commentaires.) Les anciens que l'on nommait les sages doivent en se réalisant, aider les autres par leurs "sages" conseils dûs à leur expérience de la vie.

Théoriquement, nous devons tous passer par ces stades. Théoriquement seulement, car beaucoup d'adultes restent immatures, comme beaucoup d'enfants peuvent être adultes avant l'âge.

Nous nous apercevons également que comme Mr Jourdain faisait de la prose sans le savoir, nous faisons de l'analyse transactionnelle sans en prendre conscience. En effet, nous réagissons dans nos affaires en adulte à tel moment de la journée puis, rencontrant notre conjoint ou dans certaines circonstances nous aurons l'âme d'un enfant, et le soir à la maison nous jouerons le rôle de parents, c'est-à-dire de sages avec nos enfants. Et bien tout cela nous pouvons le faire consciemment et cela nous apportera beaucoup de satisfactions. Toute transaction nécessite deux personnages.

<u>Prenons un exemple</u> :

Dans le choix d'un métier, une tendance intérieure apparait et celui qui désire être agent de police a en lui l'âme de parent. Selon la loi de la dualité, l'on peut être un parent négatif qui possède l'autorité par la force, la crainte ou un parent positif qui possède l'autorité par le respect.

Un jour donc, sans le faire exprès nous nous engageons dans une voie interdite... nous sommes pris en flagrant délit.

" Alors ma petite dame, (car ce sont toujours les femmes, bien entendu, qui font les erreurs dans ce domaine !...) dit monsieur l'agent, on fait des infractions. "

Attention, c'est ici que se joue toute la subtilité de l'analyse transactionnelle.

<u>1ère réponse</u> :

" Non, mais ça va pas la tête... En voilà une idée de mettre des panneaux n'importe où. C'est facile de jouer du sifflet... etc... "

La contre-réponse sera immédiate :

" On va voir ce que l'on va voir. Rangez-vous et sortez vos papiers..."

Et je vous passe la suite.

Vous avez simplement stimulé le côté négatif du parent policier.

2ème réponse :
" Oh, Monsieur l'Agent.. Mais quelle blague ai-je faite ? Que vais-je faire ? Comment retourner maintenant ?

Le parent posifif va être touché et immédiatement il bloquera la circulation et d'un ton paternaliste il vous dira :
" Ne vous en faites pas ma petite dame, on va arranger tout cela."
Voilà l'avantage de connaître l'analyse transactionnelle! Et c'est comme cela avec tout le monde !

La réalisation.

Pour finir ce survol de dynamique mentale, voici un petit exercice à faire :
Vous allez faire preuve d'imagination et vous allez pendant cinq minutes vous transportez dans l'avenir. Vous avez 85 ans, vous regardez votre vie et vous êtes heureux, satisfait... vous avez réalisé tout ce que vous vouliez entreprendre. Et vous écrivez tout ce que vous avez fait :
-
-
-

Une fois écrit... vous voyez ce qu'il vous reste encore à réaliser...

LEXIQUE DE PHRASES CLEFS.

- " Vivre dans le present."

- " Un bateau doit avoir un gouvernail."

- " Qui ne risque rien, n'a rien."

- " Soyez tolérant."

- " Riez de vous, riez des autres."

- " Cherchez à conquérir constamment l'être aimé."

- " Fais ce qui te fait peur et le succès t'appartient."

- " N'ayez pas peur d'être critiqué."

- " Nous finissons toujours par devenir ce que nous pensons être."

- " Ayez toujours la loi de la dualité à l'esprit, de toute chose négative qui vous arrive, il y a un coté positif à découvrir; à vous de jouer. "

- " Etre, et non apparaître (A part être)."

Le rythme de vie.
Nous venions de passer quelques jours dans un endroit calme de la campagne suisse et nous étions gonflés d'énergie... Que tout était simple!
Malheureusement, le mardi matin quelques belles décisions s'envolaient devant la réalité de la vie.
J'entendais dire souvent :
" C'est bien joli mais qui payera mes dettes ? Comment m'arrêter de travailler ? Comment être positif avec ce rythme de vie infernal ? "
Que pouvais-je répondre moi qui vivais déjà à cent à l'heure; je savais que l'homme avait mis un doigt dans un engrenage infernal et devait travailler de plus en plus. Encore une fois, il m'était facile de ma part de dire à ce client, arrêtez de travailler ou changez de place, car tout cela n'était que des mots.
Pourtant j'ai compris par la suite qu'il était possible de changer son rythme de vie tout en continuant son travail... Il suffisait de changer sa forme d'esprit... et son mode d'alimentation.
Devant rejoindre mon voisin paysan un dimanche matin et

rencontrant sa femme, elle me dit le plus sérieusement du monde :
 "Il est parti regarder pousser l'herbe. "
 Extraordinaire !

Ne croyez-vous pas que nous aussi, nous pourrions trouver le temps de regarder pousser l'herbe, d'admirer les arbres fleuris, d'écouter les oiseaux chanter, d'aider les enfants à grandir; ne croyez-vous pas que l'on puisse trouver un peu de temps pour cela. Apprendre à respirer, apprendre à manger, apprendre à dévoiler la face positive de chaque action de nos journées. On découvrira alors comme je l'ai constaté que plus on fait de choses, plus on trouve de temps pour les faire. Levez-vous 20 mn plus tôt le matin et sortez dehors, faites de grandes respirations au cours d'une petite marche puis prenez une bonne douche, réjouissez-vous à l'avance de la journée qui vient . Faites de même le midi, respirez dehors ou même dedans en calmant votre esprit, faisant le vide ou imaginant quelques beaux rêves qui vous tiennent à coeur; couchez-vous une demi-heure plus tôt le soir. Cela demande un peu de rigueur au début et vous vous apercevrez que petit à petit tout viendra naturellement et vous trouverez les solutions adéquates. On peut répéter sans cesse : c'est impossible, trouver toutes les excuses. Mais en tant que médecin, je dois vous rappeler cet avertissement : le jour où vous serez cloué au lit impérativement il sera peut-être trop tard pour décider de vivre et la médecine ne pourra vous donner que des béquilles.

Votre vie vous appartient et il est important de la vivre chaque jour pleinement, faisant fî du passé et de l'avenir qui n'arrivera peut-être jamais. Combien de fois l'on entend :
 " J'en profiterai, quand je serai à la retraite. " ou " Cela ira mieux dans quelques mois. "
 C'est le mirage du désert.

Essayons donc de voir le bon côté des choses, sourions, ne tombons pas dans le piège : " Faire la tête ", de la rancoeur ou d'autres défauts. Dès ce moment, nous nous apercevrons très vite que l'énergie positive que nous avons donnée, nous reviendra et que, de plus, nous n'aurons plus à supporter les ondes négatives que nous recevions précédemment. Nous nous sentirons plus forts ce qui nous permettra de nous mettre plus facilement en relation directe avec notre physique.

Voici un petit texte que vous pourrez relire de temps en temps et

La dynamique mentale

qui vous sera profitable :

" Je vivrais ce jour comme si c'était mon dernier jour.
Hier est mort, enterré à jamais et je n'y penserai plus jamais.
De même que j'oublierai hier, je ne penserai pas à demain.
Si je gaspille aujourd'hui, je sacrifie la fin de ma vie.
Aussi je chérirai chaque heure de ce jour, car jamais elle ne reviendra.
Je vivrais ce jour comme s'il était mon dernier jour.
Et s'il n'est pas le dernier, je tomberai à genoux et rendrai grâce. "

Et celui-ci que vous pourriez afficher chez vous :

LE DON DU SOURIRE

Il ne coûte rien
et produit beaucoup.

Il enrichit celui qui le reçoit
sans appauvrir celui
qui le donne.
Il ne dure qu'un instant
mais son souvenir
est parfois immortel.

Un sourire, c'est du repos
pour l'être fatigué, du courage
pour l'âme abattue, de la
consolation pour le
coeur endeuillé.

C'est un véritable andidote
que la nature tient en réserve
pour toutes les peines.

Et si l'on refuse
le sourire que vous méritez,
soyez généreux, donnez le vôtre.

Il me fallait changer mon rythme de vie tout en continuant mon travail; j'avais changé d'alimentation, je prenais soin de mon corps... il fallait soulager mon esprit.

Que de choses à dire... à un malade. Je réservais une journée par semaine à recevoir quelques cas jugés "graves" et je faisais à chacun une véritable conférence. Mais très vite, deux inconvénients majeurs apparurent :

1 - Je ne pouvais répéter mon discours à l'infini. Une fois, deux fois à la rigueur, mais difficilement trois. Je le faisais pourtant et mon capital énergétique n'y gagnait rien.

2 - De plus, je m'aperçus très vite que le jour de pleine forme, j'emportais la décision du malade enthousiasmé de m'entendre vivre ce que je lui racontais. Et celui-ci devenait mon assisté...

Pour répondre à ce problème, j'aménageais une salle de télévision dans mon cabinet et je réalisai un petit film en vidéo qui expliquait ma façon d'aborder la maladie et en particulier le cancer.

CHAPITRE VII

DEFINIR LA SANTE

> Il ne faut que demeurer en repos, la nature d'elle-même, quand nous la laissons faire, se tire doucement du désordre où elle est tombée. C'est notre inquiétude, c'est notre impatience qui gâte tout et presque tous les hommes meurent de leurs remèdes et non de leur maladie.
>
> Molière

Tout est équilibre dans la nature; tout est complémentaire et tout est alternance; c'est l'équilibre dans le déséquilibre; le jour est le complémentaire de la nuit et celui-ci ne s'arrêtera que grâce à la nuit qui commencera, ce sera l'alternance; on ne peut comprendre l'aspect d'une chose si l'on ne connaît pas son opposé. De tout phénomène, il existe les deux opposés : l'homme et la femme, l'été et l'hiver, la nuit et le jour, le chaud et le froid. Pour qu'il y ait vie, il faut cette opposition, cette complémentarité, cette alternance... Tout ceci entraînant un déséquilibre équilibré. Regardez cette brave terre sur laquelle nous vivons, au sud c'est la sécheresse, le désert de sable et au nord c'est le désert d'eau, de glace; regardez l'enregistrement électrique de l'activité du coeur, c'est un perpétuel déséquilibre par rapport à une ligne médiane horizontale.

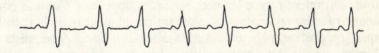

Et si la vie disparait de son coeur, voici l'enregistrement.

Chaque aspect est donc limité par son contraire et le jour s'arrêtera grâce à la nuit qui commencera; loi de dualité dans la nature mais également dans chaque être vivant, dans chaque cellule, dans chaque micro-organisme;.à tous les niveaux existe un Dr JEKYL et un Mr HYDE.

Puisque l'homme nous intéresse, voyons de plus près son

Définir la santé

système neurovégétatif : système électrique qui commande un certain nombre d'organes tels que le coeur, l'intestin et le poumon; prenons par exemple le coeur : nous savons tous qu'il bat à raison de 75 contractions par minutes et cela s'appelle l'état de santé du coeur; certaines personnes souffrent d'accélération et celui-ci se met à battre à 120 ou 140 battements par minute voire plus; d'autres souffrent de ralentissement de ce rythme, 40, 50 voire moins; certains savent qu'à la suite d'une émotion, d'une peur, d'une contrariété, le rythme s'emballe ou se ralentit et d'autres ont ce genre d'ennui à la suite d'un abus alimentaire; la peur, les émotions, les gourmandises sont des agents pertubateurs de l'état de santé du coeur pour ne parler que de lui. Celui-ci est relié au système nerveux par deux fils électriques : l'un que l'on appelle positif qui a pour but d'accélérer le coeur, l'autre que l'on appelle négatif qui le ralentira; si l'un des fils est plus fort que l'autre, vous comprenez aisément les problèmes que cela pose. Les deux fils sont sensés agir en harmonie sous la direction du système neurovégétatif et le but est de maintenir le coeur à un certain niveau de façon à ce qu'il ait un rendement optimum dans le travail qui lui incombe.

A l'image du coeur, les microbes qui remplissent l'intérieur du corps humain et ceux qui envahissent l'atmosphère doivent obéir au même équilibre; ces "petites bêtes" auront donc deux facettes et peuvent soit accélérer et donc augmenter leur production et leur nombre, soit ralentir avec les conséquences opposées. Comme pour le coeur, il faudra rechercher un élément pertubateur mais la facilité fait que l'on préfère à l'heure actuelle détruire quitte à déséquilibrer totalement un système cybernétique fragile; dans notre société, l'homme est toujours à la recherche d'un responsable à son état et les médecins à la suite de Pasteur ont désigné les microbes et ainsi au moindre incident de parcours, l'on trouvera facilement un de ceux-ci à punir. Pourtant et les chercheurs le savent bien, ce micro-organisme a une fonction, un rôle à jouer et il contribue par son équilibre et son niveau de conscience à l'équilibre du système dans lequel il vit et grâce auquel nous vivons.

Nos scientifiques cherchent même à l'heure actuelle et c'est paraît-il ce qui sauvera l'homme, à faire travailler en laboratoire toutes ces "petites bêtes" qui paraissent fort douées. Il en est de même pour la cellule, en parfaite harmonie dans le milieu où elle est, pourra être pertubée par une substance par exemple dite cancérigène. Il existe donc un système extraordinaire dont on ignore encore l'essentiel et qui maintient tous ces éléments en parfaite harmonie; l'homme est un château de cartes où chaque carte a son rôle à jouer et il n'est pas prudent d'en enlever une lorsque celle-ci apparait en difficulté; l'homme possède un ordinateur central qui peut à tout moment et n'importe où envoyer une armée de défenseurs qui éliminera sur le champ l'agent responsable de ce déséquilibre. Ces points précisés, nous pouvons donc schématiser et mettre en opposition à l'intérieur de l'homme deux systèmes : un système de défense, véritable organisation de combat, et que l'homme n'a toujours pas déchiffré, et opposé à lui un système agressif permettant d'établir selon la loi de la dualité un équilibre qui s'appellera la santé.

De multiples causes peuvent pertuber cet équilibre, nous pourrons avoir :
- soit un système agressif trop fort
- soit un système de défense trop faible.

Une cellule qui devient anormale et qui prolifère, il en existe tous les jours à l'intérieur du corps humain et l'on peut dire que l'on fait des cellules cancéreuses tous les jours même si nous sommes en état de santé; tout s'éliminera normalement. Les Américains ont fait l'expérience de greffer des cellules cancéreuses sur des hommes jeunes en parfaite état de santé et celles-ci sont totalement rejetées par le corps. Le Dr Israël, cancérologue renommé, ancien pneumologue, raconte la chose suivante dans son livre :

" Par son versant circulatoire, le poumon reçoit et filtre l'immense majorité des cellules cancéreuses libérées de la tumeur et en quête d'un domicile. <u>Des calculs simples, que nous avons effectués, montrent qu'il en détruit un très grand nombre, parfois même la totalité.</u> "

Nous faisons des cellules cancéreuses tous les jours mais pour qu'un véritable cancer s'installe un jour et mette en péril la vie d'un individu il faut que plusieurs conditions soient réalisées.

<u>1ère condition</u> : Tout d'abord qu'il existe une zone inflammatoire qui permette à des cellules de plus en plus nombreuses de devenir hors la loi; prenons par exemple le foie : il fait partie de l'entité que représente l'homme et joue un rôle dans l'équilibre

général. Mais il est constitué également d'innombrables cellules aux différentes fonctions qui doivent se maintenir et vivre en harmonie; une de ces cellules peut changer d'attitude et le foie doit être capable de faire sa propre police chez lui, mais si la cause de cette rebellion n'est pas éradiquée, un jour la goutte fera déborder le vase et une zone inflammatoire chronique s'installera.

<u>2ème condition</u> : Que le pH des liquides se modifie; chaque cellule, chaque organe est baigné dans des liquides qui ont également leur propre équilibre représenté à nos yeux par une notion de pH. Pour ne pas rentrer dans des problèmes ennuyeux de mathématiques, disons que le pH qui représente l'état de santé est égal au chiffre 7,2 et si celui-ci se dirige vers le bas, (6,9 par exemple), on dit que le sujet s'acidifie; si au contraire il se dirige vers le haut, (7,8 par exemple), on dit que le sujet se basifie; cet équilibre au sein des liquides organiques est primordial au même titre que tous les autres et celui-ci sera maintenu grâce à un système global encore fort compliqué faisant intervenir pour ne citer que les plus importants les poumons, les reins, et le foie. A chaque âge de la vie, le pH se modifie légèrement, très légèrement, et l'enfant sera à tendance basique, l'adulte à tendance acide. Nous mettons donc en garde les parents et nos amis médecins contre cette solution de facilité faussement sécurisante d'inonder le corps de nos enfants de moult antibiotiques. Ceux-ci, répétés et donnés au long cours, sont une des sources du déséquilibre du système des liquides organiques. Il en est de même pour des tranquillisants et médicaments à visée psychiatrique, des vaccins qui modifient considérablement ce pH; de même que la pilule pour ne parler que de cet inconvénient (je mets en garde ici les jeunes femmes, les jeunes filles et leurs parents qui sont ici encore faussement sécurisés; encore une fois la facilité triomphe sous le masque d'une soi-disante libération sexuelle).

<u>3ème condition</u> : Il faut que le système de défense soit moins fort que le système agressif; deux possibilités :

- soit que le système agressif soit hyper-stimulé et en ce moment de nombreuses recherches découvrent qu'il existe un grand nombre de substances capables de stimuler des cellules anormales et anarchiques; substances que l'on nomme propagateurs (c'est ici tout le rôle des listes interminables de substances que l'on nomme cancérigènes).

- soit que le système de défense soit en état de faiblesse : deux grands responsables apparaitront :

- <u>le foie</u>, organe essentiel possédant de nombreuses et multiples fonctions;

- <u>le psychisme</u> : tout le monde sait et l'a constaté qu'un eczéma ou une crise de foie (jaunisse) peuvent apparaitre à la suite d'un choc affectif; de nombreuses thèses et expérimentations ont déjà prouvé ce lien existant et je ne citerai que l'article cité dans Jama (revue médicale 1982; 248/405.407).

" Les résultats indiquent un lien entre la dépression et la diminution de l'immunité. " a déclaré Linn avec ses collaborateurs en train de suivre un groupe de personnes en deuil pour dépister la survenue de maladies ultérieures. "

" Le cancer étant l'exemple type de déficit du système immunitaire "

" Près de 75 % des malades atteints du cancer du pancréas présentent d'abord des symptômes dépressifs. "

" La dépression consécutive à un deuil peut provoquer une dépression du système immunitaire, libérant la croissance des tumeurs microscopiques qui étaient inhibées par les défenses immunitaires. "

" Nous avons observé qu'une bonne santé psychologique précède une bonne santé physique et mentale à l'âge moyen." a déclaré Thomas. Les caractéristiques les plus importantes d'une personnalité saine sont : une bonne estime de soi-même, un rapport chaleureux avec ses parents, une approche optimiste de la vie; un tempérament spontané extraverti, une tension nerveuse minimale et un minimum de dépression et d'anxiété en cas de stress. "

" Les cancéreux agresssifs qui discutent avec leurs médecins et qui n'acceptent pas facilement la maladie et les traitements vivent le plus longtemps. "

" Selon les Simonthon, avant qu'un malade puisse contrôler son cancer, il doit d'abord s'estimer responsable du cancer d'une manière ou d'une autre."

Je rajouterai un troisième facteur agissant sur le système de défense <u>c'est la respiration</u>; le poumon c'est l'oxygénation du corps et l'on sait que tout endroit privé d'oxygène ne peut brûler les déchets; donc, si le rythme et l'amplitude respiratoire sont mauvaises, dues souvent au rythme de vie endiablé (ce qui fait que les gens oublient de respirer), les déchets ne se brûleront pas et encrasseront toutes les voies de sortie, les soupapes de sécurité modifiant par là même le pH sanguin.

Un quatrième facteur est représenté par <u>le rein</u> où l'eau, molécule complexe dont aucun scientifique n'a réussi à percer le secret, est comme le dit le dicton : " La source de la vie ". Cette eau alimente le rein qui a pour tâche essentielle d'équilibrer le pH; celle-ci a été remplacée dans notre société par différentes boissons dont je ne nommerai pas les noms vu l'importance de la liste.

En résumé et schématiquement, pour qu'un cancer s'installe, il faut qu'un certain nombre de conditions soient réalisées. Nous les avons vues séparement et nous nous sommes tous rendus compte une fois de plus de l'interdépendance de tous ces éléments : foie, émotion, respiration, rein, liquides organiques, zones inflammatoires, médicaments au long cours, alimentation, psychisme.

Un cancer ne s'installe pas du jour au lendemain comme cela; le sujet souffrira d'abord d'une zone inflammatoire, c'est-à-dire d'une zone fragile en un endroit particulier du corps : par exemple le sein ou l'utérus chez la femme, la prostate chez l'homme, le larynx chez le buveur, la trachée chez le fumeur; qu'en plus il prenne des somnifères pour dormir, qu'il ait une alimentation décousue, un rythme de vie mauvais et un état psychique au noir, le système de défense sera sur une corde raide et toutes les conditions seront réunies pour qu'un cancer s'installe. Dans la plupart des cas nous voyons un choc émotionnel, la perte d'un travail, la mise à la retraite, un deuil, un choc affectif dans les mois qui précèdent ou alors une maladie virale type grippe et ce sera le blocage du système de défense; toutes les conditions étant prêtes pour que le cancer s'installe, il s'installera.

Un cancer ne s'installe pas comme cela le 10 mars à 18 heures, le cancer c'est la maladie d'un terrain déficient agressé, qui finit par flancher, par jeter l'éponge. Tous les éléments que nous venons de voir, sont des éléments visibles, chiffrables, et nous pourrons tôt ou tard voir soit à l'oeil nu soit par moyens interposés la tumeur se développer. Mais je dois préciser tout de suite et nous le verrons plus loin que tout cancer se développe d'abord au niveau énergétique c'est-à-dire invisible à nos sens actuels; nous le comprendrons dans la suite de l'exposé.

Ainsi, un jour Mme Untel se découvre une petite boule dans le sein, irrégulière, peu mobile et légèrement douloureuse. J'avais appris à la faculté qu'il fallait biopsier, extirper immédiatement et soumettre la zone cancéreuse à un rayonnement pour finir par une chimiothérapie; **le chemin que j'avais fait ne me permettait plus d'accepter cette solution comme l'unique solution. J'avais compris la grande intelligence du corps, de la cellule** et je ne pouvais me résoudre à être l'artisan d'une destruction par l'irradiation des tissus afin de créer une zone désertique en réduisant à néant toutes voies de communication, circulation et ganglions lymphatiques. Comment accepter que grâce à un arsenal lourd et toxique on choisisse délibérément de tuer des cellules saines et de détruire le système de défense pour arriver à bout de quelques cellules déviantes, c'est le grand débat vu maintes fois au cinéma. Faut-il détruire un stade réunissant cent mille personnes pour atteindre deux dangereux malfaiteurs ? Car qui pourrait reconnaître un criminel...? Personne dans un stade. Mais dans le corps c'est sous-estimer l'intelligence de nos cellules dont nous savons aujourd'hui qu'elles ont une conscience et qu'elles sont capables de rappeler à l'ordre n'importe laquelle d'entre elles. Nous l'avons vu précédemment **un corps en bonne santé peut mettre à la porte n'importe quoi même des cellules cancéreuses.** L'organisme ayant des ressources insoupçonnées pourra, si la médecine ne s'acharne pas trop, faire les frais de cette guerre et éliminera les toxiques si les portes de sortie sont ouvertes. Seulement voilà, en laissant encrasser votre corps, en n'écoutant pas ses plaintes, ses gémissements, vous obligez la médecine à jouer "le sauve qui peut"; je citerai encore ici la phrase de Silvaneschi que j'aime à répéter, que je vous répéterai et que j'aimerais que vous méditiez :

" IL FAUT RECEVOIR LA MALADIE COMME UNE LETTRE. ELLE EST TOUJOURS DESTINEE A NOUS REVELER QUELQUE CHOSE. "

Amis médecins, je ne pouvais me résoudre à détruire et il me fallait être l'artisan d'une construction.

Définir la santé

Mais revenons au cas de Mme Untel, 23 ans; après s'être fait enlever le sein, s'être fait irradier et pendant six mois voire deux ans avoir consommé quelques menues drogues..., elle continuera sa vie comme si pratiquement rien n'était changé; combien de femmes vont se reconnaître dans cet exemple sachant que quelques mois, quelques années plus tard on découvrira une métastase. Mme Untel n'a pas ouvert la lettre qui lui a été envoyée, et si elle l'avait ouverte, elle aurait lu ce message : " Tu as 23 ans, tu es jeune, tu fais du sport, **alors pourquoi as-tu ce cancer, pourquoi ?**

Les médecins sont gentils, ils sont prêts à tout enlever **mais pourquoi, pourquoi as-tu ce cancer ?** "

Je dis cela à l'intention de tous ceux ou celles qui ont eu un cancer : si vous ne vous posez pas cette question, vous aurez beau tout détruire, faire la politique de l'autruche, il existe une cause et vous devez la découvrir sous peine d'une rechute; la destruction n'a jamais apporté de résultats et en disant ceci, je pense à la politique mondiale où les Américains avec leur énorme force ont dû rebrousser chemin au Vietnam de même que les Russes en Afghanistan, devront tôt ou tard suivre le même chemin; il faut trouver la cause. MmeUntel a eu un message par cette tumeur et en a reçu beaucoup d'autres auparavant mais elle n'a pas écouté le langage de son corps, le mal est fait, et il faudra agir vite.

<u>Alors que proposons-nous ?</u>
Il faudra rechercher dans trois directions :
- l'alimentation
- le mental
- le rythme de vie.

Ceux-ci forment un trépied qui tient bien debout. Mais attention, certains par une excellente hygiène de vie alimentaire possèdent un pied solide mais malheureusement un jour, ils se mettent à jurer par tous les dieux car la maladie s'installe; ils ont développé un pied et négligé l'émotionnel oubliant qu'un pied ne tient pas debout. **L'alimentation est un des éléments de la santé mais ce n'est pas le seul.** D'autres individus seront positifs mentalement et tout leur glisse dessus, étant constamment optimistes sans crainte, vivant et fêtant chaque jour en négligeant l'alimentation; d'autres ont un bon mental, une bonne alimentation mais malheureusement un rythme de vie infernal; deux pieds ne tiennent toujours pas debout.

Il faut donc essayer de développer simultanément trois points :
- l'alimentation et nous n'y reviendrons pas.
- le mental dont nous vous avons dit quelques mots pour vous mettre l'eau à la bouche.
- le rythme de vie.

Avant de nous résumer, je voudrais dire un petit mot sur l'allergie.

<u>L'allergie.</u>

18 % de la population est allergique et ce n'est qu'un chiffre officiel. Je disais dans l'introduction que l'allergie est le nid du cancer*. Alors je m'explique :
<u>Qu'est-ce que l'allergie ?</u>
Au moment des foins, au moment du pollen l'homme éternue, pleure et suffoque. D'autres ne peuvent plus supporter certains arbres ou certaines fleurs. D'autres sont en conflit avec les animaux (chat, chien, cheval). D'autres avec la poussière.

Le raisonnement médical est très simple :

Vous habitez la campagne ? Alors déménagez en ville.

Vous aimez les fleurs ? Dommage pour vous. Coupez les.

Vous avez un chien ? Débarrassez-vous de lui.

   et un chat ? et un chat.

   et un cheval ? et un cheval.

  Alouette... gentille alouette.

Une femme de bon sens, après avoir éliminé chien, chat et fleurs continuait à suffoquer. On lui a fait arracher sa moquette... mais elle était toujours allergique à la poussière. Alors elle demanda à son médecin...

" Mon mari est très poilu, ne serai-je pas allergique ? "

Je ne peux garder mon sérieux en voyant comment le problème allergique est abordé.

Encore une fois, il faut trouver un responsable !

On coupe les arbres, on détruit les fleurs, puis les animaux et l'on va vivre dans le désert... Oui, mais là-bas il y a encore la poussière! Alors on nous installera dans des cages de verre et des robots nous serviront nos pilules.

Croyez-vous que ce soit un conte ? Pas du tout. Dans un petit village d'Angleterre un homme astucieux a mis au point un système pour que ses concitoyens ne souffrent plus à l'époque des foins. On les voit sur la place publique avec un bocal à poisson sur la tête relié par un petit fil à un petit appareil producteur d'air purifié qui se porte à la ceinture...

Mais quand l'homme cherchera-t-il en lui la responsabilité de sa défaillance ? Mais qu'ont fait les fleurs, de quels crimes accuse-t-on ces braves chiens et chats ?

Dès qu'il possède le moindre symptôme traduisant une allergie, l'homme court de suite chez son allergologue pour connaître le nom du misérable qui lui occasionne ce mal ! Quelques réflexions à ce sujet.

1- Ceux qui ont fait ces tests il y a quelques années n'ont pas eu droit aux nouveaux. Ils se désensibilisent depuis plusieurs années à un produit, mais ils n'ont pas encore tout testé !

De plus qui leur dit qu'ils ne sont pas sensibles au poil d'hippopotame ou au papier carbone ou au formica du siège de cuisine.

2- Pour nous, homéopathes, la désensibilisation conduit au terrain sycosique, (la mort lente) de même que les vaccinations.

Qu'est-ce donc que l'allergie ? Et bien c'est la nature qui se rebelle et qui ne veut plus d'hommes stupides. L'homme ne veut pas suivre les lois de la nature... il en sera donc éliminé.

Ce n'est pas lui qui ne veut plus de la nature, c'est la nature qui ne veut plus de lui.

Alors allergiques, réveillez-vous de votre léthargie et prenez-vous en main.

Résumons-nous.

On peut dire que nous faisons tous des cellules cancéreuses tous les jours et que notre corps est capable de les éliminer : un corps en bonne santé met n'importe quoi à la porte même le cancer. Je compare souvent le corps à une salle de cinéma : s'il y a le feu à l'intérieur et que les portes de sortie sont bien ouvertes, bien huilées et qu'elles fonctionnent bien, tout le monde s'en sortira à la condition bien entendu qu'il n'y ait point de panique et qu'un chef qui voit la situation de haut, sache organiser l'évacuation. Si le feu se déclare à l'intérieur du corps, il faut donc que les portes de sortie soient bien ouvertes, et celles-ci sont le foie, les reins, les intestins, et les poumons; le directeur du cinéma qui devra obtenir de chaque porte un rendement optimum sera ici le mental, et nous avons vu qu'un mauvais mental peut tout bloquer. Nous avons tous entendu parler du trac : un homme émotif à la pensée d'une certaine forme d'action éprouve une appréhension qui se traduit sur le corps physique par une paralysie de tous ses moyens : voyez donc à quel point il faut contrôler son mental afin de mener le corps physique à la bataille et à la victoire. Un certain nombre de personnes pensent que le mental est le pied essentiel et qu'en agissant seulement sur celui-ci on doit avoir la guérison; n'oublions pas que le corps physique est l'édifice qui soutient cette forme de pensée et un édifice branlant ne peut pas bien longtemps préserver cette énergie supérieure; et rappelons le corollaire du dicton :

" Corps malsain, esprit malsain. "

Qui peut donc affirmer au malade en quête de santé qu'il suffit uniquement de travailler son mental et de continuer à manger comme avant et de négliger son corps. Faites un repas normal bien français à douze heures : un petit bout de pâté avec du pain, saucisses purée, un quart de camembert, une tartelette aux fruits, un petit ballon de rouge, et dites-moi combien d'entre vous seraient capables d'écouter un orateur ou un conférencier à quatorze heures. Si nous suivons ce bon français dans sa journée de travail, nous le voyons le soir s'affaler à sa table, pour finir son pain il finira le fromage et pour finir le fromage, il finira son pain; repu, avachi, devant la télévision, finissant la plaque de chocolat, et se couchant. Demain, la journée ressemblera à celle d'hier et l'on peut employer la célèbre formule en y ajoutant un mot : métro, boulot, bouffe, dodo.

On a voulu faire croire à l'homme, et l'on continue, que la santé s'achète qu'il suffit de payer et que l'on a une pilule pour dormir, un cachet pour bronzer, une ampoule pour devenir un homme. NON, LA SANTE NE S'ACHETE PAS, LA SANTE ON SE LA DONNE.

Ceci dit, une fois que les lésions sont faites, il est facile de parler et il est peut-être difficile de changer sa vie du jour au lendemain; et dans l'immédiat il faut faire quelque chose, alors que faire et que propose-t-on aux malades ?

<u>Les sels métalliques de Vernes.</u>

Définir la santé

Pour ma part, j'applique en premier les thérapeutiques dites "de VERNES".

Arthur VERNES était un savant qui au départ a consacré ses recherches aux maladies vénériennes; cette maladie était un véritable fléau et il fut nommé Directeur de l'Institut Prophylactique de Paris.

Il mit au point des réactions chimiques permettant de diagnostiquer cette maladie sur le sang prélevé du malade puis il s'occupa de la tuberculose et son but fut d'essayer d'opacifier dans le sérum sanguin la protéine spécifique de cette maladie. Les antibiotiques anti-tuberculeux arrivant sur le marché, il s'orienta vers le cancer persuadé que le sang comportait une marque et qu'il la trouverait. Il a donc créé toute une série de tests qui comparés entre eux et avec les tests classiques permettaient d'avoir une approche relativement précise du cancer; et comme ces tests faits régulièrement pouvaient nous montrer la tendance évolutive, il en déduisit qu'on pouvait grâce à ceux-ci suivre l'action thérapeutique des remèdes préconisés. Il expérimenta alors un grand nombre de produits et en sélectionna une vingtaine qu'on appelle aujourd'hui les sels métalliques de Vernes. Ceux-ci possèdent plusieurs actions :
- anti-inflammatoire
- stimulante du système de défense
- destructive des cellules cancéreuses.

Il découvrit en les utilisant deux lois qu'aucun homéopathe ne pourrait contredire :
- le corps trouvait une parade à tout et qu'il était nécessaire de changer de remède tous les huit à dix jours et de ne le reprendre qu'un mois après.
- un remède pouvait très bien agir chez un malade et ne pas agir chez l'autre.

Les bilans Vernes successifs nous permettaient de tester les produits afin d'avoir toujours une action maximale sans perte de temps et d'évaluer la résistance des différents organes mis à contribution. Ce qui est assez extraordinaire c'est que les travaux de ce savant français financés par un ministère, récompensés et remboursés par la Sécurité Sociale sont ignorés de tout le monde médical. Ce bilan Vernes nous permet d'ailleurs avec un bon interrogatoire homéopathique de faire de la médecine préventive et de dépister le terrain cancéreux. Quand il y a une forte tendance, un

Définir la santé

traitement homéopathique peut être administré avec des solutés pour l'action anti-inflammatoire et stimulante du système de défense. En cas de cancer, nous faisons des solutés et tout un traitement parallèle à base d'oligo-éléments et de phytothérapie pour soutenir les différentes fonctions et ouvrir les portes de sortie (foie, reins, intestins). Bien entendu, nous sommes médecins, avant tout, et si d'après le test et nos premiers essais thérapeutiques nous voyons que nous ne pouvons contrôler le mal nous savons demander conseils à nos confrères les spécialistes et appliquer ceux-ci.

Ceci dit, dans mon petit film j'insistais et j'insiste encore plus maintenant sur le fait que le médecin avec ses thérapeutiques n'est là que pour crier "pouce", créer un armistice de quelques mois voire un an, période dans laquelle le malade devra prendre les décisions nécessaires à l'établissement d'une paix durable avec ses cellules qui se sont révoltées. Le médecin fera tout ce qu'il peut pour gagner du temps et si possible sans nuire au malade car un jour viendra où celui-ci aura un éclair, une lueur qui lui traversera l'esprit et qui lui indiquera le chemin à suivre; il faut donc être prêt pour ce moment. Malheureusement, les thérapeutiques actuelles en matière de cancer sont destructives et le jour où le malade saisit, le jour où le malade prend conscience il est quelquefois trop tard. Et je répète en conclusion au malade qui me consulte :

" Vous venez de voir les représentants de la médecine officielle, ils vous ont donné leur avis; nous venons de vous exposer les nôtres; **vous êtes maintenant seul à choisir et à prendre votre décision;** de notre côté nous vous demandons un gros travail personnel : il faudra changer votre alimentation, votre rythme de vie, votre mental et il faut bien y réfléchir; et surtout quand vous aurez pris votre décision, ne regrettez jamais rien... Des individus ont choisi la voie officielle et sont morts, d'autres sont guéris; il en est de même dans la voie dite parrallèle. **L'important est que vous choisissiez la méthode qui est en harmonie avec votre façon de penser, de voir, de sentir les choses...**

C'est cela l'important... Mais une fois décidé, il faut vous lancer dans la bataille.

Amis médecins, il nous faut nous rencontrer car nous savons que vos recherches, vos travaux et les conseils que vous donnez aux patients sont faits de bonne foi; que ceux-ci sont utiles et nous font tous avancer. Nous savons que nous sommes obligés parfois

Définir la santé

d'utiliser les méthodes dites agressives et que celles-ci donnent également des résultats.

Il nous faut nous rencontrer et établir déjà un premier pont en parlant par exemple du terrain; pourquoi ne pas préparer un malade, le rassurer psychologiquement, lui développer un esprit de vainqueur, épurer ses organes, lui apprendre à manger et à respirer et grâce à des thérapeutiques dites douces l'aider à supporter une intervention chirurgicale ou une chimiothérapie. Pourquoi nous refuser de chercher une solution ?

Croyez-vous que ce que nous faisons est pire que les essais randomisés ? Ne pensez-vous pas qu'il faille respecter le malade qui a choisi une voie différente de celle que vous préconisez ? Entendons-nous et que chacun donne son avis à cet homme en quête de vérité et respectons ensuite sa décision en l'entourant de nos soins et de notre affection.

CHAPITRE VIII

LA DECOUVERTE DES ENERGIES

> La science nous dit ce que nous pouvons savoir, mais ce que nous pouvons savoir est peu. Et si nous oublions ce que nous ne pouvons pas savoir, nous devenons insensibles à bien des choses de très haute importance.
>
> Bertrand Russel

LE CIRB

Ce film me rendit un grand service car les malades gravement atteints retrouvaient un espoir et j'enlevais un gros fardeau à tous ceux, et ils étaient de plus en plus nombreux, qui souffraient de la cancérophobie. Je ne dépensais plus mon énergie sans compter et je pouvais me consacrer à la médecine que j'aimais : l'homéopathie.

Je ne manquais pas de clients et ma femme et moi étions passionnés par ce que nous faisions; elle jouait un grand rôle auprès des malades à qui elle tenait compagnie pendant leurs séances d'ionocinèse et où ceux-ci se confiaient en lui parlant ouvertement de leurs problèmes. M'ayant suivi et quelquefois précédé dans mes démarches elle savait les conseiller aussi bien dans l'alimentation que dans la dynamique mentale. Elle était le rayon de soleil auprès de tous et ils quittaient le cabinet plein d'énergie et de grandes décisions.

Malheureusement, certains malades flanchaient et nous nous apercevions qu'ils avaient mal compris notre "enseignement", malgré le temps passé à leurs côtés. Nous en invitions donc quelques-uns à déjeuner avec nous et là, grand fut notre étonnement de constater que non seulement ils avaient mal compris mais que certains n'avaient rien compris du tout. En tant qu'enseignant je me sentais fautif et germait en moi l'idée d'aménager un petit centre où nous pourrions acceuillir les malades un certain temps. J'entreprenais donc les démarches dans ce sens et pendant deux ans ma femme et moi courûmes par monts et par vaux pour faire aboutir ce projet. Ce rêve qui nous hantait l'esprit ne m'empêchait pas de recevoir des clients et je me sentais de plus en plus fatigué. Je cherchais depuis plusieurs années un associé et toutes mes démarches étaient restées vaines. De bonnes choses toutefois m'arrivaient et j'eus la chance de faire la rencontre d'une femme assez exceptionnelle... Ce fut un tournant dans ma vie de médecin et vous allez le comprendre.

Je reçus un jour un appel d'un homme à la voix tremblante qui m'annonçait avoir un cancer du pancréas, lui demandant comment il pouvait me l'affirmer, il me répondit qu'il souffrait de troubles digestifs depuis plusieurs années, qu'on lui avait fait de multiples examens et que les spécialistes émettaient un doute sérieux; de plus le test de Heitan Lagarde pratiqué à son initiative était formel à ses yeux. Hérissé d'avoir eu de nombreux appels dans ce sens, je lui répondis séchement qu'aucun test n'était fiable à cent pour cent et que celui de Heitan Lagarde devait être confronté à un examen clinique sérieux doublé d'un bilan Vernes. L'ensemble s'avéra négatif et un traitement homéopathique lui fit disparaître ce "cancer". Je reçus un beau présent quelques jours plus tard et j'eus de ses nouvelles par téléphone deux mois après. Il insistait pour que j'assiste à une réunion qui avait lieu à Genève dans l'appartement d'une femme assez remarquable et qui était la nièce de Le Corbusier.

J'y assistais donc et, dans un grand salon dont les murs étaient de vitres et où les plantes nous donnaient l'impression d'être dans une forêt vierge, de nombreux fauteuils étaient disposés en cercle. Une quinzaine de personnes étaient présentes et ce jour-là la majorité était féminine. Je ne me rappelle plus quel était l'exposé, ni qui était l'orateur, mais ce dont je me souviens c'est que cela fut d'un piètre niveau et que quelques personnes présentes s'extasiaient de phénomènes dont j'avais déjà entendu parler souvent lors d'autres congrès. Ce groupe se réunissait tous les quinze jours et je m'engageais à ne pas y revenir ayant eu nettement l'impression d'être tombé dans un acte des "Femmes savantes".

Le temps passa et mon homme me joignit à deux reprises pour m'inviter à des séminaires à Paris et Genève dans le cadre de ce groupe. Mon emploi du temps chargé me permettait de justifier un refus poli, malgré cela il insista une troisième fois pour que je passe trois jours dans une ferme isolée du plateau jurassien avec Janine Fontaine et quelques amis. J'avais lu "Médecine des Trois Corps", le merveilleux livre de ce docteur, qui avait travaillé avec l'un des plus célèbres guérisseurs philippins, j'annulai donc tous mes rendez-vous pour les rejoindre.

Je retrouvais là la présidente du groupe : Jacqueline Janeret et de ce jour une amitié sincère nous lia ; je découvris que cette femme était connue au delà des frontières, non seulement connue mais aimée. Je devins un membre de son organisation, le CIRB, après avoir fait moi-même un exposé sur le travail que je menais et ma vie, professionnelle et privée, prit à ce moment une toute autre dimension. En effet, je rencontrai grâce à Jacqueline de nombreuses personnalités de tous bords, des chercheurs, des médecins, enfin tous ceux qui touchaient de près ou de loin le domaine de l'énergie, vaste empire où l'homme apparaît comme un pion infiniment petit. Le but de ce groupe était de réunir tous ceux qui cherchaient et qui avaient quelque chose à dire dans ce domaine de telle façon qu'un jour, les recherches étant mises en commun, l'on puisse démontrer de façon formelle l'action de ces thérapeutiques de l'énergie.

L'ALCHIME DE LA VIE

Je rencontrais le Pr Etienne Guillé, Docteur es sciences, agrégé de mathématiques et enseignant chercheur à l'université des sciences de Paris. Ce chercheur, ce scientifique qui s'est consacré à l'étude des molécules d'ARN, d'ADN et au cancer, n'a pas hésité à regarder d'un oeil bienveillant la science traditionnelle et à faire appel à la radiesthésie. Il s'est aperçu qu'il existait un rapport très étroit entre certains métaux présents au niveau de la molécule d'ADN et les planètes de notre système solaire. Le fait que ces métaux se trouvent inclus dans le matériel génétique rend cette découverte particulièrement intéressante en particulier dans l'explication de l'induction du cancer et apporte un argument scientifique à la haute astrologie :

" Ces données éclairent d'un jour nouveau l'analyse des rythmes biologiques à travers la compréhension des rythmes cosmiques. Elles nous font saisir pourquoi les anciens dieux des planètes et les composantes de la destinée en astrologie ont survécu d'une certaine façon dans nos structures inconscientes. "
" Cela revient à dire qu'à un moment donné, les êtres vivants reflètent de quelque façon, à une échelle déterminée l'état du cosmos à ce même moment. "- L'alchimie de la vie.- Etienne Guillé.-

Nous avons vu en homéopathie qu'un produit comme l'arsenic en surcharge dans un organisme provoquait des troubles physiques et psychiques, il n'est pas le seul et tout produit peut par son excès ou son manque provoquer un déséquilibre plus ou moins important dans un organisme vivant. Le Pr Guillé a individualisé nettement un certain nombre de métaux tels que l'or, l'argent ou le cuivre ayant un rôle important dans la dynamique vitale; or ceux-ci sont en relation avec les astres qui par leurs mouvements modifieront leurs vibrations, ce qui entraînera, vous vous en doutez, des modifications du comportement de chaque être et physiquement et psychiquement. J'étais très intéressé par ces travaux d'autant que j'avais maintes fois remarqué qu'un grand nombre de bilans Vernes, pratiqués sur des malades dans une période bien déterminée et très courte, m'indiquaient un système de défense complétement bloqué. Parlant de ce phénomène au Dr Augusti, il me confirma ces résultats m'indiquant qu'il y avait probablement un mouvement planétaire à l'origine.

Cette compréhension de l'homme au sein de l'univers nous permet de jeter un oeil nouveau sur les vaccinations, sachant qu'à une certaine période un certain nombre de personnes auront de par leur position planétaire une chute de leur système de défense (ce qui déclenchera éventuellement une épidémie au cas où un micro-organisme serait en déséquilibre) et nous pouvons nous poser la question : les vaccinations ont-elles fait disparaître telle maladie ou celle-ci a-t-elle été éradiquée par l'environnement énergétique de l'homme ? (La peste et le choléra qui ont décimé l'Europe ont disparu sans vaccinations.)

LA NUMEROLOGIE

Je prenais contact aussi avec la numérologie, science des nombres pratiquée depuis des siècles et qui nous apprend à la suite de l'étude des astres notre infiniment petit. Savez-vous que votre nom et votre prénom ont une importance capitale dans votre destinée; en effet, les lettres qui correspondent à un symbole et qui représentent un potentiel énergétique permettent d'influer sur les actes et les pensées de tous les jours. Ainsi, le Pr Guilpin fit un jour sur le coin d'une table au cours d'un congrès l'étude de mon cas, il mélangea les lettres de mon identité avec les chiffres de ma date de naissance, fit de savants calculs et me dit : " Vous avez perdu votre père très jeune dans la première année... " Sans commentaire.

Kevin Quinn Avery, aujourd'hui décédé, affirmait lors d'une conférence que l'étude* de 10 000 sujets décédés avait permis de révéler avec exactitude leurs dates de naissance.

Aux Etats-Unis de plus en plus de sociétés font étudier les noms des produits qu'ils désirent lancer sur le marché afin d'obtenir le meilleur impact possible.

La numérologie me faisait prendre conscience de l'importance du verbe (nous le verrons plus loin en parlant des guérisseurs et des groupes de prière) et commençait sérieusement à me faire douter du hasard*.

LES ENERGIES DE FORME

J'ai rencontré, toujours chez notre amie, un groupe de chercheurs venant de Suède et venus nous faire part de leurs travaux; je les résumerai en quelques lignes et vous allez voir le rapport existant avec ce qui précède. L'expérience consiste à diriger deux cours d'eau, provenant de la même source en les faisant passer par un circuit bien déterminé et en les récupérant dans deux endroits où une culture était tentée. Le schéma ci-joint va nous l'expliquer.

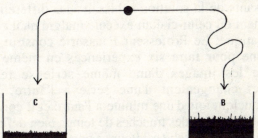

Ils constataient que la culture B était nettement plus florissante que la C. Ils ont ainsi fait passer ce cours d'eau par différentes formes et se sont aperçus que celles-ci avaient une importance capitale sur la qualité de la culture. Cette étude apportait une preuve scientifique de plus sur les énergies provoquées par les formes et l'on voit ici toute l'importance de notre environnement, de la forme de nos maisons, de la forme de nos pièces sur notre vie d'êtres humains ainsi que la gravité des travaux que l'on effectue en canalisant les cours d'eau ou en planifiant la nature.

PHENOMENES A REPRODUCTIVITE NATURELLE.

Nous reçûmes Mr FAUSSURIE, Professeur à l'Université de Lyon qui avait fait de nombreux travaux sur les phénomènes naturels observables. En voici un tout petit résumé : un cylindre de papier buvard était posé dans un récipient contenant du nitrate d'argent durant vingt-quatre heures de huit heures du matin à huit heures du matin; cet ensemble était placé dans la nature, soumis à l'environnement. Le papier buvard s'imbibait de la solution mais pas n'importe comment; en effet, le nitrate montait le matin puis stagnait à midi et une deuxième montée était observée le soir; la montée nocturne donnant les plus belles formes et les plus belles couleurs. Il est à noter que ces images varient selon le lieu et le jour.

Une deuxième expérience fut faite en laboratoire où la température, l'éclairement, l'humidité et d'autres données étaient constantes. Ici, la solution était composée d'un mélange de nitrate d'argent et de sulfate ferreux. Les images qui apparurent étaient des formes avec reliefs et chaque expérience donna une forme différente en fonction du moment où elle était pratiquée; donc, le mélange des deux composants de la solution subissait des différences notables selon le moment où celui-ci était exécuté malgré qu'il eût été fait de façon automatique. Le Professeur Faussurié construisit alors une petite machine pour faire six expériences en même temps et il constata que les images d'une même série se ressemblaient totalement et changeaient d'une série à l'autre. Les formes changeaient quelquefois d'une minute à l'autre et il constata que les images s'affolaient dans des tranches de temps bien définies. Quelles étaient les causes responsables ? Pour sa part, il observa le 21 janvier 1969 à 15 heures 53 sur son cylindre une image blanche (sans forme) et à 15 heures 55 la forme était revenue. Il fit donc une recherche sur ce phénomène et constata que ce jour-là, à cette heure-là et à cette minute-là il existait un phénomène astronomique : la Lune et Vénus étaient en conjonction très étroite dans le plan du méridien de Lyon. Que nous sommes petits... Ne pensez-vous pas !

LE RAYONNEMENT TELLURIQUE

Je rencontrai des élèves du Professeur Hartmann qui avait mis en évidence les rayons telluriques qui quadrillent la terre. Ce quadrillage est orienté magnétiquement dans la direction nord-sud où l'on trouve l'un de ces murs invisibles tous les deux mètres et dans la direction est-ouest, tous les deux mètres cinquante. Ce réseau passe partout tant sur le terrain qu'à travers les habitations; ces rayons se croisent et les points de croisements s'appelle les noeuds d'Hartmann. Le champ magnétique de ce point est différent des autres, vivre entouré par les rayons de ce champ est agressif pour l'homme. Ces noeuds étaient connus de la Chine Ancienne et étaient nommés : "Les Portes de sortie des démons". L'effet de ces croisements telluriques est encore amplifié lorsque ceux-ci se trouvent situés au-dessus d'un cours d'eau souterrain ou d'une anomalie géologique (faille par exemple). Ainsi donc si votre lit est situé sur un noeud et votre maison sur une nappe d'eau souterraine vous aurez de plus grandes possibilités de développer une quelconque maladie (rhumatismale, vieillissement prématuré, cancer).

A l'heure actuelle, nous découvrons les maisons à cancer, les quartiers à cancer dus à l'influence conjuguée et néfaste des rayons telluriques et des rayonnements émis par les lignes électriques par exemple. Les anciennes civilisations connaissaient cela et l'on ne plaçait pas les maisons n'importe où et dans n'importe quelle direction; heureusement quelques architectes commencent à s'intéresser à ce problème.

J'aimerai ici raconter deux petites histoires : la première est survenue à mon frère, il se plaignait constamment de démangeaisons apparaissant la nuit et l'empêchant de dormir; on notait en plus des maux de tête et un état général déficient. Je m'aperçus qu'il dormait dans un de ces lits modernes où l'on a tout le matériel : hifi, vidéo à portée de tête. Je lui fis enlever le radio-réveil et le résultat spectaculaire ne se fit pas attendre.

La deuxième histoire est arrivée à une jeune fille de 14 ans qui me consultait pour des crises d'asthme répétées toutes les nuits et uniquement la nuit; je lui demandais alors de changer l'orientation de son lit car elle avait la tête au sud et les pieds au nord (il est préférable de se mettre soit nord-sud, soit est-ouest) mais cela n'améliora pas son état. D'elle-même, souffrant ainsi chaque nuit, elle alla dormir avec sa grand-mère dans la chambre à côté et ce fut le miracle... Plus de crises d'asthme. Miracle pour les gens "ignorants" des courants telluriques; pour les autres il s'agissait d'un phénomène tout à fait normal... Mais on est tout de même étonné...

Le Docteur Picard J. avait observé, dans un quartier bien délimité d'une grande ville de France, qu'on trouvait un ou plusieurs cas de cancers dans chaque maison. Des expertises biologiques ont démontré en comparant les dossiers médicaux que les cancers mortels se produisaient là où un noeud de rayons telluriques correspondait à l'emplacement du lit de la victime. Les recherches montrent dans quelles mesures le cancer mais aussi les maladies cardiovasculaires peuvent dépendre du lieu de l'habitation.

Les écoles : autre exemple dans le cadre d'un mandat de science expérimentale, proposé par l'Institut Pédagogique de l'Université de Salzbourg. Le professeur de mathématiques Mr K. Bachler a justififé et appuyé sa thèse sur plus de mille observations durant trente ans d'expériences scolaires, thèse selon laquelle l'emplacement précis d'un siège d'élève sur un noeud tellurique était la cause d'une mauvaise concentration et d'un travail scolaire médiocre. L'écolier qui se trouve placé dans la classe au-dessus d'un croisement de rayons telluriques devient souvent nerveux, et il est comme freiné dans son développement. Il est donc recommandé de faire changer les élèves de place de temps à autre afin que ce ne soit pas toujours les mêmes qui soient touchés, ou alors, il faudrait neutraliser le bâtiment scolaire. Là où ces recommandations ont été suivies, le travail scolaire s'améliorait dans une proportion notable. L'implantation du bâtiment scolaire joue elle-même un rôle, il convient de le placer dans des zones non pertubées par les champs magnétiques ou par de l'eau souterraine.

Les animaux : un chien fuit instinctivement le noeud tellurique, on aura beau lui préparer une belle corbeille sur un point géopathogène, le chien ne s'y couchera pas. L'animal qu'on attache sur un de ces points cherche à s'en écarter; attaché fixement, il tombe malade.

Lorsqu'on place une ruche au-dessus d'un croisement de rayons telluriques, les abeilles deviennent si agitées qu'elles produisent trois fois plus de miel que d'ordinaire et en automne elles sont alors épuisées. Des essaims abandonnent en catastrophe leurs ruches.

Par contre, le chat a une prédilection pour les points où s'accumulent les ondes telluriques et les fourmis y implantent leurs fourmilières.

Ils semble donc que ces lieux de croisement aient une influence négative sur la plupart des espèces animales à l'exception de quelques cas rares qui semblent au contraire s'y regénérer.

L'IONISATION.

Il y a dans l'air ambiant des ions positifs et des ions négatifs qui sont en équilibre; l'excès des uns ou des autres entraîne des pertubations de santé chez l'homme. Les expériences faites en Allemagne dans plusieurs écoles sont très parlantes. Dans une école de trois étages, les expérimentateurs ont placé un appareil qui produisait des ions négatifs à un étage, une épidémie de rougeole est alors survenue et dans l'étage où il y avait l'appareil, très peu d'enfants ont été contaminés, par contre, dans les deux autres étages l'ensemble des enfants a dû garder la chambre une huitaine de jours.

Nous avons tous au moins une fois ressenti ce malaise dans une voiture fenêtres fermées depuis assez longtemps, de même dans un appartement toutes fenêtres fermées. Ces expériences sur les effets des ions négatifs et positifs nous mettent en garde sur le mode de vie que nous avons avec les moquettes synthétiques que nous plaçons dans notre cage dorée par exemple, et les vêtements en acrylique que nous portons.

LA CRISTALLOGRAPHIE SENSIBLE

Je découvrais les travaux de E. Pfeiffer qui avait mis au point les tests de cristallographie sensible sur les conseils de Rudolph Steiner. Ce test consiste à mélanger une goutte de sang avec une solution de chlorure de cuivre. La cristallisation qui en résulte donne des images et de nombreux médecins ont appris le langage de ces formes, le sang des malades souffrant du coeur, par exemple, donnera telle image, le sang des malades souffrant du poumon donnera telle autre image. Le phénomène le plus étonnant qui a été constaté en étudiant ces images est la localisation des régions dans l'organisme, c'est-à-dire que les complexes de pertubations bien limités qu'on trouve sur l'image de sang d'un malade correspondent à des régions d'organes précis et spécifiques et ces régions ont des relations entre elles. Les expériences faites au départ de l'étude des cristallisations l'étaient avec des sucres végétaux et on s'est aperçu que la chélidoine, par exemple, grand remède du foie, possédait la même image que le sang d'un homme malade du foie et cela se répète pour le coeur avec cactus, par exemple, ou pour le poumon.

Il y a donc une analogie frappante entre le monde végétal et notre monde humain.

LES RYTHMES EN BIOLOGIE

J'étudiais les travaux d'Emile Pinel mathématicien. Il constata tout d'abord que le rythme des températures d'un organisme évolue et raccourcit notablement chez certains malades et que le fait de les relever à heures fixes est un non sens scientifique. Il étudia les oscillations dans le sang des divers types de globules blancs et il démontra que ces globules blancs variaient suivant des rythmes parfaitement identifiables dont les périodes se comptent en minutes. Grâce aux altérations naturelles des éléments figurés du sang, la notion de "terrain" sort du domaine de l'empirisme pour se fonder scientifique. C'est à partir de cette découverte qu'il définit la méthode des "instants favorables" en thérapeutique pour l'absorption des médicaments, fixant les instants d'application par rapport à un rythme interne très précis. Rappelons que cinq à six mille ans avant Jésus-Christ, les médecins chinois administraient les médicaments dans des tranches de deux heures qui chacune correspondait à un organe.

LES GUERISSEURS PHILIPPINS.

Nous avons eu également l'occasion de passer une quinzaine de jours avec deux philippins et leur enseignement nous a permis de mieux comprendre l'action de ces fameux guérisseurs. J'ai d'ailleurs pu quelques mois plus tard accompagner et filmer un de ceux-ci dans ce qu'on appelle la chirurgie aux mains nues. A ce propos, je voudrais dire deux mots : il ne faut pas croire que le calcul dans le rein ou la tumeur dans le ventre va disparaître par enchantement après être passé entre les mains d'un guérisseur philippin, non. Celui-ci agit sur les énergies qui donnent la vie et qui, si elles sont pertubées, provoquent la maladie au niveau du corps physique, pour reprendre l'expression : il vous remet sur les rails, change les plombs qui ont sauté, répare les circuits électriques déficients... A vous ensuite de faire fonctionner l'ensemble. Le fait de voir du sang ou des morceaux de tissus ou d'autres organes sortir du ventre (matérialisation de l'énergie) permet d'avoir un impact psychologique mais n'est pas nécessaire. Le phénomène est très sérieux et je ne pourrai pas mieux l'expliquer que le Docteur Janine Fontaine* dans ses deux merveilleux livres : Médecine des trois corps et médecine énergétique.

MAGNETISME.

Durant le séjour de ces philippins à Genève, nous eûmes l'occasion avec quelques amis de manger à l'Ecole Hôtel de Genève. Là je fis part de l'intolérance de mon corps pour la plupart des vins et je le démontrai par l'utilisation du pendule. Un des participants dont les connaissances et la modestie font que j'ai pour lui la plus vive admiration, prit mon verre de vin et le magnétisa pour me le rendre quelques minutes après. Le pendule changea immédiatement de direction, ce qui m'incita à déguster ce vin, celui-ci n'était plus le même et chaque convive en fit la constatation. Le même soir mangeant chez Jacqueline Janeret avec ces mêmes philippins, je me levais pour prendre un verre d'eau au robinet et aussitôt l'un d'eux le prit et lui appliqua ses mains quelques minutes. Cela me permit de me désaltérer avec de l'eau de source et toute la tablée put à nouveau comparer les deux eaux pourtant de même provenance. Test facile car l'une d'elles était fortement javellisée.

Je me rappelle un de mes premiers clients atteint d'un cancer du testicule et dont on voulait irradier toutes les chaînes ganglionnaires; il refusa et suivit mon traitement.. et très peu de temps. Car ce patient possèdait une force de caractère remarquable et prit sa destinée entre ses mains.

Il va très bien et soigne désormais de nombreux malades car il possède de plus, un don. Il me racontait sans cesse qu'il magnétisait tous ses aliments et boissons avant de les ingérer; je n'y avais pas pris garde jusqu'alors; chacun peut donc revitaliser ses aliments pauvres en énergie, ce qui permettait de nous donner un grand espoir pour faire la transition entre les aliments pauvres en énergie avec les aliments biologiques que nous attendons tous sur notre table.

PRODUIT NAESSENS.

La découverte des énergies

Les relations que je me faisais au CIRB me permettaient de rencontrer d'autres personnages et je fis la connaissance, sous le toit d'un haut personnage, de Mr Gaston Naessens, homme très grand au crâne dégarni et qui donnait véritablement l'allure d'un chercheur. Il avait, paraît-il, mis au point un produit contre le cancer et quelques uns d'entre nous étions venus l'écouter dans une réunion strictement privée. Il était l'inventeur d'un microscope à ses dires extraordinaire qui lui permettait de voir le mécanisme de la formation des cellules cancéreuses, le procédé qu'il avait mis au point, l'autorisait à ne pas fixer la lame de sang qu'il examinait et cela lui permettait de filmer la vie. Nous vîmes ce document et je dois avouer que cela était étonnant; il nous décrivit le cycle de formation des cellules anormales et au cours de celui-ci certaines formes secrètaient un élément qui bloquait le système de défense, ce qui permettait aux cellules cancéreuses de se nourrir au détriment de l'organisme. Il individualisa cet élément et mit au point un antidote qui permettait de libérer le système de défense.

Tout cela tenait bien debout mais je restais sur mes gardes ayant la conviction que le cancer était une maladie de l'homme total et n'étant plus à la recherche du produit miracle, j'essayais de le lui expliquer et il me répondit fort justement que le malade était bien heureux d'être soulagé et de voir son état s'améliorer dans un premier temps ce qui lui permettait alors de retrouver la sérénité afin de trouver la grande cause de son mal. Nous posions beaucoup de questions et il nous laissait un peu dans le vague, se retranchant derrière la réponse suivante :
" Il faut venir voir, venir travailler une semaine avec moi... "

Il habitait au Canada. Immédiatement le haut personnage qui nous recevait nous offrit la possibilité de nous y rendre. Un ami médecin et moi-même partions trois mois après pour découvrir son chalet au Canada au bord d'une petite rivière dans un endroit peuplé de sapins. Nous passâmes une semaine avec lui et sa femme et je dois dire que ce fut d'une grande simplicité et une amitié se créa entre nous. Mr et Mme Naessens étaient des gens charmants, enthousiastes et surtout travailleurs. Ils avaient installé dans leur sous-sol un laboratoire et les installations nous étonnèrent; en plus de son génie inventif c'était un bricoleur né et il nous montra tout ce que ses mains lui avaient permis de fabriquer, en particulier son microscope. Il nous mit au courant de toutes ses découvertes et nous confia son grand regret, sa grande déception, et son amertume, d'être totalement ignoré du monde scientifique et médical et même critiqué puisqu'il avait dû fuir la France quelques années auparavant. Ses travaux nous rendîmes perplexes, et nous ne fûmes pas les seuls puisqu'un grand nombre de personnalités du monde scientifique et médical étaient déjà venus lui rendre visite et avaient laissé leur signature sur son livre d'or.

Nous eûmes l'intime conviction et le sentiment qu'il fallait essayer ce produit, seulement voilà, celui-ci est interdit et bien que dans les hôpitaux de France, de Suisse et de Navarre, tous les jours des cancéreux croyant être traités recoivent du sucre en pilule, nous ne pouvons, nous médecins de l'homme total essayer un produit que les malades pourtant désireraient. Peut-être est-il bon de se remémorer ce que le Pr Israël avait dit dans son livre " Cancer d'aujourd'hui " :

" Pour que nous progressions, il faut avant tout la capacité de renoncer à des opinions préconçues au profit de visions plus objectives. "

L'INTRAPSYCHIE.

J'ai eu également l'honneur de rencontrer Mr Jausas, écrivain et iridologue, dont la renommée n'est plus à faire; il m'entretint de sa nouvelle méthode de guérir, l'intrapsychie*, et pour vous expliquer brièvement cette méthode je le citerai :

" Notre psychisme baigne avec tous les autres dans les mondes invisibles où tout a son double : les humains, les animaux, les plantes, toute création matérielle ou non. Aucune pensée émise n'est détruite et se trouve active dans l'astral : la voyance, la télésthésie, la prénomition, la psychométrie, ou d'autres moyens d'investigation le confirment. Nous sommes un microcosme, réplique du macrocosme, qui renferme tout; ce qui est en bas est comme ce qui est en haut, et ce qui est en haut comme ce qui est en bas, a dit Hermes Trismégiste; tout est dans tout, tout donc est en nous...

Dans l'invisible, il n'y a pas de cloisons, rien n'est à nous, le cloisonnement n'existe que dans le monde de la matière. Notre psychisme baigne dans un monde sans séparation, c'est pourquoi il peut tout appréhender; le cerveau fonctionne dans un domaine accessible à tout, on peut garder son argent pour soi, pas ses pensées. Toute la physiologie de notre corps a sa réplique exacte dans l'invisible : son double astral; certaines personnes voient le corps éthérique, les auras humaines et celles des objets. Tout cela est bien réel, et n'est pas une vue de l'esprit.

Ce que nos yeux voient, n'est que la réplique matérielle de ce qui existe réellement dans l'invisible, c'est la manifestation visible de la réalité, qui, elle, n'est pas de ce monde. L'enseignement ésotérique qu'il soit oriental ou occidental le révèle. Il suffit de se mettre dans un état un peu spécial pour que nous soyons en relation avec ce monde de l'immatériel qui contient tout, donc toutes réponses aux questions que nous pouvons nous poser : le nom d'une chose, d'une plante, d'un animal évoque cette chose, cette plante, cet animal, cet homme; le nom contient tout ce qu'il représente; c'est peut-être la raison pour laquelle les moines du Tibet ne donnent jamais le leur par crainte que des ennemis n'agissent sur eux. Puis, changer de nom, c'est abandonner sa personnalité, sortir de soi-même pour devenir quelqu'un d'autre dans une vie différente (les religieux). Dans nos recherches intrapsychiques le nom remplace souvent la chose qu'il représente et qui peut même être subjectif. Lorsqu'on a conscience de ce qui précède, on peut avoir le désir de développer certains de nos sens <u>pour utiliser les énormes possibilités latentes qui dorment en nous; si le chercheur opère dans un but désintéressé, si sa concentration est correcte, il pourra recevoir des renseignements qui lui paraîtront surnaturels. De plus il recevra des éclairs d'intuition qui l'étonneront lui-même</u>. Pour parvenir à la perception extra-sensorielle, il faut déconnecter, se mettre en relaxation; c'est changer le rythme de nos pensées. Normalement nous sommes en état de vigilance, d'attention et de concentration tourné vers l'extérieur, notre cerveau fonctionne en rythme beta. Il nous faut débrayer, nous relaxer pour nous mettre en état d'intériorisation de conscience; le rythme cérébral diminue peut-être vers dix cycles secondes, c'est le rythme alpha.

L'intrapsychie est donc une technique de recherche utilisant nos facultés paranormales; c'est une méthode de psychoconnaissance et une clé qui ouvre toutes les serrures. "

La découverte des énergies

Je rencontrais au sein de ce groupe, des acupuncteurs, des homéopathes, des philosophes, des allopathes, des guérisseurs et j'apprenais à connaître les différentes médecines pratiquées en Orient et en particulier la médecine ayurvédique.

L'énergie échangée dans ces réunions se transformait en une solide amitié entre les participants et cela me permettait de repartir "gonflé" pour affronter mes problèmes journaliers de clientèle. Un lien particulier allait m'unir avec le Dr Itin et sa femme Magda et ils me permirent de m'intégrer dans un groupe très empreint de la philosophie de Sri Aurobindo, penseur indien et de sa compagne nommée Mère dont les travaux sur la conscience de la cellule ont fait le tour du monde et sont confirmés mois après mois, année après année, par les scientifiques : **la plus petite cellule de notre corps et de tout être vivant a une conscience.**

Tout ceci allait très vite, et plus j'avançais dans mes connaissances, plus de portes s'ouvraient et plus je me sentais petit et ignorant face à tout ce monde invisible des énergies. **L'ignorance fait parler les hommes. La connaissance les fait se taire.**

Malgré mon changement d'alimentation, et mes exercices quotidiens pour devenir positif, je ressentais une fatigue psychique de plus en plus intense et je rêvais d'une année sabbatique pour digérer tout cet acquis et en tirer les applications pratiques face à ma clientèle. Malheureusement la roue tourne et nous oblige à garder les pieds ancrés à la terre, pris dans un engrenage insupportable, véritable souricière avec ses charges salariales, ses caisses d'assurance et de retraite, ses taxes professionnelles, ses remboursements d'emprunts et l'exigence des malades qui, au pied du mur, désirent être immédiatement soignés. Il me fallait continuer... ce n'était quand même pas le bagne et j'avais de nombreuses satisfactions dans ma pratique d'homéopathe. Les cancéreux devenaient de plus en plus nombreux et j'étais assailli par une véritable cour des miracles; des hommes et des femmes ne ressemblant plus à des hommes ou à des femmes, chimiothérapiés, radiothérapiés et amputés chirurgicalement, venaient me demander de l'aide; leurs cas s'aggravaient et tout avait déjà été tenté. Les cancéreux qui n'avaient pas encore été traités étaient chose rare car il existe dans ce domaine le phénomène panique et nous devions nous occuper principalement de ces déséspérés.

J'étais débordé et je ne voulais surtout pas me consacrer uniquement à ce problème loin de là, la prévention étant la seule solution à mes yeux. J'opérais donc une sélection sur des critères plus ou moins douteux avec ma femme et ma secrétaire. Il était de plus en plus difficile de surveiller ces malades et je me sentais dépassé par les évènements. Le destin faisant toujours bien les choses, je reçus un jour en consultation la jeune fille qui travaillait avec le guérisseur ami dont j'ai parlé plus haut; elle était fatiguée, découragée, et songeait à reprendre son ancien travail administratif. Je la traitais et lui demandais de bien réfléchir et d'attendre que le traitement ait fait effet avant de prendre une décision. Je la revis trois mois après, sa décision était prise : elle arrêtait son travail avec le guérisseur... Je compris qu'il y avait dans son choix beaucoup de regrets et que la cause devait être un problème de relations humaines; étant persuadé que j'allais ouvrir le petit centre dont j'ai parlé plus haut, je l'engageai.

LA VISUALISATION

Il faut d'abord que je vous parle des travaux du Dr Simonthon* qui ont fait le tour du monde et dont le public a eu connaissance par le livre qu'il a écrit : "Guérir envers et contre tout". Il s'était aperçu que les personnes, qui avaient la rage de vivre et un sens à leur vie vivaient beaucoup plus longtemps. Avec sa femme, psychothérapeute, ils ont ensuite saisi toute l'importance de l'imagination, de la pensée et ont donc appris aux malades à imaginer l'intérieur de leur corps et à envoyer des ordres; ainsi tel malade imagine ses globules blancs attaquer les mauvaises cellules, tel autre voit son foie fournir un travail important. Cette technique s'appelle de l'imagerie mentale et les résultats furent assez probants pour que le Dr Simonthon en fît état publiquement.

La jeune femme que je venais d'engager devait m'aider à appliquer cette méthode et j'espèrais ainsi stimuler les malades dans leur lutte et leur faire prendre conscience du trésor qu'ils possèdent. Nous ignorons en effet le pouvoir de notre pensée et de notre concentration.

Regardez l'index de votre main, regardez-le bien et donnez-lui l'ordre de se fléchir... Incroyable, il le fait. Donnez-lui l'ordre

La découverte des énergies

maintenant de se relever... Y arrive-t-il ? Oui ! Incroyable ! Cela paraît tout bête et pourtant, nous ne réalisons pas l'importance d'un acte comme celui-là, c'est devenu une routine, un geste machinal. Pourquoi donc faut-il attendre l'épreuve pour se servir de notre cerveau afin de donner des ordres à nos organes et à nos cellules ? La seule chose qui nous en empêche, c'est encore notre mental... D'abord parce que l'on croit en toute conscience que cela n'est pas possible (la faculté, les gens diplômés, ne nous l'ont pas dit) et puis si on essaie de s'isoler pour essayer de penser à quelque chose de précis, il ne se passe pas cinq secondes avant que mille pensées nous traversent l'esprit (Que vais-je faire à dîner ce soir ? Les enfants ont-ils pris leur bain ? Ai-je fermé la voiture ?) Il faut donc régulièrement s'isoler dans une pièce où l'on se sent bien, se mettre dans la position la plus confortable et essayer de ne plus penser; faire le vide complet et chaque fois qu'une pensée se hasardera, il faudra la chasser. De nombreuses techniques de relaxation sont diffusées largement dans le public. Il faut les utiliser en sélectionnant celle qui vous convient le mieux; vous avez appris à lire, à écrire, il vous faut maintenant **apprendre à ne plus penser** et cela est chose faisable. Revenez sans cesse à l'ouvrage et petit à petit vous sentirez un bien-être étonnant. L'énergie que vous gaspillez par mille et une pensées, vous allez la conserver et vous allez la maîtriser et lui ordonner d'aller aider le corps physique. Voilà donc le premier travail : se relaxer, et mettre en repos son esprit. Par la suite, suivant les travaux du Dr Simonthon, il faut imaginer; alors voyez votre main, votre squelette, vos globules blancs, votre tumeur et quand vous serez bien familiarisés avec tout ce joli monde, envoyez alors vos ordres et vous y verrez la satisfaction que vous en tirerez.

Tout ce monde des énergies nous fait rêver et semble nous donner des ailes; pourtant et je vous le répète, j'étais de plus en plus fatigué moralement et mon corps physique souffrait de maux par ci, par là. J'avoue que je le comprenais mal, vivant et appliquant les conseils que je donnais aux malades; les amis à qui je demandais conseil, trouvaient l'explication dans mon travail m'affirmant que les malades chargés d'énergies négatives me vampirisaient et qu'il fallait me protéger; certains guérisseurs me donnaient des conseils et j'essayais de les utiliser.

La découverte des énergies

Malgré tout, je m'apercevais que je devenais irritable, anxieux et que je commençais à perdre confiance... Je perdais mon enthousiasme et j'établissais une barrière avec les malades... C'était eux ou moi. Je constatais parallèlement que j'avais de plus en plus d'échecs et nous étions confrontés à la mort régulièrement. Ma femme essayait de me réconforter en m'affirmant que les malades qui consultaient, étaient déjà bien atteints et elle me rappelait tous ceux de la première heure, du premier combat, encore en vie et bien en vie. Je ne m'expliquais pas pourquoi justement, ceux de mes débuts à qui je n'avais fait que les Solutés Vernes étaient en pleine santé et que les autres ayant bénéficié du même traitement et qui en plus avaient changé d'alimentation, de rythme de vie, d'état d'esprit et fait maintes relaxations ou imageries mentales ne s'en sortaient pas. C'était pour moi une énigme et heureusement j'eus un élément de réponse avec un malade qui devint mon ami.

Je pense ici à un homme d'une quarantaine d'années, marié et père de trois enfants, venu me voir sur le conseil d'un dermatologue. L'homme refusait toute opération sur une petite tumeur siégeant sur le pied droit. Cette tumeur était maligne et les statistiques officielles n'étaient pas réjouissantes, ce qui conduit ce spécialiste à me l'envoyer m'assurant qu'il était tout disposé à suivre d'un oeil favorable cette expérience. L'homme était décidé à tout faire sauf la chirurgie et les méthodes officielles. Notre premier contact fut très bon et de ce jour, une amitié nous a réunis... J'allais participer à son combat. Il devint instinctothérapeute, et alla faire un stage chez mon ami Besuchet à Yverdon.

Il changea ses habitudes, alla courir dans la rosée du matin, apprit à respirer et à se relaxer, il fit de l'imagerie mentale et je lui donnai les métaux Vernes accompagnés d'un traitement de soutien. Devant sa détermination j'étais optimiste, surtout que sa tumeur avait l'air de se décoller, de s'isoler du reste de la peau dans les premiers mois, on avait l'impression qu'elle voulait tomber. Ses tests de Vernes pourtant me montraient une fragilité hépatique et un système de défense constamment faible. Je m'aperçus vite que malgré un sourire bon enfant, une angoisse était au plus profond de lui-même. Il était agité, pressé, nerveux, méthodique et méticuleux. C'était le cadre modèle qui en vingt ans n'avait jamais manqué une journée et qui parti de rien était devenu responsable technique d'une importante usine.

Sa famille l'entoura énormément et événement rare, femme et enfants se mirent tous à l'alimentation crue. Nous avions déjà deux pieds sur trois, alimentation et rythme de vie. Il restait le mental; je lui demandais d'aller faire un stage et, méticuleux comme il l'était, il alla avertir la Sécurité Sociale qu'il partait pour sa santé en Suisse, au cas où il y aurait un contrôle. La réponse fut immédiate : si vous partez à l'étranger, vous perdez tous vos droits et vous aurez probablement un contrôle.

Je le vis dans mon cabinet méconnaissable, le teint jaune, les traits tirés, les joues creuses, les sourcils froncés et le regard noir... C'était la déconfiture la plus complète. Je téléphonais donc immédiatement aux organismes en question et après avoir exposé le problème je demandais à ce qu'il n'y eût point de contrôle. Il était d'une vulnérabilité sans limite et il continuait à travailler la relaxation. Les courbes ne se modifiaient pas et son état clinique s'aggrava par un ganglion inguinal, celui-ci étant apparu alors qu'il s'apprêtait à reprendre le travail. Il prit alors la décision qui s'imposait au prix de multiples négociations avec moi.

De ce jour, il se mit à étudier toutes les méthodes alimentaires, assista à des conférences et modifia son régime instinctif. Je le laissais faire sachant que la nourriture n'était pas la cause première de son état et qu'il fallait porter tous nos efforts sur le mental. Il s'améliorait de jour en jour, en tout cas apparemment, et me demandait d'arrêter les Solutés Vernes. Je fus d'accord à la condition de le faire progressivement. Je le laissais donc prendre en charge son destin... Un samedi, il vint me voir à la fin des consultations et me dit textuellement :

" Bernard, je pédale dans la choucroute. "

Et il se mit à pleurer. Nous avons passé plusieurs heures à parler et je compris l'angoisse qui le rongeait. Il revint me voir le samedi suivant et nous nous sommes mis à discuter de la mort et des théories qui s'y rapportent. Son état s'aggravait, il s'en rendait compte et finit par mourir.

J'ai aidé plusieurs malades à mourir, ce n'est pas chose facile et l'on ne peut plus raconter de sornettes, le paradis ou autres figurines. J'avais choisi de toujours dire la vérité aux malades et s'ils se réjouissaient des progrès, je devais leur expliquer le pourquoi de leur aggravation et quand celle-ci atteignait le stade de l'irréversible, il me fallait parler de la mort. J'en parlais donc et je pense avoir aidé à bien mourir quelques-uns de ces malades. La faculté ne m'avait pourtant pas préparé à répondre aux questions essentielles de ces gens qui se trouvent au pied du mur.

Le décès de mon ami malade fut l'étincelle qui allait me faire changer la façon de procéder. Il ne fallait pas parler de la mort aux derniers instants mais au contraire aborder ce sujet dès la première consultation car parler de la mort c'est parler de la vie et par là du sens de la vie. Je me rappelais que fréquemment nous recevions en consultation des gens souffrant d'appréhension, de trac; la moindre épreuve les paralysait et leur faisait perdre tous leurs moyens. Les étudiants connaissent bien ce trac paralysant, ce fameux trou. La personne à qui on découvre un cancer n'a plus trente-six solutions et elle le sait. Deux chemins lui sont offerts dont l'un conduit inexorablement à la déchéance du corps physique. Consciemment ou inconsciemment la peur est donc au rendez-vous et la peur paralyse. Je pensais donc que bon nombre de malades se jetaient à corps perdu soit dans la médecine officielle, soit dans la parallèle et jetaient tous leurs espoirs et leurs forces dans des attitudes superficielles voulant ignorer à tout prix la vérité. Ne voit-on pas déjà nombre de cancéreux refuser l'évidence d'un diagnostic et subissant des thérapeutiques agressives nous affirmer qu'ils sont atteints d'une maladie virale, le mental prenant ainsi toute la place de la soi-disante conscience ?

Nous sommes tous différents les uns des autres : une hérédité, une constitution, un mental, un mode de vie qui ne ressemblent à ceux d'aucun autre individu et nous avons tous un point commun : nous allons mourir un jour. La mort est donc le phénomène le plus important de la vie de l'homme et pourtant personne n'en parle; elle est passée sous silence et lorsqu'elle s'installe dans une famille, c'est la consternation, les larmoiements, presque la fin du monde.

La mort fait peur et encore une fois l'homme pratique la politique de l'autruche en n'y pensant point... ou en choisissant la foi aveugle : il n'a pas peur, dit-il, il sait qu'il y a le paradis. Combien de fois ai-je eu au téléphone, les enfants d'un homme de cinquante ans me demandant de prendre en charge leur père en lui cachant la vérité; ces enfants ont-ils réalisé que celui-ci leur avait donné la vie et que cette vie lui en avait fait voir de toutes sortes durant ces cinquante années, qu'il avait dû prendre des responsabilités dans tous les domaines; et un jour, ses enfants décident de l'infantiliser et de se charger de ses problèmes.

Personne n'a le droit de voler la vie et la mort d'un autre individu, nous sommes tous en face de notre destin, de nos responsabilités.

Cette attitude, vous allez le comprendre, est une méconnaissance totale des lois de la vie. Il fallait donc démystifier la mort et en donner une explication satisfaisante; si cela était possible, la peur inconsciente disparaîtrait et les voies de défense ne seraient plus paralysées. Rappelez-vous la métaphore sur le feu dans la salle de cinéma; je disais que si les portes de sortie étaient bien huilées, que si la salle était en bon état, tout le monde s'en sortait... Sauf dans un cas, celui où le responsable du projecteur, celui qui est situé dans la loge au-dessus se met à paniquer et ne trouve pas le moyen de réaliser l'ouverture automatique des portes.

Si donc dans l'homme le niveau énergétique le plus élaboré panique, les portes de sortie et les organismes de défense ne pourront bouger. Que l'homme change son alimentation, que l'homme change son rythme de vie, que l'homme change son mental, s'il n'aborde pas le problème de la mort et donc du sens de la vie, ce sera l'échec à plus ou moins longue échéance. J'en prenais conscience et je décidais de changer ma façon de travailler. Grâce à mes amis, empreints de philosophie orientale, je m'initiai au problème et je m'instruisais à travers l'immense littérature traitant des théories de la réincarnation. Mais avant d'aborder ce problème, il nous faut connaître notre cerveau, et si dès le début du livre j'affirmais que l'on s'était trompé de langage en ce qui concerne notre corps physique, vous allez voir que l'on se trompe également sur ce que l'on appelle notre conscience.

CHAPITRE IX

LA CONSCIENCE

> Notre conscience est un juge infaillible quand nous ne l'avons pas encore assassinée.
> Balzac

J'avais compris, comme je vous l'ai dit précedemment, que l'on se trompait de langage avec notre corps physique; que nous ne le comprenions pas et que ce n'était pas un assemblage quelconque de pièces métalliques mais bien quelque chose qui vit, qui bouge, doué d'une grande intelligence. Je commençais à comprendre que nous nous trompions également d'interprétation quant au langage de notre cerveau. Qui d'entre nous, en effet, pouvait garder son flegme quand on lui parlait de conscience, de subconscience, d'inconscience, de mental, d'état psychique, de personnalité ou d'égo ? La question était donc là :
- Notre conscience est-elle inconsciente ?
- Ou notre inconscience est-elle consciente ?
- Et ,en d'autres termes sommes-nous des gens conscients ?

Avant d'aller plus loin et d'essayer de traduire en termes clairs tout ce jargon j'aimerais tout d'abord vous sensibiliser à la notion de structure énergétique de l'homme.

A/ Les corps énergétiques de l'homme et leurs rapports avec les règnes vivants :

Le corps humain peut être comparé à une lampe de poche et comme elle, il lui faut des piles pour remplir sa mission; l'extérieur, la carapace peut être irréprochable, en bon état, mais s'il n'y a pas d'énergie, il n'y aura pas de vie. Le jour où l'énergie vitale quitte le corps, c'est la mort; celle-ci se subdivise en un réseau très complexe qui est même bien plus complexe que complexe... et j'aimerais tout de suite me faire pardonner auprès des maîtres en la matière pour les raccourcis et les schématisations quelques peu grossières qu'il est pourtant nécessaire de faire afin de faciliter la plus large compréhension possible.

J'utiliserai la classification des corps énergétiques de l'homme faite par les anthroposophes, ce qui nous permettra de faire une fois de plus une étude comparée au sein de la nature. Il existe quatre grands règnes :

1° <u>Le règne minéral.</u>

Représenté par la pierre, corps physique fait d'un enchevêtrement d'atomes, de carbone, d'hydrogène, d'oxygène et d'azote; une force invisible permet à tous ces éléments d'avoir une certaine configuration dans l'espace ce qui donne la forme; et si cette première énergie n'existait pas la pierre ne ressemblerait pas à une pierre.

L'homme possède ce corps physique et donc ce premier niveau énergétique.

2° <u>Le règne végétal.</u>

Au-dessus de la pierre il existe la plante; organisme vivant beaucoup plus sophistiqué, elle possède un corps physique que l'on peut dessiner mais elle est animée d'une énergie qui lui permet de croître, de se reproduire, de s'embellir; voilà donc une seconde énergie un peu plus subtile, un peu plus complexe. L'homme possède un corps physique où une première force invisible maintient la cohésion des cellules et comme la plante il vibre sous l'impulsion d'une deuxième force qui permet à ses cellules de se reproduire, aux échanges métaboliques de se faire, aux plaies de cicatriser. Cette force s'appelle le corps éthérique.

3° <u>Le règne animal.</u>

Encore plus élaboré puisqu'en plus des deux premiers corps énergétiques, il est animé par ce que l'on appelle le corps astral, qu'on peut définir par les émotions, les passions, les sentiments. Le chien aime son maître, éprouve de la haine pour le facteur ou de la jalousie pour son homologue.

L'homme possède cette troisième énergie qui nous fait vibrer d'on on ne sait où, lorsqu'on aime.

4° <u>Le règne humain.</u>

L'homme, espèce vivante théoriquement la plus élaborée est privilégiée car la voilà dotée d'un quatrième niveau énergétique : le Moi, qui devrait lui permettre de comprendre, d'analyser et de se situer.

Ainsi, l'homme pense et pour penser, il utilise l'énergie la plus

La conscience

subtile : le Moi ou le Conscient.

Ainsi, l'homme sent et pour ressentir, il utilise le corps astral.

Ainsi, l'homme vit et pour vivre, il utilise le corps éthérique.

Ainsi, l'homme existe et pour exister, il utilise le corps physique.

REGNE HUMAIN   MOI

REGNE ANIMAL   CORPS ASTRAL

REGNE VEGETAL   CORPS ETHERIQUE

REGNE MINERAL   CORPS PHYSIQUE

Avant d'aller un peu plus loin, imprégnons-nous encore une fois des réflexions de quelques grands penseurs :

Max Jacob dans "Les conseils à un jeune poète" nous illustre la différence entre le corps astral et le conscient :
" La spontanéité est une qualité gentille, belle et charmante mais combien je lui préfère une pleine conscience et une lente réflexion. "

Rousseau dans "L'Emile" nous parle de cette conscience :
" Conscience, conscience, instinct divin, immortelle et céleste voix; guide assuré d'un être ignorant, et borné mais intelligent et libre; juge infaillible du bien et du mal qui rend l'homme semblable à Dieu, c'est toi qui fait l'excellence de sa nature et la moralité de ses actions : sans toi, je ne sens rien qui m'élève au-dessus des bêtes, que le triste privilège de m'égarer d'erreur en erreur allant d'un

entendement sans règle et d'une raison sans principe. "

Ce schéma des niveaux énergétiques nous permet de tirer quelques conclusions :

1° - Un premier sens à la vie est déjà possible.

L'homme qui est au sommet de la hiérarchie se doit de maîtriser les énergies sous-jacentes qu'il a en lui, et en particulier le corps astral qui correspond au règne animal; il lui faut donc comprendre ses passions, ses émotions et ainsi maîtriser la jalousie, l'orgueil, l'avarice, la gourmandise, l'intolérance, la vanité pour ne citer qu'eux. Chacun sait qu'une passion non contrôlée, non raisonnée, entraînera tôt ou tard la destruction du corps physique; ne dit-on pas que l'amour rend aveugle; une conscience baillonnée, étouffée permettra à une jalousie de s'hypertrophier ce qui perturbera les autres niveaux énergétiques tels que le corps éthérique, ce qui aboutira à une maladie du corps physique.

2° - Par la compréhension de cette pyramide des énergies où l'homme représente le niveau le plus élaboré, le plus conscient, on peut mettre en garde celui-ci devant ses responsabilités. L'homme est un tout associant les énergies du règne minéral, du règne végétal et du règne animal. Dominer veut dire aimer et aimer c'est comprendre :

Ainsi donc :

- en aimant et en comprenant le monde minéral, l'homme s'aimera.
- en aimant et en comprenant le monde végétal, l'homme s'aimera.
- en aimant et en comprenant le monde animal, l'homme s'aimera.

Les corps énergétiques de tous les règnes vivants faisant partie intégrante de l'homme, la disparition de l'un d'eux entraînera l'anéantissement de l'homme. Il nous faut aujourd'hui devenir, sous peine de disparition, les écologistes les plus performants.

Le règne animal meurt - que chacun aille se renseigner chez les paysans, chez les chasseurs ou les pêcheurs.

Le règne végétal meurt - aucun pays n'est exempté.

Le règne minéral meurt.

Et l'homme meurt

L'homme ne peut vivre sans l'animal, sans l'arbre, sans l'eau,

La conscience

sans la pierre... c'est une évidence des lois de l'énergie.
 3° - L'état de santé et de maladie peut être compris.
    Séparons les quatre corps que nous venons de voir en deux blocs :
 - un niveau supérieur associant le moi au corps astral (A).
 - un niveau inférieur associant le corps éthérique au corps physique (B).

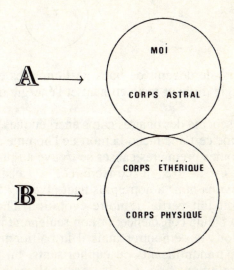

Si l'énergie du haut reste en haut et si l'énergie du bas reste en bas, nous aurons un équilibre énergétique que l'on nommera: " l'équilibre psycho-somatique ", ou en terme plus clair l'état de santé.
Ces deux compartiments énergétiques ne sont malheureusement pas, chez la plupart de nos contemporains, équilibrés et souvent l'énergie du haut (A) sera en bas pour subvenir aux besoins de (B). En effet, en maltraitant son corps physique par une mauvaise hygiène alimentaire, l'homme perturbe cet équilibre : un repas trop copieux demandera une telle dépense d'énergie que toutes les forces de l'organisme seront mobilisées et l'homme sera bien incapable d'avoir toute sa lucidité pour pénétrer son esprit de quelques connaissances. Inversement, tout le monde sait qu'après une contrariété ou un gros choc affectif, il sera impossible de manger quoi ce ce soit; l'énergie du bas ira ici à la rescousse du bloc A.

La conscience

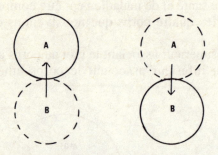

A nous donc de devenir de bons gestionnaires et de travailler pour que l'énergie du haut reste en haut et l'énergie du bas reste en bas.

4° - Par ce schéma des quatres corps énergétiques, nous pouvons comprendre d'une certaine façon la mort de l'homme :

- une des toutes premières causes se trouve au plus haut niveau énergétique c'est-à-dire la conscience, assassinée par son propriétaire. Vivons-nous à notre plus haut niveau ? La réponse est très complexe et fait partie de notre évolution; l'homme devrait vivre aidé de sa pleine conscience; or non seulement il ne la connaît pas et nous allons le démontrer mais il la baîllonne consommant neuroleptiques, tranquillisants ou euphorisants, lui permettant de s'abrutir littéralement, de se dépersonnaliser... Ce qui est dramatique pour son évolution...

- l'autre grande cause des souffrances de l'homme se trouve au bas de l'échelle énergétique, c'est-à-dire au niveau du corps physique. Grâce aux insecticides, aux pesticides, à la radioactivité, à la surmédicalisation, aux vaccinations intempestives, l'homme finit par avoir raison de lui-même... C'est paraît-il la rançon du progrès !

- troisième et quatrième cause : la destruction des règnes végétal et animal qui font partie intégrante de l'homme, rappelons-le.

Avant d'aborder la conscience du règne humain, il me semble nécessaire de m'arrêter quelques instants sur la conscience des autres règnes vivants.

La conscience

La conscience des règnes vivants.

Il ne faut surtout pas penser que seul l'homme est conscient; en effet, le moindre micro-organisme, la plus vulgaire des pierres ou la plus petite des cellules possède une conscience. Les expériences suivantes, colligées par le Docteur Thérèse Brosse dans son livre " La Conscience Energie " sont là pour nous le rappeler.

1° : " A propos de la conscience dans les métaux. "

" L'absence supposée de sensation dans la matière dite "inanimée" fut depuis longtemps démentie par les expériences de Sir Jagadis Schunder Bose, directeur de l'Institut de Calcutta qui porte son nom; enregistrées sur papiers photo sensibles, **les réactions des métaux à divers excitants montrent un parallélisme rigoureux avec les réactions des tissus animaux ou végétaux;** des agents chimiques stimulants ou déprimants agissent sur les métaux comme sur les plantes. **Cette unité de réaction dans les trois règnes indiquent bien qu'une même vie, qu'une même conscience est à l'heure à tous les niveaux de la manifestation.**

2° : La conscience dans le règne végétal.

Contrairement à ce que l'on pensait, la sensibilité de la plante est extrême. La moindre sollicitation provoque une réaction et, un traumatisme trop violent telle qu'une incision, entraîne d'importantes perturbations. Des chocs ou des toxiques, appliqués à doses progressives laissent apparaître des temps de récupération de plus en plus lents. Un enregistrement continu permet de noter, lorsque la mort va survenir, un spasme violent, ainsi que chez l'animal, bien que l'aspect de la plante ne change qu'un peu plus tard."

B / Le cerveau et la conscience de l'homme.

Vous connaissez le poste de radio : grâce à une antenne, il capte des informations qui arrivent sous forme de vibrations sur une certaine longueur d'onde au niveau d'un récepteur; ce message vibratoire sera décodé et transmis grâce à un émetteur. L'homme fonctionne un peu comme cela et l'on peut dire que son cerveau est un émetteur-récepteur.

Le récepteur s'appelle l'inconscient.

La conscience

L'émetteur se nomme le conscient.

Ainsi l'homme doit prendre conscience des informations qui arrivent dans son inconscient.

L'inconscient reçoit donc le message intégral et devient notre guide.

Le conscient, lui, devient l'exécutant des décodages.

Si cela en restait là, nous pourrions affirmer être des pantins, des marionnettes exécutant les ordres qui nous sont donnés par l'on ne sait qui; malheureusement ou heureusement cela ne se passe pas comme cela et deux obstacles s'y opposent.

1° Nous avons, par plusieurs mécanismes que nous allons étudier, brouillé notre décodeur, le message transmis sera tronqué, truqué, déformé.

2° Nous avons un libre arbitre c'est-à-dire la liberté totale de refuser ou d'accepter un conseil qui nous est envoyé et ainsi selon l'expression : "Nous avons bonne ou mauvaise conscience." En réalité, avoir mauvaise conscience n'est pas trop grave car l'homme finira par retrouver le bon chemin étant soumis aux lois du monde énergétique. Le plus grave c'est celui qui ne prend pas conscience et le drame vient ici d'une méconnaissance totale de l'être humain, du monde des énergies et par la même du sens de la vie.

Si l'on admet donc que le récepteur fonctionne, il faut savoir que nous avons laissé s'installer d'énormes couvertures sur le décodeur; ce qui bien entendu couvre la liaison et dénature le propos et le message en les parasitant.

Quatre grosses couvertures existent :

1° <u>La première est le subconscient</u>, ce qui veut bien dire ce que cela veut dire : sur la conscience. Somme d'un acquis pendant l'enfance et l'adolescence, périodes pendant lesquelles l'homme se laisse facilement imprégner d'idées toutes faites.

Si l'on vous a répété toute votre enfance :

" C'est pas beau de regarder les filles, c'est pas beau de regarder les filles, c'est pas beau de regarder les filles. "

A l'âge de regarder les filles, vous éprouverez une certaine gêne à les rencontrer. Si durant toute votre enfance, on vous a vacciné régulièrement et que tous les maîtres et institutrices vous aient répété ainsi que les infirmières et les médecins tous les bienfaits des vaccinations, il est difficile à l'âge adulte de remettre en doute ces vaccinations. Les enfants voyant les dessins animés publicitaires montrant tous les avantages du fromage et des produits laitiers ainsi que des sucres auront beaucoup de mal, à l'âge adulte, à remettre en question ces produits pour sauvegarder leur santé.

Dans un autre ordre d'idées, une émotion, une frustration, une peur laisseront également une cicatrice dans ce subconscient; ainsi envoyer de force un enfant à la cave, éteindre la lumière et provoquer une peur par je ne sais quel subterfuge, expliquera bien des réactions à l'âge adulte, comme par exemple la claustrophobie ou la peur du noir. Nous sommes donc conditionnés, tel le chien de Pavlov aux coups de sonnette et pensant être conscient, nous agissons en fait en véritables aveugles en fonction des cicatrices plus ou moins importantes de notre enfance et de notre adolescence. C'est ici tout le rôle joué par les théories de la justice, de la politique, de l'école, de l'armée, de la religion, des modes et des grands principes de l'éducation; les études prolongées, le bachotage, la course aux diplômes peuvent favoriser d'importantes cicatrices et c'est pour cela qu'Arthur Vernes aimait à répéter :

" Qu'il est rare qu'il y ait à la fois diplôme et intelligence. "

Cela existe mais ce n'est pas obligatoire.

Les psychiatres, avec leurs malades, s'aventurent dans cette jungle à la recherche de la ou des causes qui pourraient conditionner telle ou telle attitude.

Connaissant cette première couverture qui étouffe le message reçu, nous pouvons déjà mettre en doute l'individu qui affirme prendre une décision en "toute conscience".

Faut-il partir en guerre contre ce subconscient ? Non, car selon la loi de la dualité, si les cicatrices ont un petit goût de négatif, à nous d'en tirer le positif et il existe, c'est cela prendre conscience. Celui qui prend prétexte de ses souffrances pour rester négatif et émettre des ondes négatives sur le réseau sera inconscient et nous verrons qu'il n'aura rien à y gagner.

2° <u>Le corps physique</u> : en pratiquant des examens biologiques poussés qui nous permettent d'apprécier l'état de santé du corps physique, nous nous apercevons que chaque fois que l'on constate un pancréas déficient le malade est inquiet, anxieux et se fait une montagne d'un rien, s'inquiétant dès que le conjoint a cinq minutes de retard et devenant cancérophobe. Chaque fois que le foie est déficient le caractère devient emporté, irritable, taciturne, le sujet perdant confiance en lui avec la crainte d'entreprendre. Les expérimentations homéopathiques nous le confirment : chaque produit possède son profil physique et son profil psychique; connaissant les signes physiques d'un individu nous pouvons grâce à l'étude toxicologique du remède homéopathique connaître son psychisme et inversement. Il suffit de faire subir un régime au sujet, de soulager son foie ou son pancréas avec des extraits de plantes ou autres thérapeutiques douces et le psychisme changera totalement. L'anxiété, l'angoisse, le manque de confiance s'effaceront et le sujet redeviendra entreprenant, heureux et voyant le vie du bon côté. Nous sommes donc responsables de notre façon de voir la vie et je rappellerai une fois de plus le dicton : " Corps sain, esprit sain. " Nous étouffons donc notre décodeur par notre façon de vivre. Prendre conscience c'est se rendre compte de la haute conscience de nos cellules qui, malgré nos erreurs répétées, trouvent leur équilibre dans le déséquilibre afin de remplir la mission qui leur a été confiée c'est-à-dire vivre.

Ce corps peut être dégradé de deux façons :
- soit acquise par notre mode de vie, notre alimentation
- soit héréditaire, innée; ce qui explique les phrases dans le genre : "Oh, moi j'ai toujours été anxieuse comme mon père."

Parents, réfléchissons ensemble et rappelons-nous la phrase :
" Quand les parents boivent, les enfants trinquent. "

Ceci est une métaphore et l'on pourrait dire quand les parents fument, quand les parents gloutonnent, quand les parents tirent sur la ficelle, les enfants trinquent. Nous comprendrons dans la suite de cet ouvrage, en parlant du sens de la vie, que le plus grand héritage à laisser à nos enfants n'est pas l'appartement sur la Côte d'Azur ou le lingot d'or sous le matelas mais le capital énergétique légué de famille en famille; si celui-ci fait défaut, la conscience de l'homme ne sera plus capable d'analyser le message reçu. Ne disons donc plus : " <u>Moi</u> je mange bien, je bois, je fume et je suis en bonne santé malgré mon âge"... Pensons à nos enfants.

Avec cette deuxième couverture, nous comprenons que nous pouvons encore mettre en doute l'individu qui affirme signer un contrat en "toute conscience".

3° <u>Le corps astral</u> : le troisième élément, après les couvertures du subconscient et du corps physique, qui vient étouffer notre décodeur, c'est le corps astral dont nous avons parlé; c'est l'émotionnel, le passionnel, c'est-à-dire la jalousie, l'orgueil, la gourmandise et toute la suite que je vous laisse imaginer. Il est aisé de comprendre combien une jalousie peut aveugler une conscience, combien une avarice peut la baîllonner ! Pas besoin de faire un dessin. Il faut donc prendre conscience de notre orgueil, de notre jalousie, et de notre avarice; prendre conscience ne veut pas dire s'accuser de tous les péchés du monde mais prendre conscience veut dire comprendre, analyser et, toujours selon la loi de la dualité, votre orgueil, votre jalousie ou votre avarice aura son côté négatif comme son côté positif; ne vivez donc pas du côté négatif : l'égoïsme est en réalité de l'altruisme rentré.

Avec cette troisième couverture, nous pouvons douter de la pleine conscience de cet homme connu pour sa jalousie.

4° <u>Le mental</u> : une quatrième couverture vient perturber la transmission : c'est le mental - terme très employé et souvent mal compris. Une énergie est dans l'homme qui le pousse à bouger, à s'activer, à aller de l'avant, variable suivant les individus; celle-ci agit de même sur les structures du cerveau et l'on peut dire que tel homme : " a une activité mentale incessante". Le mental serait donc l'activité énergétique qui permet la synthèse de toutes les données :
    - intérieures (subconscient, astral, corps physique)
    - et extérieures (informations, environnement, journaux, radio, commérages).

Cette activité peut être importante et l'on comprendra que si les images, les informations, les acquis se bousculent, ce ne sera pas profitable à une sage réflexion ou une sage interprétation. Il faut savoir mettre de l'ordre dans toutes les informations et il faudra maîtriser son activité mentale, ainsi l'exécution du message ne risquera pas d'être plus ou moins douteux (nous voyons ici le danger d'un rythme de vie trépidant nous obligeant à prendre des décisions rapides et du danger des informations que nous transmettent les mass médias quotidiennement). Le Docteur Thérèse Brosse compare ce mental à une roue de vélo qui tourne; plus elle tourne, plus il est impossible de passer la main pour aller chercher le message qui est

La conscience

derrière; si elle se ralentit voire s'arrête quelques instants il est fort aisé de passer la main à travers les rayons et de prendre le veritable message qui s'y trouve.

Il faut donc prendre conscience une fois de plus de ce phénomène qu'est le mental et savoir nous en protéger. Pour cela, il existe de nombreuses méthodes et techniques de relaxation largement diffusées.

La synthèse de tous ces éléments (subconscient, astral, corps physique, mental) donnera ce que l'on appelle à l'homme un état psychique particulier, une personnalité, un ego et la question est posée : faut-il avoir une personnalité ?

En résumé et pour être plus pratique, comment bien faire fonctionner notre émetteur-récepteur et vivre au plus près d'une vraie conscience ?

1 - <u>Prendre conscience que nous sommes totalement des inconscients.</u>
Qu'est-ce que cela veut dire "être conscient" à l'heure actuelle ? S'arrêter aux feux rouges, ne pas se promener tout nu dans la rue, répéter bêtement ce que l'on a appris... ? Il faut prendre conscience que l'on peut effectivement émettre un doute lorsqu'un homme dit : " C'est en toute conscience que j'ai pris cette décision. " Il faut pouvoir se remettre en question tous les jours et sur n'importe quel problème... Rien n'est figé, tout bouge et ce qui était vrai hier est peut-être faux aujourd'hui.

2 - <u>Calmer la roue du mental;</u> le rythme de vie étant assoupli, les méthodes de relaxation et de méditation seront d'un grand secours.

3 - Il faudra prendre conscience ensuite qu'il existe quatre grosses couvertures :
a) le subconscient.
b) le corps astral.
c) le corps physique.
d) le corps mental.
Et aller à leur rencontre avec volonté et sincérité.

4 - <u>Prendre conscience</u> que les messages qui nous arrivent viennent d'autres hommes; ceux-ci possèdent également des couvertures et il nous faut méditer sur la notion d'objectivité (le journaliste a lui aussi un corps astral...).

5 - <u>Prendre conscience</u> que nous nous sommes coupés de notre principale source d'information : le cosmos. Heureusement pour nous, " la nuit porte conseil ", seul moment où la roue de vélo de l'homme arrête de tourner !...

Les ficelles de l'esprit une fois dénouées, les couvertures enlevées, nous allons pouvoir découvrir notre véritable conscience, outil de travail d'une valeur inestimable, décodeur des messages vibratoires.
Maintenant que nous sommes un peu plus conscients et que nous avons la même compréhension des mots, "prenons conscience" d'un phénomène capital qui régit notre vie : le phénomène PENSEE.

LA PENSEE
Ne vous êtes-vous jamais étonné de recevoir une information dans votre langue et dans votre région, d'un journaliste parlant devant un micro à Paris. Nous ne nous étonnons de rien bien entendu et dans ce vingtième siècle nous sommes habitués à entendre parler bien distinctement l'astronaute qui marche sur la lune. Comment sa parole arrive-t-elle jusqu'à nous ? Cela peu de gens s'en soucient, avouons-le ! Nous avons esquissé l'étude de la numérologie et nous en avons retenu, je l'espère, que chaque mot, chaque lettre, chaque nombre possédait un équivalent énergétique; ainsi le verbe sera transformé en vibration et ce message énergétique pourra circuler dans l'air ambiant grâce à des milliards de petites particules qui permettront à des réseaux de se constituer. Grâce à cela vous avez la chance de pouvoir disposer de nombreuses chaînes de télévision ou de radio.
Le cerveau de l'homme possède de nombreux décodeurs et ceux-ci se trouvent entre les récepteurs (l'inconscient) et les émetteurs (le conscient). Les messages vibratoires reçus sont transformés en un langage compréhensible qui lui permet d'agir et de communiquer en transmettant l'information (n'oublions pas que

cette information est passée par plusieurs filtres et que l'on n'est pas obligé de la prendre comme une vérité); la maladie de la culplombite nous explique ainsi comment une information fausse peut être transmise de génération en génération et s'établir "en vérité". L'information transmise par l'homme s'appelle le langage et nous sommes maintenant conscients de sa nature; à nous d'en mesurer les conséquences et de modifier notre récepteur. Le danger n'est donc plus là... Il est ailleurs. En effet, et peu d'hommes le savent même s'ils s'en doutent, nous n'avons pas que le langage pour communiquer et notre pensée, vous allez le voir, peut nous jouer de mauvais tours et être l'explication d'une grande partie des aventures heureuses ou malheureuses qui nous arrivent; je cite le Docteur Brosse :

" Un autre chercheur soviétique, l'astronome Kozyrev dépista, à propos d'expériences applicables à la télépathie, une énergie encore inconnue que des appareils ont enregistré sous forme de courbes, parallèlement à des effets mécaniques et chimiques déjà connus. **Cette énergie ne se propage pas comme les ondes lumineuses et se manifeste partout instantanément.** La modification des propriétés de l'un de ces fragments se manifeste partout à la fois. Elle est omniprésente et nous relie aux autres de même qu'elle relie toute chose à l'univers. Elle possède un certain nombre de propriétés qu'il est possible d'étudier en laboratoire. **Sa densité est plus forte près du destinataire d'une action qu'elle ne l'est près de son acteur; elle est affectée par les conditions météorologiques. Elle explique que la pensée soit transmise instantanément à des distances aussi considérables que possible. La densité de cette énergie est affectée par la pensée et par la qualité de cette dernière; la densité de la poésie n'est pas la même que celle des mathématiques.** "

Il ne faut donc pas croire que seuls quelques initiés peuvent communiquer entre eux par la pensée après avoir fait de longues et difficiles études et subi un entraînement forcé; non ceux-là ont simplement pris conscience du phénomène "pensée" et ils l'utilisent; par contre nous, nous ignorons encore ce phénomène, nous sommes des inconscients et vous savez à quel point un inconscient est dangereux pour la société !

Qu'est-ce donc que la pensée ?

La conscience

Définition du Robert : - Appliquer l'activité de son esprit aux éléments fournis par la connaissance pour les élaborer, les organiser, leur donner un sens; former, combiner des idées et des jugements.

Descartes disait : - " Par le nombre de pensées, je comprends tout ce qui est tellement en nous, que nous en sommes immédiatement connaissants; ainsi toutes les opérations de la volonté, de l'entendement, de l'imagination, et des sens sont des pensées."

Prenez quelques minutes, et réfléchissez sur toutes les pensées qui s'accumulent en vous; par le langage vous dévoilez la teneur de certaines et vous en gardez d'autres bien secrètement; oh, ne vous inquiétez pas, peu de gens encore savent lire vos pensées. De toute façon, cela ne servirait pas à grand chose et nous allons voir que ces pensées qui nous viennent en tête sont le reflet de notre niveau général de conscience. Celui-ci rayonnera formant ainsi autour de nous un champ vibratoire que l'on nommera "aura".
A quel niveau vibratoire vivez-vous donc ?
Cet aura sera votre carte d'identité dans le monde des énergies; par votre champ vibratoire vous vous déplacerez dans le monde des énergies. Le jour où vous aurez une pensée très forte, très intense, très profonde celle-ci empruntera les réseaux invisibles qui vous entourent et ira percuter d'autres individus.
Cette découverte scientifique nous permet de comprendre la phrase du Christ :

" Quiconque regarde une femme de manière à la désirer, a déjà, dans son coeur, commis l'adultère avec elle. " Matthieu 5, 27.

Nous n'imaginions pas que le fait de penser à une personne pouvait la pertuber. Le Christ en était connaissant et nous a avertis. A ce propos, il faut donner ce petit conseil à certaines femmes : choisissez les endroits que vous fréquentez... Vous ne savez pas à quel point des regards et des pensées obscènes concentrées sur vous peuvent vous pertuber, surtout si vous êtes dans un état d'équilibre fragile.

La pensée est l'outil énergétique le plus important que l'homme possède... et il faut qu'il en prenne conscience, car toute sa destinée en dépend de par la seconde grande loi du monde des énergies : la loi d'**action-réaction**.

LA LOI D'ACTION-REACTION.

Vous avez tous, une fois dans votre vie, jeté une pierre dans une mare; aussitôt des cercles concentriques se forment, se dirigent vers les bords, puis reviennent deux fois plus vite et deux fois plus fort. Cela se passe ainsi dans le monde des énergies et à chaque pensée émise, vous créez une force qui vous reviendra deux fois plus fort et deux fois plus vite.

Nous verrons un peu plus loin le grand intérêt d'être connaissant de cette loi et à quel point cela détermine notre destinée car :

" Nous récoltons ce que nous semons. "

Mais avant de s'y attarder, je vous propose quelques expériences colligées par le Dr Thérèse Brosse*;

1° <u>Réaction des plantes à la pensée humaine.</u>

"Des expérimentations ont été faites en France et en Angleterre qui démontrent l'influence psychique que l'on peut exercer tantôt sur le phénomène de la croissance, tantôt sur celui de germination; le blé, le persil, le lin rouge ont fait l'objet des expériences. Un quart d'heure de pensée chaque jour était suffisant pour donner un résultat au bout d'une semaine; il s'avérait inutile de poursuivre plus longtemps. Dans un même pot, séparé en deux parties un nombre égal de graines à des distances égales pour les deux moitiés était l'objet d'un traitement différent d'activation ou, au contraire de ralentissement, l'entourage de l'expérimentateur n'étant jamais au courant . Ce dernier faisait une image mentale du résultat à obtenir pour les graines qu'il désirait aimer, imaginant, de la même façon, que les graines ne pousseraient pas du côté opposé. De plus, ce détail est intéressant, il parlait à ses sujets en des termes affectifs tout à fait opposés : d'un côté : " Vous êtes belles, vous me plaisez, vous grossirez, vous respirez bien. "; de l'autre côté : " Vous n'êtes pas belles, vous êtes maigres, vous me déplaisez, vous ne grossirez pas. " Parfois, des efforts musculaires étaient joints au traitement, telle que la montée d'une côte à bicyclette associée à la pensée de la croissance de la plante. Tous les expérimentateurs ne donnaient pas des résultats satisfaisants et, parmi eux, même des guérisseurs. Ce qui tend à démontrer que la qualité de l'influence psychique était plus importante qu'un magnétisme, puissant peut-être, mais indifférencié."

<u>Je ferai une petite digression ici pour souligner l'importance de ce fait.</u>

Toutes les bonnes maîtresses de maison ont constaté à quel point aimer une plante, avait une action sur sa vitalité. Alors pourquoi ne nous contentons-nous que de cela ?

Pourquoi ne pas nous aimer ? Aimer notre corps chaque jour, aimer nos organes, aimer nos cellules. Nous grandirons et notre vitalité sera décuplée. Mais voilà, notre subconscient a été programmé pour n'apprécier qu'une certaine beauté dans certains magazines. Et pourtant, qui peut me donner les normes de la beauté ? Personne. Je me souviens que lorsque nous étions externes, nous avions une chef de clinique qui ne correspondait pas aux canons de beauté en cours, loin de là, mais nous étions tous <u>amoureux d'elle</u>. A l'inverse dans notre année d'études, il y avait une petite poupée qu'on aurait pu mettre en vitrine... mais rien, absolument rien en elle ne nous attirait.

Aimons-nous chaque jour comme nous aimons les plantes.

Il me revient encore que, lorsque je commençai mes études de médecine, on nous apprenait que le cancer du sein était beaucoup plus fréquent chez les religieuses et l'on imputait cela à ce que la fonction d'allaiter n'était pas utilisée. Ne faut-il pas émettre une autre hypothèse ? En effet, le sein représente chez la femme et dans notre société le symbole de la <u>féminité</u> et il ne faut pas grand chose pour confondre féminité et sexualité et comme sexualité était synonyme de diable dans certains esprits religieux, les soeurs qui entraient au couvent étaient sermonnées sur ce danger et chaque jour elles rejetaient avec force satan de leur esprit (il faut se rappeler que l'on serrait fortement les poitrines de certaines soeurs afin qu'aucune forme n'apparût...). Au lieu d'aimer leur corps, elles le rejetaient et celui-ci à l'image de la plante que l'on déteste, se gangrénait. Aimons-nous chaque jour... Nous avons un corps et il faut l'accepter, mais surtout l'aimer.

2° <u>Affectivité végétale</u>.

"La plongée de l'une des feuilles d'une plante dans une tasse de café chaud n'ayant donné aucune réaction, l'expérimentateur prit une allumette pour la brûler. **A l'instant de sa décision**, à treize minutes cinquante secondes du temps d'enregistrement il se produisit une modification spectaculaire dans la courbe du tracé du réflexe psychogalvanique sous forme d'un tournant vers le haut, abrupt et prolongé de la plume enregistreuse; la plante n'avait été ni touchée, ni approchée. Backster rapporta alors que, près de la plante, il laissa tomber des crevettes vivantes une à une dans l'eau bouillante. Chaque fois que mourait une crevette, le traceur du polygraphe attaché à la plante inscrivait un violent sursaut, pour éliminer toute cause d'erreur tenant à ses propres émotions, l'expérimentateur automatisa l'expérience avec un appareil électronique, réacteur de "hasard" qui plongeait fortuitement des crevettes dans l'eau bouillante, en l'absence de tout observateur. Des réactions de la plante furent enregistrées chaque fois qu'une crevette vivante trouvait la mort dans ce supplice mais non pas lorsqu'une crevette morte était plongée dans le récipient. **C'était là une énorme constation de la réaction des plantes à la souffrance.**

Au cours de ses plus récentes expériences, Backster découvrit que les fruits et les légumes frais, les cultures, les moisissures, le sang, la levure manifestaient cette même sensibilité à la détresse d'une autre vie. Comme le souligne le Docteur Watson qui renonça à tondre ses pelouses, de telles réactions posent de véritables problèmes moraux dans le cadre de l'alimentation. Et l'auteur poursuivit :

Les problèmes biologiques ne sont pas si faciles à résoudre. Si les cellules en train de mourir émettent un signal auxquelles répond une autre vie, pourquoi le font-elles ? Et pourquoi de pareils signaux seraient-ils plus importants pour une plante en pot que pour nous ?"

Des expériences très instructives ont été faites également sur les hommes et si vous en êtes toujours à nier les liens invisibles qui unissent les hommes, voici une expérience très simple : un homme est assis sur un fauteuil, son cerveau est relié à un électroencéphalogramme, son coeur à un électrocardiogramme, son sang analysé sur ordinateur et en face de lui un autre homme qui devra, bouche cousue, lui transmettre un message : d'amour tout d'abord, puis de haine. La pensée ici remplace les mots et les gestes;

le corps de l'homme branché répercutera l'amour et la haine sur les analyses scientifiques.

N'y-a-t-il jamais personne qui ait vibré à la joie ou à la peine d'un être aimé éloigné ? Quelle est la mère de famille qui n'ait pas connu cette expérience : ayant décidé de sortir en soirée elle monte une véritable comédie à son jeune enfant, afin qu'il ne se doute de rien. La petite garde attend sagement et silencieusement dans un recoin, l'enfant est couché et la mère en robe de chambre mime d'aller se coucher elle aussi ... Et c'est justement ce soir-là que le "sale gosse" lâche ses gros sanglots. Les êtres qui s'aiment se comprennent à demi-mots.

Comme nous l'avons dit tout à l'heure, cette énergie qui transporte la pensée ne respecte pas l'unité de lieu et s'étend à l'univers. Certains initiés communiquent par la pensée d'un point à l'autre de la terre. Nous sommes, toutes les formes de vie existant sur cette terre, reliés par des réseaux où circule une énergie bien définie. Chaque acte, chaque pensée est envoyé dans ce réseau invisible qui parcourt l'univers. **L'homme malheureusement se promène actuellement dans ce réseau comme un aveugle et il lui est bien difficile de retrouver la vue.**

Revenons à notre loi d'action-réaction; nous sommes responsables de notre aura, c'est-à-dire de notre rayonnement et notre qualité énergétique environnante dépendra de notre état vibratoire intérieur. Nous pouvons comprendre maintenant les rapports existant entre les hommes, expliquant les expressions :
" Je n'ai pas d'atomes crochus avec lui. "
" Je suis en pleine harmonie avec cet homme ou dans cette maison."
" Qui se ressemble, s'assemble. "
Nous pouvons comprendre les ennuis ou les joies qui nous arrivent :
" Ce que tu sèmeras, tu le récolteras au centuple. "
Ainsi, peu de place sera laissée au hasard; ces lois énergétiques sont implacables.

Définissons donc l'état vibratoire d'un corps. Nous avons vu qu'il y avait plusieurs corps énergétiques à l'intérieur d'un être humain; ces énergies sont reconnues par leurs vibrations et comme nous l'avons dit, chaque corps a son niveau de conscience et à l'image du cerveau la petite cellule reçoit une information par son récepteur (l'inconscient), le décode et l'exécute (le conscient).

Notre corps physique que possède le régne minéral est donc conscient.

Notre corps éthérique que possède le règne végétal est donc conscient.

Notre corps astral que possède le règne animal est donc conscient.

Notre Moi est conscient qu'il existe.

Un super Moi aura la conscience d'être la synthèse des quatres consciences définies ci-dessus. L'homme est donc une organisation bien complexe et son super Moi, ordinateur central devra intégrer toutes les informations issues de toutes ces consciences et c'est ici qu'il faut définir et bien comprendre le sens de la phrase si largement et si facilement employée :

PRENDRE CONSCIENCE.

Essayons donc d'être le plus clair possible. Tous les hommes sont à des niveaux de conscience différents, cela est nécessaire et normal. Prendre conscience, disons-le tout de suite n'a rien à voir avec le nombre de diplômes ou d'années d'études passées. Prendre conscience, c'est reconnaître l'existence d'un ou des corps énergétiques qui nous font vivre; le reconnaître, c'est soulever les couvertures dont nous avons parlé afin, dans un premier temps, de se libérer de celles-ci; cette opération doit se faire à chaque niveau; ainsi la conscience du corps physique pourra être étouffée par un subconscient qui nous affirmera qu'il faut manger de la viande pour être en forme et vigoureux. Il en est de même pour le corps astral et nous devons prendre conscience qu'il existe et qu'il a sa conscience. Car, en effet, le fait qu'il existe est qu'il a son utilité mais vous allez voir ici le génie malin de l'activité psychique du cerveau. Imaginons que vous ayez pris conscience du corps astral en ayant enlevé une fois de plus les couvertures (un corps physique intoxiqué par l'alimentation permettra à la jalousie de se développer par exemple ou votre éducation par l'intermédiaire de votre subconscient développera l'orgueil ou l'étouffera, ce qui donnera un complexe d'infériorité; ou alors l'activité mentale incessante consommant beaucoup d'énergie permettra à l'émotionnel de se développer). Imaginons donc que que vous ayez pris conscience de tout cela et que vous vous rendiez compte que pour différentes raisons vous êtes égoïste. Cela est bien mais il vous reste à exécuter le message, agir.

La conscience

Le Moi décidera et satisfait de l'égoïsme, vous fermerez les yeux attachés à l'intérêt et aux gains. Encore une fois ici, il faut avoir la loi de la dualité en tête, trouver toujours le côté positif afin de le développer pour contre-balancer le côté négatif hypertrophié. Ainsi, à chaque niveau l'homme en dénouant les mécanismes complexes qui régissent son corps pourra dans un premier temps prendre conscience et dans un deuxième temps agir en choisissant le versant de la loi de la dualité ou en d'autres termes avoir bonne ou mauvaise conscience.

S'il ne le fait pas, il se laissera étouffer par une couverture qui aura tendance à s'hypertrophier; ainsi certains auront leurs pensées constamment branchées sur leur passé ayant plein de regrets et d'idées tristes; d'autres vivront intensément leur corps astral et la jalousie ou l'orgueil domineront toutes leurs pensées; d'autres encore par leur rythme de vie et l'intoxication de leur corps physique par quelques menues drogues intoxiqueront également leurs pensées. Le niveau énergétique prédominant finira par réactions en chaîne à imposer sa vibration au corps total de l'homme et rayonnera vers l'extérieur donnant au corps un champ vibratoire c'est à dire l' aura. Si la vibration est négative, un jour arrivera où les cellules du corps physique ne le supporteront plus et se résigneront à mourir. Ainsi donc, vous choisissez votre champ vibratoire et vos pensées en seront la conséquence et la cause; celles-ci rayonneront 24 H sur 24 et attireront sur vous les autres pensées de même volée.

Votre destin est donc entre vos mains et même si vous souriez, même si vous mettez un masque, même si vous utilisez des paroles mielleuses, il est important que vous vous rappeliez que : " L'habit ne fait pas le moine. "

Il est important pour vous de faire la paix intérieure, de prendre conscience et ainsi d'émettre sur le canal positif.

Que nous nous détruisions par nos pensées, cela peut paraître juste, mais la gravité vient des émissions que nous faisons en atteignant quotidiennement :
- de nombreux individus plus malléables que d'autres ou particulièrement sensibles
- le champ vibratoire de la terre que nous perturbons.

En effet, au même moment et à tous les coins du monde, des milliers d'individus voire des millions émettent la même pensée négative (par exemple la haine; celle-ci se potentialisera et occupera un canal donnant sa note dans un champ vibratoire de la terre; au même titre que vous vous branchez sur France-Inter, vous pourrez vous brancher alors sur le canal de la haine si vous êtes sur la même longueur d'onde.)

Notre corps donc, selon son degré d'intériorité et ce faisant par son champ vibratoire permettra ou non à la conscience de s'élever. Si l'homme se laisse dévorer par des pensées dont les vibrations sont grossières et négatives, l'antenne de son récepteur inconscient sera branchée sur le canal ayant le même genre de vibrations. Ainsi en prenant conscience petit à petit de ce qu'il est, de ce qui l'entoure, et en agissant en harmonie avec cette conscience l'homme élèvera la qualité de son champ vibratoire et ainsi sera attiré non seulement par d'autres êtres ayant la même vibration mais son antenne changera de canal et les informations qui lui seront transmises seront d'un tout autre niveau. Certains montent mais d'autres descendent et s'enlisent... Ce n'est pas encore Dieu le responsable... Ce sont les simples lois énergétiques : la loi de la dualité et la loi d'action-réaction. **L'homme est libre, il possède la liberté de chercher à comprendre...** Or, la culplombite progresse de plus en plus.

Rappelons-nous ce qui se passe tous les jours sur la terre par un petit schéma.

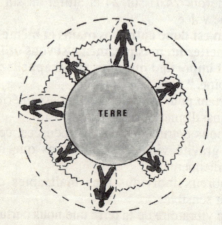

Si tous ces hommes sont intérieurement haineux, racistes, ils vivront tous à l'unisson et aimeront à être ensemble; les champs vibratoires émis par leurs pensées et leurs corps seront en harmonie. Ces hommes ayant la même pensée sont pourtant différents, habitent dans des régions différentes et ont différents motifs de penser comme cela. Toutes ces formes pensées se rejoindront et se potentialiseront formant une couche vibratoire autour de la terre, et tous ces hommes inconsciemment auront leur antenne branchée sur ce canal; les messages reçus aggraveront leur état puisque ce sera le canal de la haine.

Heureusement, d'autres auront des sentiments plus nobles et les vibrations plus fines formeront un autre canal; plus l'énergie est pure, plus le champ vibratoire est fin, plus celui-ci s'élève vers le cosmos. **Tous les sentiments, toutes les pensées, toutes les actions de l'homme ont un champ vibratoire spécifique et formeront autant de canaux; ce qui constituera l'aura de la terre** qui elle aussi a sa conscience. A nous donc, la liberté de nous brancher sur la longueur d'onde désirée : cela pose quelques problèmes de changer ses habitudes, sa façon d'agir, sa façon de penser, d'abandonner ses grands principes mais si cela est fait dans un esprit d'ouverture, de générosité, de recherche, la récompense est bien grande car d'un seul coup vous vous trouverez en liaison directe avec des informations auxquelles des millions de gens ont mûrement réfléchi et acquises à la sueur de leur expérience. **Ceci explique qu'au même moment plusieurs individus aux quatre coins du monde aient la même idée; votre pensée traverse tout, fait le tour du monde et informe ceux qui en font la demande; si bien que si un jour vous pensez quelque chose mais que pour votre intérêt personnel vous refusez d'agir, soyez certains que très vite quelqu'un aura votre idée étant branché sur votre canal et agira.**
Nous avons ici encore l'explication de ce que l'on entend tous les jours dans les cabinets d'homéopathie ou d'acupuncture par exemple :
" Mais docteur, c'est très intéressant ce que vous me dites mais si c'était vrai, mon médecin qui a fait dix ans d'études le saurait. "
Cet argument est d'ailleurs utilisé par ceux-là même :
" Vous pensez bien, Madame, que si l'homéopathie guérissait, nous l'utiliserions. "
Chaque individu est branché là où il le veut et reprenant

l'exemple du poste de radio, imaginons que vous écoutiez Europe N° 1, il sera impossible que vous puissiez participer à l'émotion que procure l'écoute de Mozart sur France Musique; vous êtes sur grandes ondes et Mozart est sur F.M. Vous pourrez taper le poste, le jeter, l'écraser, vous n'entendrez pas F.M. La seule possibilité sera alors de prendre conscience que vous êtes sur une autre longueur d'onde, il faut l'accepter et demander où se trouve le bouton pour changer de canal.

Nous n'avons pas compris le langage de notre corps physique, nous supposons être des gens pleinement conscients, nous croyons au hasard et à la chance et d'un seul coup en rentrant dans le monde des énergies, nous saisissons à quel point nous sommes tout petits, ignorants, et que notre regard ne scrute que des artifices.

Cela semble décevant, déstabilisant mais est, en réalité, encourageant car notre vie a probablement un sens et la mort ne serait qu'apparence.

CHAPITRE X

LA MORT-LA REINCARNATION

    Vos enfants ne sont pas vos enfants.
    Ils sont les fils et les filles de l'appel de la Vie à elle-même.
    Ils viennent à travers vous, mais non de vous.
    Et, bien qu'ils soient avec vous, ils ne vous appartiennent.
    Vous pouvez leur donner votre amour mais non point vos pensées.
    Car ils ont leurs propres pensées.
    Vous pouvez accueillir leurs corps mais pas leurs ames,
    Car leurs âmes habitent la maison de demain que vous ne pouvez visiter, pas même dans vos rêves.
    Vous pouvez vous efforcer d'être comme eux, mais ne tentez pas de les faire comme vous.
    Car la vie ne va pas en arrière, ni ne s'attarde avec hier.
    Vous êtes les arcs par qui vos enfants, comme des flèches vivantes, sont projetés.
    L'Archer voit le but sur le chemin de l'infini, et Il vous tend de Sa puissance pour que Ses flèches puissent voler vite et loin.
    Que votre tension par la main de l'Archer soit pour la joie;
    Car de même qu'Il aime la flèche qui vole, Il aime l'arc qui est stable.

Khalil Gibran

Qu'importe que nous vivions sur une planète et à quoi bon chercher à connaître sa propre nature. La terre a toujours tourné autour du soleil, l'été a toujours fait suite au printemps; les océans et les coeurs sont rythmés par la lune depuis la nuit des temps, le vent a toujours soufflé. Un enfant naît, un homme âgé meurt et c'est l'éternel recommencement.

Chaque siècle de philosophes a tenté de répondre à l'éternelle question et l'on se souvient de Voltaire critiquant tous ces débats stériles et conseillant de "cultiver son jardin". Nous ne sommes plus à l'époque de Voltaire, nous avons l'impression que le temps nous échappe, le sentiment que l'équilibre que nous avons construit à la sueur de notre front va s'effondrer. Les nouvelles de par le monde créent en nous une angoisse difficile à définir et nombre de femmes refusent une maternité ne voulant imaginer la vie de leur descendance. La mort chaque jour vient nous rappeler que nous ne maîtrisons rien, que nous ne dirigeons rien. L'homme travaille et amasse tout ce que peut lui procurer la vie matérielle et au moment de la récolte il est terrassé par le décès de son fils ou de sa femme ou il est lui-même atteint d'une maladie invalidante; alors, à quoi sert la vie ? Combien d'entre nous vont jurer et blasphémer contre celle-ci et devenir fatalistes et donc jouisseurs et égoïstes ? Combien de jeunes vont l'amputer par des drogues, combien d'adultes essayeront d'y mettre fin ? Tout cela est bien compréhensible, on ne peut tourner en rond dans un bateau qui n'a pas de cap et qui vogue au gré des caprices de la mer; comment peut-il se diriger sans gouvernail ? De plus lorsque l'homme sent la mort, la panique s'empare souvent de lui et le voilà parti d'île en île à la recherche du remède miracle.

Nous sommes tous différents les uns des autres : des parents différents, une naissance différente, une éducation différente, une profession différente, une santé différente... Et un seul point commun : nous allons tous mourir. La mort réunit tous les hommes, qu'ils soient noirs ou blancs, pauvres ou riches, bons ou méchants; c'est le phénomène commun de tout temps à tous les hommes et il paraît évident que nous devrions y consacrer nos recherches et notre temps car de la connaissance de celui-ci dépend le sens de notre vie.

Avant donc d'essayer de comprendre quel était le sens profond de notre vie, il me fallait démystifier la mort. La faculté ne m'avait pas appris à diriger un bateau et je n'étais pas prêt à aborder ce problème, vivant au jour le jour comme la plupart de mes contemporains me réjouissant d'une soirée par ci, d'une fête familiale par là. Le décès de ma belle-mère puis celui des malades qui étaient venus me consulter me plongea sans préambule dans la réalité de la vie, je ne pouvais plus leur raconter les salades habituelles, il me fallait parler de la mort aux cancéreux et de la vie à un nombre de plus en plus important de clients. Combien de fois ai-je posé cette question :

" Qu'est-ce que la mort pour vous ? "

Certains me répondaient :

- Je suis croyant...
- Mais vous croyez en quoi ?
- En une autre vie... qui sera plus belle et moins dure.
- Mais alors à quoi sert notre vie sur terre ? Pourquoi souffrons-nous, pourquoi y-a-t-il des malheurs qui s'abattent sur nous ?
- Je ne sais pas... Je crois en Dieu. Je répète ce que j'ai toujours appris.
- Mais qui est Dieu ?

Silence...

- Mais où est-il Dieu ?
- Il est partout.
- Mais où ?
- Partout. Là.

Et ils montrent le ciel.

- Dieu c'est l'amour. Alors s'il existe pourquoi tant d'enfants meurent de faim ? Pourquoi tant d'hommes sont torturés ? Pourquoi des catastrophes naturelles qui frappent aveuglément ? Pourquoi cette violence, pourquoi cette injustice ? Pourquoi tant d'injustices ?
- Oui, je comprends mal et avec ce qui m'arrive, je commence à douter.

La mort - la réincarnation

Il est étonnant de voir un grand nombre de personnes qui pensent que la mort sera une nouvelle vie dans une sorte de paradis où ils retrouveront les leurs, sous la haute autorité d'un Dieu qui fait la pluie et le beau temps et qui, aux questions pressantes sur le sens de la vie, ignorent totalement ce qu'ils font sur terre et ne comprennent pas pourquoi tant de souffrances les entourent ou même les frappent.

Et je continue mes petites questions :

- Bien, vous croyez en Dieu, et Dieu est amour; alors que devient l'homme qui a tué, qui a violé, qui a triché ? Si Dieu est amour tout puissant, amour infini, ne doit-il pas pardonner à l'homme qu'il a créé ? Nous, les hommes qui sommes loin d'être parfaits n'avons nous pas d'énormes difficultés à établir une saine justice, ne donnons-nous pas d'excuses à certains grands criminels ? Alors Dieu !... N'avons-nous pas, pauvres pêcheurs le droit à l'erreur ?

Et si nous l'avions et que nous nous retrouvions tous au paradis pourquoi ne pas en profiter sur cette bonne terre où l'on sait ce que l'on peut avoir... On verra bien après.

A la question : " Qu'est-ce que la mort pour vous ? "
D'autres répondent et ce sont en général les plus jeunes :
- Rien.
- Comment rien ?
- C'est la fin, c'est le néant...
- Mais alors que faites-vous sur cette terre ?
- Je profite au maximum, je vis au jour le jour.
- Et Dieu dans tout cela ?
- Oh, vous savez, quand j'étais enfant j'ai tellement été seriné par ces bondieuseries...

Certains rajoutent qu'ils ont tellement été à la messe, enfants, qu'ils ont assez prié pour toute leur vie.

Voilà grossièrement les deux grandes catégories de réponses :
- d'un côté une foi aveugle.
- de l'autre côté un aveuglement matérialiste.

Si l'on insiste sur le sens de la vie, le premier groupe finit par nous répondre qu'il vit pour ses enfants et l'on voit nombre de parents se priver de tout pour permettre à leur descendance d'aborder ce vingtième siècle avec un maximum de sécurité matérielle; on économise pour plus tard, c'est le travail de la fourmi.

Le deuxième groupe veut profiter au maximum et immédiatement de tous les bienfaits de la terre et une course folle est engagée avec la vie car ils ont l'impression qu'ils ne pourront atteindre les âges de leurs parents; il leur faut tout et tout de suite, c'est le travail de la cigale.

Alors, la vie a-t-elle un sens et faut-il avoir peur de la mort ou au contraire y voir un doux sommeil se prolonger avant d'entrer de plain-pied dans une nouvelle vie ? Il me fallait répondre à ces deux questions liées intimement l'une à l'autre car quand la maladie a atteint l'homme, comment le stimuler à vivre s'il ne donne pas de sens à sa vie ?

J'étais moi-même quelquefois découragé; chaque jour je me battais avec ceux qui m'entourent pour faire reculer la mort faisant des pieds et des mains pour sauver une vie et, au même moment deux cents hommes étaient fusillés dans un autre coin du monde. Nous étions heureux d'avoir remis sur les rails telle femme et nous apprenions qu'un tremblement de terre en avait emporté cent mille. Ceci était décourageant et je me demandais pourquoi je perdais ma santé pour sauver quelques personnes car je la perdais, et il était urgent pour moi de trouver la solution. Il me fallait trouver un sens à ma vie et par là trouver une solution pour les malades qui me consultaient. **Trouver un sens à sa vie, c'est chercher; qu'importe si l'on se trompe l'important était de chercher** et je me consolais avec cette idée mais il était temps que j'aboutisse car j'étais de plus en plus fatigué, las de donner mon énergie aux autres; je ne pouvais revenir en arrière et il me fallait désormais partir en guerre contre la foi aveugle et la cécité matérialiste, deux attitudes condamnables qui empêchent l'homme de guérir.

Comme beaucoup de gens j'avais lu le livre du Docteur Moody: " La vie après la vie". Ce médecin avait été troublé par des choses passionnantes que racontaient des gens qui, après avoir côtoyé la mort, étaient de retour sur terre par le miracle médical. Il fut troublé car ils parlaient tous de la même chose et il réussit à réunir plus d'une centaine de témoignages (ce qui a valeur de statistiques) affirmant : LA VIE EXISTE APRES LA VIE. La mort n'était qu'un petit tunnel dans lequel l'on voit vite le bout.

J'ai eu l'occasion plus tard de filmer pendant quarante- huit heures un philippin lors de ses opérations sur quelques malades. Pour ce faire, un guérisseur suisse cette fois, âgé de soixante-dix ans nous prêtait son appartement et lors d'un repos me racontait l'histoire suivante : sa mère âgée de quatre-vingt treize ans était toujours vivante six mois auparavant; sa fille âgée de quarante ans, célibataire, se consacrait à soulager les malades suivant ainsi les traces de son père. Trois générations vivaient donc ensemble dans un petit appartement surchargé de choses vieillottes au charme nostalgique et "chez ces gens-là, Monsieur" pour reprendre l'expression de Brel, on parlait de la mort librement et il fut décidé que le premier parti ferait signe aux autres dès son arrivée dans l'autre monde s'il en existait un. Le cours des choses voulut que la mère partit la première... On attendit le signe... Rien... Un mois après, le fils décida selon la tradition de reprendre la chambre de la défunte, il alluma le plafonnier et un éclair jaillit. A la vue de l'ampoule il resta bouche bée, il n'avait jamais vu cela... Et vous non plus probablement. Certes vous avez déjà eu une ampoule grillée entre les mains, avec le petit filament cassé et un peu de gris noir sur le verre, mais jamais vous n'avez vu une ampoule comme celle-là. Je l'ai eue entre les mains, ma femme également : l'intérieur est tapissé uniformément d'une couleur gris fumé et sur la partie la plus bombée on découvre deux lettres entrelacées l'une dans l'autre, ce sont deux M et la mère s'appelait : Marthe Marie.

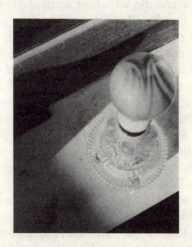

La mort - la réincarnation

Certains n'y verront aucune preuve mais ce fut d'une grande importance pour moi qui était plongé depuis déjà quelque temps dans toute la littérature traitant des théories de la réincarnation.

Je ne pouvais croire, comme certains, que nous étions sur terre par hasard...

Avez-vous déjà admiré une main, votre main ? Regardez-la bien et prenez votre temps. Faites les marionnettes... et bougez les doigts, un par un, deux par deux, ou tous ensemble; n'est-ce pas magnifique ?

Avez-vous déjà contemplé l'oeil de votre compagne, de votre ami ou de votre enfant ? N'avez-vous jamais été saisi par la profondeur de son regard; ne reconnaissez-vous pas la boule de cristal des diseuses de bonne aventure ?

Avez-vous déjà pensé véritablement et intensément à la rencontre de l'ovule et du spermatozoïde, à la naissance de la vie ?

N'avez-vous jamais été étonné de voir le soleil se coucher et la lune veiller ?

N'êtes-vous pas surpris de voir les océans se soulever au moindre caprice de la lune... de voir la terre, le soleil et tous les astres danser à l'image d'un corps de ballet ? Avez-vous déjà senti dans votre main cette chaude vibration du chaton naissant, que seule la vie peut donner à tout être ?

Mais, vous vivez peut-être comme des automates considérant la vie comme normale et répétant comme le regretté Fernand Raynaud aux questions incessantes de son fils : " C'est étudié pour. "

Ne vous êtes-vous jamais rendu compte qu'au printemps une force extraordinaire sort de terre comme par enchantement pour emplir de lumière tout un monde endormi ?

Vous êtes-vous seulement déjà demandé pourquoi votre estomac s'arrêtait de grandir un jour précis ? Et s'il avait continué à grandir... Si vos jambes et si vos bras avaient continué à pousser et si... Et si... Et si le soleil s'arrêtait de tourner...

Comment pouvons-nous vivre sans nous étonner de ce fabuleux système cosmique, réglé comme une horloge et qui fait que la vie est en l'homme et dans tout ce qui l'entoure. Nous sommes des joyaux, des diamants vivant sur un paradis régi par des lois dépassant actuellement notre entendement et il est bien prétentieux de vouloir diriger seul notre vie, en maîtres omnipotents.

La vie était bien réglée et elle avait un sens à mes yeux, caché certes, mais qui me permettait de croire que la mort n'était pas la mort. A nous il appartenait de dépasser notre entendement et de comprendre le sens de notre vie. Mon intellect vivait à Genève, ville cosmopolite par excellence et je me trouvais dans ma recherche, embarqué dans les philosophies orientales et par là-même baigné dans les théories de la réincarnation.

LA REINCARNATION.

La plupart des religions l'avançaient comme hypothèse, la définissant comme le passage d'une âme d'un corps dans un autre; l'homme ne mourant donc jamais. J'avais quitté la religion depuis longtemps et j'étais plongé dans le monde fantastique des énergies; tous les chemins menant à Rome je m'apercevais petit à petit que le phénomène de la transmigration contenait beaucoup de vérité et je me rangeai aux côtés du philosophe Bergson qui la considérait comme la théorie la plus vraisemblable. Je commençai donc à l'expliquer à quelques malades et je me servais pour cela de toutes mes connaissances du monde énergétique afin de leur démontrer magistralement que la vie avait un sens et que la mort n'était que le prélude à une nouvelle vie; j'en étais convaincu et il était urgent pour eux, en tout cas, d'en prendre conscience.

" Le passage d'une âme d'un corps dans un autre"; alors qu'est-ce que l'âme ? Tous les philosophes de tous les siècles passés en ont parlé et il est difficile de la définir en termes précis, aussi, je vous propose de nous imprégner de quelques réflexions ou citations de nos Pères :

" L' âme est d'une nature qui n'a aucun rapport à l'étendue, ni aux dimensions ou aux propriétés de la matière dont le corps est composé. "- Descartes

" Quand l'union du corps et de l'âme est rompue, je conçois que l'un peut se dissoudre et l'autre se conserver."- Rousseau

La mort - la réincarnation

" Elle (l'âme) dit: je suis une vapeur, je suis un souffle, je suis un air délié ou un feu subtil." - Bossuet

" La vie n'est qu'une occasion de rencontre; c'est après la vie qu'est la jonction. Les corps n'ont que l'embrassement, les âmes ont l'étreinte. " - Hugo

L'âme serait donc un état de conscience, la personnalisation d'un être vivant, une force invisible habitant une maison bien visible qu'est le corps; celle-ci le quitterait au moment de la désintégration pour errer quelque temps dans le monde invisible où elle accéderait à la connaissance des lois de la vie, et fort de ce bagage reviendrait se loger dans un corps neuf afin de s'y purifier et de mettre en application le nouvel enseignement qu'elle aurait reçu. La roue tournant, elle pourrait selon sa volonté et son travail vivre quelques vies et ainsi se côtoieraient sur cette terre des corps abritant des âmes vieilles et des âmes jeunes. Cela explique la diversification des êtres vivants, êtres opposés et complémentaires, tous nécessaires à la dynamique de la vie.

" Je suis jeune, il est vrai, mais aux âmes bien nées la valeur n'attend pas le nombre des années. " Corneille (Le Cid II).

Il y a donc des âmes bien nées, qui auraient déjà une longue expérience par leurs vies précédentes et des âmes jeunes qui auraient encore tout à apprendre; la vie serait donc une école où notre âme se doit de travailler afin d'accéder le plus vite possible à la suprême connaissance, clé de l'éternité et de l'immortalité. Nos enseignants étant nos frères, nos pères et nos enfants... ainsi que tous les êtres vivants des règnes qui nous entourent; oui, nos enfants, parce ce sont peut-être des âmes vieilles chargées de la connaissance; nous avons donc tous à apprendre les uns des autres et la première leçon à en tirer, c'est l'humilité. **Le problème est là, sommes-nous assez humbles pour prendre conscience que nous sommes tous nécessaires les uns aux autres ?** Si l'on ne peut le faire nous redoublerons nos classes et ainsi nos vies se succèderont subissant les aléas de la vie destinés à nous stimuler.

" Il y a des âmes sales, pétries de boue et d'ordures, éprises du gain et de l'intérêt comme les belles âmes le sont de la gloire et de la vertu. " La Bruyère .

Ainsi donc, nous sommes constitués de deux parties :
- l'une visible et qui apparemment meurt
- l'autre invisible que nous ressentons et qui est immortelle. Cette dernière partie que les philosophes appellent l'âme vient sur terre pour se purifier et s'élever; sa liberté est totale et libre à elle d'en user... comme de toute façon elle ne peut mourir et qu'elle est obligée d'aller dans le sens de la purification, de la légèreté, de l'évolution, elle sera obligée de revenir un grand nombre de fois dans le monde matériel pour se brûler les doigts... si cela est nécessaire.

" La fatalité, c'est l'excuse des âmes sans volonté. " Hector Roland

Il n'y aurait donc pas d'injustice, chaque âme récoltant les fruits de son travail, le fossé pouvant ainsi se creuser entre ceux qui choisissent la lumière (en recevant la connaissance ils s'élèvent de plus en plus vite) et ceux qui restent dans l'obscurité (privés de la connaissance ils subiront les difficultés de la vie terrestre qui sont souvent bien éprouvantes) il n'y a donc pas de chance ni de malchance, chacun recevant ce qu'il mérite.

Une réflexion nous vient tout de suite à l'esprit : si j'ai la volonté et le désir d'élever mon âme et que j'entreprenne des recherches, n'y a-t-il pas de grandes chances que je m'égare et que d'erreur en erreur, je détruise mon support matériel (le corps), perdant ainsi plusieurs vies ?

En effet, l'humanité est bien jeune et elle peut se tromper, même en étant de bonne foi; aussi quelques grandes âmes que l'on appelle des grands initiés ou des grands maîtres viennent sur terre de leur plein gré pour allumer un phare et laisser ainsi à notre disposition un message écrit, oral ou pensé. La plupart de ces messages sont colligés dans ce que l'on appelle des Textes Sacrés. Toutes les civilisations en possèdent et bien qu'ils aient été écrits à des moments différents, par des hommes différents, le message est exactement le même pour celui qui sait lire entre les lignes. Tout le monde, loin de là, n'a pas la facilité de lire entre les lignes et pour cela les grands initiés dirigent des groupes pour perpétuer un enseignement oral au sein de sociétés

La mort - la réincarnation

dites "initiatiques".

Jusqu'à ces récentes années l'entrée dans ces " clubs privés " était très difficile, seules les âmes assez élevées et qui en faisaient la quête pouvaient y accéder. La Bible dit : " Ne jetez pas de perles aux pourceaux. "

Aujourd'hui les temps ont changé et un grand nombre d'âmes de cette planète sont assez élevées pour recevoir favorablement l'enseignement; les portes s'ouvrent, les livres sacrés descendent de leur piédestal et la connaissance est à la disposition des âmes conscientes. L'ère du Verseau est annoncée. Des planètes ont fait irruption et modifient petit à petit le ballet cosmique si bien réglé, contribuant à développer un nouveau type de pensée, un nouveau type de conscience; de nouveaux horizons et de nouveaux champs de conscience s'ouvrent à l'homme. Depuis Jésus-Christ nous étions dans ce qu'on appelle l'ère du Poisson et nous, hommes du vingtième siècle, vivons une époque charnière. A l'image du poisson dans la mer, l'homme a été dans toutes les directions et a exploré de grands domaines; il a été au fond des océans, sur la lune et a découvert les énergies.

L'Energie, voilà l'ère du Verseau... la prise de conscience que tout est énergie et que ce tout ne forme qu'un. Nous avons la chance inouïe d'avoir le recul et grâce à nos savants de connaître l'évolution de la vie qui s'est déroulée sur des milliards d'années. Rappelons-nous, le batracien, le dinosaure, l'homme préhistorique, puis les civilisations grecques, romaines.... pour arriver à l'homme "complet-veston" du XXème siècle. Nous sommes condamnés à évoluer. Et en ce moment, l'évolution n'est pas une ligne droite mais une courbe exponentielle et nous sommes là...

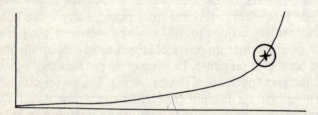

Cela va très vite. Il n'y a qu'à jeter un coup d'oeil sur le simple cours d'histoire d'un enfant de sixième pour s'en rendre compte.

La mort - la réincarnation

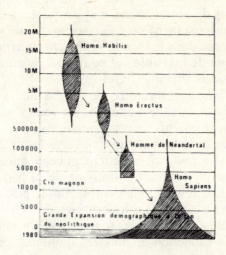

Ce n'est pas par hasard si depuis quelque temps les termes de yoga, de méditation, amour universel, communauté, énergie divine, astrologie, géographie sacrée, prise de conscience des corps, médecine énergétique font leur apparition et deviennent de plus en plus pressants.

Nous sommes en train de vivre une époque prodigieuse, à la charnière d'un ancien et d'un nouveau monde; nous marchons sur la crête d'une montagne et une voix intérieure nous dit :

" Vole, vole. "

Seulement un lourd fardeau nous empêche de le faire; si nous nous en débarassons, nous pourrons voler mais si nous nous y attachons, nous tomberons. Voilà l'époque où nous vivons, moment prodigieux mais oh combien terrible, car il est tentant de voler mais qu'il est difficile d'abandonner la sécurité, les idées toutes faites.

Mais revenons à l'aura de la terre et au problème de la mort. Nous sommes assez avancés maintenant pour comprendre que l'énergie qui circule dans notre corps imprégnée de notre individualité, de notre personnalité, et qui est en relation avec les autres énergies de même nature ne meurt jamais. Seul notre corps physique se désintègre et retourne à la terre, sa mère nourricière. Le jour de notre mort, nous partons dans le monde invisible opposé à l'autre monde visible et là, nous avons sous les yeux, si je puis dire, l'explication de tout ce que nous ne comprenions pas et nous saisissons le sens de notre vie car tout ce qui était caché nous est dévoilé : **malheureusement ou heureusement, de par notre état vibratoire sur terre dans le monde visible, nous avons choisi notre place dans le monde invisible,** et notre énergie consciente va, une fois de plus selon le dicton : " Qui se ressemble, s'assemble. " se loger dans le champ vibratoire de l'aura de la terre qui lui correspond. Dans cette zone d'énergie, les yeux s'ouvrent et voient les côtés négatifs et positifs de cette situation et c'est un petit peu le purgatoire. Notre conscience comprend que la règle du jeu est de s'élever et ce qui est ressenti, est tellement beau, tellement lumineux que celle-ci ressent l'inspiration profonde de se purifier : alors elle comprend qu'il faut réintégrer un corps afin de passer des examens et amener sa conscience au plus haut niveau. Elle comprend ce qui l'a perdue ou, ce qui l'a empêché de progresser et ainsi elle choisira son retour sur terre en fonction de données qui dépassent encore notre entendement. Une chose est sûre c'est que cela ne se fait pas au hasard et le jour, l'heure, la date de naissance, la famille accueillante, le nom et le prénom ne sont pas accidentels mais bien le fruit d'un travail dirigé de concert par nos maîtres de l'invisible. Notre conscience énergie revient donc sur terre, selon encore une fois sa propre volonté, et choisit de vivre telle ou telle situation afin de lui permettre d'évoluer, de prendre conscience.

Prendre conscience ne veut pas dire : être diplômé, faire des études, mettre une cravate, devenir prêtre ou médecin. Non, quel que ce soit notre niveau social, notre niveau intellectuel il y a toujours moyen, de prendre conscience. Nous sommes tous différents les uns des autres, avec des tâches différentes et chacun est utile et nécessaire à l'autre, au niveau où il est.

De plus, en prenant conscience de notre corps physique, nous rendons service à notre frère aveugle.

PRENDRE CONSCIENCE donc, c'est louer la nature et toutes les forces invisibles qui ont permis aux poireaux par exemple de sortir de terre; c'est protéger la terre car nous avons compris qu'elle fait partie intégrante de notre corps conscience.

PRENDRE CONSCIENCE, c'est être béat d'admiration devant la naissance de la vie dans le sein de la femme ou de voir son enfant grandir; c'est protéger le monde végétal qui renferme l'énergie qui donne la vie et qui fait partie intégrante de notre corps conscience.

PRENDRE CONSCIENCE, c'est se réjouir de caresser un chien, d'admirer un oiseau et d'être peiné de la mort d'une gazelle; c'est protéger le monde animal qui fait partie intégrante de notre corps conscience.

PRENDRE CONSCIENCE, c'est aimer l'homme et s'extasier devant cette merveille de la nature; c'est protéger nos frères qui font partie intégrante de notre corps conscience.

PRENDRE CONSCIENCE, c'est sentir notre coeur vibrer à la vue des astres qui illuminent notre ciel; c'est reconnaître notre appartenance à une force invisible, créatrice de la vie.

CHAPITRE XI

LE STAGE

> Nous ne devons pas croire une chose simplement parcequ'elle est dite, ni souscrire aux traditions uniquement parce qu'elles descendent de l'antiquité, ni des écrits des sages parce qu'ils furent écrits par des sages.
> Nous ne devons accepter que ce qui reçoit l'approbation de notre conscience; c'est pourquoi je vous ai appris à croire seulement lorsque vous aurez senti ce qu'on vous propose, dans votre conscience intérieure... Après quoi, servez-vous largement.
> Bouddha

Il me fallait donc parler de tout cela à certains malades et c'était impossible de par les horaires qui nous sont imposés et de par l'épuisement qui s'en suivait. Je décidai de lutter contre l'impossible, malgré tous mes échecs pour créer un petit centre d'accueil ; je louai les locaux d'une colonie appartenant à un client ami afin d'organiser avec les personnes qui m'entouraient un stage pour les malades.

Ma femme et une amie s'occuperaient de l'intendance et en particulier de la nourriture instinctive; mon assistante leur ferait goûter les plaisirs de la relaxation, de la prise de conscience de leur corps, et il me resterait à expliquer oralement tout ce que nous venons de dire en l'adaptant à chaque cas particulier. Il me fallait quinze personnes pour pouvoir équilibrer mon budget et malgré une centaine de lettres adressées à des malades bien choisis, je n'eus que sept réponses favorables; en insistant je réussis à en attirer trois autres... Ce fut une grosse déception et j'étais prêt à tout annuler. Heureusement, je fus poussé par la dynamique du groupe et si cela n'intéressait pas les gens, nous nous ferions plaisir à nous-même. Je n'eus pas à le regretter et nous passions quatre jours dans un endroit de rêve, en pleine montagne avec dix malades sous la protection constante du soleil. Une amitié se créa entre les participants qui désormais n'étaient plus seuls pour se battre. Ce stage devait nous permettre de nous remémorer les points essentiels en vue de l'obtention de la santé, tels que :

   - la prise de conscience du corps physique et sa grande intelligence

   - l'alimentation et le respect de la nature et de la vie

   - le rythme de vie et la dynamique mentale

   - le sens de la vie et de la mort

Le stage

A cela nous ajoutions un domaine auquel je tenais : l'art .

Nous avions donc décidé de passer quatre jours ensemble et les malades furent acceuillis la veille de façon à commencer tôt dès le lendemain matin. Catherine les amena faire une ballade pieds nus dans la rosée en leur faisant partager les joies d'une respiration calme et profonde et Françoise " notre cuisinière " leur fit savourer quelques bons fruits avant que j'entre en scène. Je fis une véritable entrée d'artiste : nous étions dans une colonie et la tenue vestimentaire choisie était le survêtement; je suis arrivé pour ma part en costume trois pièces, noeud papillon et cheveux gominés. La surprise fut grande, je m'en aperçus au regard interrogateur de toute " la classe ". D'un ton sévère, je me présentai (bien qu'ils me connussent tous très bien) et j'écrivai mon nom et mes diplômes sur le tableau noir de façon à leur tourner le dos pour ne pas avoir le fou rire.

Docteur Bernard Woestelandt, diplômé de la Faculté de médecine de Tours.
Diplômé de l'Institut National Homéopathique Français.
Diplômé de l'Association Coréenne d'acupuncture.
Docteur Honoris Causas en Iridologie.
Membre du centre International de Recherche bioénergétique.
Membre de la Société Internationale de Biothérapie gazeuse.
Membre de la Société Internationale de Cancérologie.
Membre du GRETAG.

Je me retournai et leur demandai de se présenter et d'inscrire leur nom sur un petit carton en le plaçant devant eux sur leur table... Le silence était total et mon entrée réussie. Je les abandonnai cinq minutes et je revins décontracté avec mon pull marin et ma chemise ouverte débarrassée du noeud- papillon.

J'étais stupéfait chaque jour de constater à quel point le fait de tomber malade faisait régresser la plupart des individus; le diplôme était le garant de tout et aveuglément ils l'adoraient comme une divinité. On accuse souvent le médecin d'infantiliser ses patients et certes il y a du vrai dans cette affirmation, mais que les malades fassent leur acte de conscience et que désormais ils deviennent des hommes intelligents guéris de la culplombite et qu'ils deviennent enfin responsables de leur corps et de leur esprit; qu'ils comprennent que nous sommes tous des hommes avec nos problèmes et en particulier celui de notre évolution. La moustache, le noeud papillon, le costume trois pièces, les diplômes ne sont que des artifices qu'il est important de dépasser si l'on veut guérir et vivre mais on peut en rester là et survivre. Chaque jour depuis des années ceux qui m'entourent et moi-même dépensions notre capital d'énergie à secouer ces hommes et ces femmes leur expliquant le rôle de l'alimentation, leur dévoilant le mécanisme de leur conscience, leur apprenant la joie de vivre, leur montrant les bienfaits d'un positivisme, et voilà que d'un seul coup, d'une minute à l'autre, ils sont transfigurés, déconfits devenus esclaves faisant don de leur corps à la médecine... ils avaient consulté le jour du Mardi Gras et ne s'en étaient point doutés !... Je leur parlai donc de cette maladie si dangereuse qu'est la culplombite et nous fîmes quelques exercices leur prouvant qu'ils en étaient réellement atteints. Je leur expliquai ensuite que dans la vie chacun avait son rôle, qu'aujourd'hui il était important de posséder une vue globale des choses. Lavier dans son livre explique cela fort bien :

" Du point de vue traditionnel, il est deux façons d'observer un phénomène, et par conséquent deux manières, pour le médecin, de considérer un symptôme : celle de l'aigle et celle de la tortue. Prenons, afin de bien saisir cette importante notion, l'exemple de l'exploration de la surface d'une table : la tortue s'y déplace dans une direction quelconque et rencontre un vase. Elle en prend note, reprend son chemin, toujours sans direction précise, bute dans un cendrier, et continue ainsi, établissant peu à peu le répertoire des objets qu'elle rencontre **successivement,** mais sans être sûre, vu qu'elle ne connaît pas, à l'origine, les dimensions de la table, que son catalogue sera complet.

L'aigle, au contraire, s'élève d'abord pour survoler la table et, après une **vue d'ensemble,** qui lui donne, en même temps que les limites de cette table, un aperçu du nombre, de la nature et des rapports des objets qu'elle supporte, pourra ensuite plonger sur l'un des objets pour l'étudier plus en détail.

On aura sans peine reconnu, sous ces animaux symboliques, les démarches opposées de l'analyse et de la synthèse, ainsi que le processus qui, partant de l'une, permet de passer à l'autre. Etablie à partir d'une série, forcément limitée, d'analyses séparées, la synthèse est incomplète et doit toujours être remaniée en fonction des nouvelles découvertes de la tortue; alors que l'analyse succédant à une synthèse préalable, selon le procédé de l'aigle, sera définitive, puisqu'elle tient compte de tout l'ensemble.

Abstraire d'emblée, et analytiquement, un organe ou une fonction de l'ensemble de l'organisme pour l'étudier comme s'il s'agissait d'un élément isolé et indépendant, aboutit aux spécialités médicales, et la conséquence en est que le malade doit bien souvent passer d'un spécialiste à l'autre, en consulter parfois une importante série avant d'obtenir un diagnostic. Mais, à l'instar de la tortue, est-il bien sûr d'avoir épuisé toutes les spécialités ? Et son diagnostic ne se rapporte-t-il pas à une affection secondaire dont la cause réelle reste encore à trouver ? "

C'est cela ouvrir sa conscience, s'élever et regarder de haut ce qui se passe en bas... élargir sa vue. Certes, le travail de la tortue est nécessaire, passionnant et nous avons besoin de tous les chercheurs, de tous les travailleurs de l'ombre mais il est important dans ce monde où les connaissances, les découvertes, les acquisitions, les techniques sont légions, que des individus en fassent la synthèse et regardent comme l'épervier afin d'en tirer une leçon pratique. Combien les spécialistes nous sont utiles pour affiner un diagnostic mais combien les généralistes nous sont indispensables. Le diplôme d'accord, mais la conscience oui !

A/LA MORT - LA VIE.

La prise de conscience de la culplombite étant faite il nous fallait aborder d'emblée le problème de la mort et de la vie. Nous avons la chance, la grande chance, nous hommes du vingtième siècle de connaître ce qui s'est passé avant nous; nous connaissons le pas de géant qui a été accompli; il y a une évolution, un fossé, entre les barbares et nos contemporains. Bien entendu certains vont immédiatement dire que nous sommes pires que les barbares sous une autre forme et nous leur donnons raison, mais cela ne devrait pas être et c'est pour cela que notre civilisation est en danger car nous avons délibérement choisi d'aveugler notre conscience, celle qui nous donnait le nom d'homo sapiens, pour nous ranger au niveau bestial. Les premiers hommes n'avaient pas cette connaissance de l'évolutionnisme et ils se devaient de vivre à leur niveau de conscience... C'est nous qui les nommons des barbares. Puis il y a eu de nombreuses civilisations avec toujours, comme à notre époque, des individus et des personnalités avec des niveaux de conscience différents; rien ne se perdant, une conscience collective s'est élaborée. Ne nous leurrons donc pas, nous ne sommes pas un aboutissement mais nous représentons un palier, un maillon de la chaîne; nous avons vu avec les expériences que rapporte le Docteur Thérèse Brosse dans son livre que nous sommes bien petits face aux énergies qui nous gouvernent et que nous commençons à entrevoir cette gigantesque toile d'araignée. Nous sommes là pour participer et nous sommes condamnés à progresser, à évoluer... ceux qui s'y refusent s'opposent à la vie et celle-ci étant créatrice, ils redoubleront leurs classes. Une fois de retour pour la rentrée, chaque individu possèdera un certain nombre d'aides. A sa naissance, par exemple, des planètes dans un ballet cosmique prodigieux par leurs croisements, leurs oppositions, leurs rotations lui imprimeront des traits de personnalité ou lui feront parvenir certains messages. On peut comparer la vie à une course de haies et certains de par leurs attitudes dans leur vie précédente auront de nombreux obstacles à franchir, d'autres moins voire pas du tout... Il n'y a pas de chance ou de malchance et chaque fois que l'homme se trouvera devant une haie, il pourra grâce à son libre arbitre (s'il est connaissant des lois de la vie) avoir deux attitudes :

- soit pleurer, gémir et crier à l'injustice ce qui ne l'avancera guère.

- soit réfléchir, comprendre, prendre conscience et se rappeler de la loi de la dualité qui lui certifie qu'il y a un bénéfice à tirer de cette situation et remercier le destin de l'avoir averti.

A L'ATTENTION DES MALADES RAPPELONS-NOUS ENCORE UNE FOIS CETTE PHRASE DE SILVANESCHI :
" IL FAUT RECEVOIR LA MALADIE COMME UNE LETTRE, ELLE EST DESTINEE A NOUS REVELER QUELQUE CHOSE. "

Nous en avons parlé, nous entrons dans l'ère du Verseau, l'ère de la spiritualité. Les planètes en ce moment, à l'image de la lune qui soulève les océans, ouvrent notre esprit au monde fabuleux des énergies nous faisant comprendre par là même que tout est globalité, que tout est unité, que nous sommes tous reliés les uns aux autres, que nous sommes tous dans le même bateau et que notre vie a un sens. L'ère du Verseau nous amène dans une merveilleuse aventure qui aboutira à l'amour universel. L'homme se dirige vers une époque où la conscience va s'ouvrir sur une autre dimension et nous avons la double chance :

1°- de vivre à cette époque charnière, et de pouvoir participer à cette évolution capitale de l'espèce humaine.

2°- d'avoir le recul et de pouvoir comprendre ce qui se passe.

Mais, comme toute chance, elle est difficile à saisir et nécessite un énorme travail personnel.

Voilà par un petit schéma l'explication de ce qui nous arrive : représentons l'homme par une pyramide; à l'intérieur une partie de l'énergie amour, l'énergie créatrice, l'énergie divine qui nous relie à l'unité, au tout et qui est pointée vers le haut, vers le ciel, vers le cosmos. Malheureusement, nous avons étouffé cette flamme par un énorme rocher : l'EGO (nos petites habitudes, notre confort, nos principes, nos passions, nos peurs, nos contraintes, notre argent).

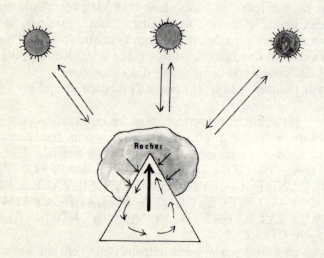

Les planètes envoient toutes leurs forces dans cette flamme (la flèche) qui, pour sortir, doit renverser, casser ce gros rocher qui, lui aussi, a une conscience et ne veut pas mourir. Nous sommes actuellement en proie à un énorme combat : la conscience universelle (l'amour universel) contre la conscience matérialiste (l'égoïsme, le repli sur soi). Ceci crée la disharmonie et met en danger la santé de notre corps. Il nous faut donc prendre conscience de cette lutte et c'est urgent car l'époque est particulière. Si le rocher n'est pas renversé (et nous sommes les seuls à pouvoir le faire par la prise de conscience de "qui suis-je ?" et ainsi découvrir la personnalité que l'on s'est créée), l'énergie va tourner en rond à l'intérieur, détruisant tout sur son passage (c'est la cause des maladies dégénératives). Nous avons donné quelques clés, dans les chapitres précédents, à nous de les utiliser, **et d'en inventer d'autres...**

" **Seuls ceux qui auront une grande spiritualité pourront traverser sans trop de problèmes l'époque que nous allons vivre et qui est déjà commencée.** "

1 - la spiritualité.

" Le XXIème siècle sera spirituel ou ne sera pas."
disait André Malraux.

Mais qu'est-ce qu' être spirituel ?
Etre spirituel, c'est être intelligent et "intellegere" veut dire comprendre.
Mais comprendre quoi ?
Que nous ne sommes qu'énergie et que tout est régi par l'énergie.
Le Dr Thérèse Brosse nous donne cette définition :

"Etre spirituel, c'est vivre à son niveau énergétique supérieur, c'est ressentir et exprimer le caractère universel de la conscience et la reconnaître chez les autres. "

Les découvertes de la physique moderne sont en train de changer la face de l'univers.

1. Illusion du monde invisible.
La physique moderne l'affirme : les règnes minéral, végétal, animal et humain sont tous issus d'une même et unique source d'énergie. Cette énergie se subdivise et donne à l'univers son aspect

multidimensionnel. Tout ce qui est visible à nos yeux n'est en réalité qu'énergie. **Les particules infimes qui animent cette énergie sont douées d'une conscience et dotées d'une mémoire.** Ces particules sont en mouvement perpétuel et vivent en relation dynamique avec toutes les autres particules semblables à l'univers. Le corps, amas de particules, est en relation dynamique avec l'univers et avec tous les autres corps.

Robert Linssen, dont les ouvrages sur la synthèse entre la science traditionnelle et la science physique moderne font autorité, nous disait lors d'une conférence :

"Lorsque vous serrez la main d'un ami, cinq ans après l'avoir déjà fait, ce n'est pas la même main que vous touchez."

2. La mémoire du monde.

Rien n'est le fruit du hasard, et toutes nos pensées et toutes nos actions sont enregistrées dans cette fabuleuse mémoire qu'est le livre de la vie. C'est pour cela que J. Charon a écrit ce livre :"J'ai vécu 15 milliards d'années."

E. Guillé dit dans "l'Alchimie de la vie." :

"Dans chacune des 6OO milliards de cellules que possède notre corps, il y a un à deux mètres d'ADN...Si nous mettions bout à bout tous ces mètres d'ADN, nous obtiendrions une distance de 6OO fois celle de la terre au soleil.Or c'est dans l'ADN que se trouve inscrit le **code génétique...**

Dans une cellule, ce mètre d'ADN est un ruban sur lequel est inscrit tout ce qui a été vécu par la matière vivante depuis qu'elle existe, ainsi que tout ce qu'elle est susceptible de vivre."

Beaucoup de gens imaginent que leurs caractères héréditaires viennent seulement de leurs parents.

En fait, nous avons, depuis ces dix dernières années, les preuves expérimentales du fait que l'évolution même des espèces est inscrite dans cette molécule. "

En effet, tout ce que l'on ne voit pas qui est en nous et autour de nous mémorise le moindre détail depuis l'origine de la vie; **si bien que chaque homme a en lui la capacité de dépasser le problème qui le freine.** Nous sommes des ordinateurs et toutes les expériences de nos ancêtres sont enregistrées. La vie est une chaîne sans fin.

Nous croyons êtres isolés les uns des autres... Non, nos sens à l'heure actuelle ne sont pas encore capables de nous montrer que nous sommes tous reliés les uns aux autres et que les acquis des uns bénéficient aux autres. Ce n'est pas non plus un hasard que toutes ces découvertes se fassent en ce moment... Il est impératif que l'homme prenne conscience de sa vraie nature et qu'il entrevoie le dessein final de la création.

3. L'inconscient collectif.

Tout va très vite en ce moment, les expériences suivantes nous le démontrent, et je cite Robert Linssen :

1ère expérience :

" Rupert Sheldrake a basé sa théorie sur l'étude de faits expérimentaux. Il s'est spécialement consacré à l'étude de la forme des cristaux et la rapidité avec laquelle les formes se matérialisent au cours des phénomènes de cristallisation dans des substances nouvelles créées en laboratoire. Il s'est aperçu que les phénomènes de cristallisation se produisant dans des produits artificiels de synthèse n'ayant jamais existé auparavant sont extrêmement lents.

Mais un fait très curieux et lourd d'enseignements a été observé. Lorsqu'après des mois d'attente, un processus de cristallisation s'est réalisé, en Amérique par exemple, au même moment, une équipe de chercheurs travaillant à l'autre bout du monde, constate une croissance significative de la vitesse de cristallisation de la même substance. Dans la mesure où les expériences se répètent dans le monde entier, la vitesse de cristallisation augmente encore. "

Ce processus fait référence à la **non-séparabilité** des êtres et des choses, en dépit de leur apparente séparation dans le temps et l'espace.

2ème expérience :

" La non-séparabilité que nous venons d'évoquer se trouve particulièrement mise en évidence par des expériences effectuées sur des rats. Celles-ci se sont réalisées de la façon suivante :

On place les rats dans une cage où quelques issues ont été pratiquées. Au bout d'un certain temps, ils découvrent les sorties permettant leur délivrance. Le processus est dès lors enregistré dans leurs mémoires. On place ensuite les rats de la génération suivante dans le même dispositif et l'on s'aperçoit qu'ils ont bénéficié de façon significative des informations acquises par leurs ascendants.

Ce genre d'expérience est connu depuis longtemps. Ce n'est pas ici que s'en révèle le côté surprenant . La surprise réside dans le fait suivant : si l'expérience que nous venons de citer se réalise dans un laboratoire situé à New York par exemple, et que des rats sont placés dans un même dispositif dans un laboratoire à l'autre bout du monde, ceux-ci bénéficient des informations enregistrées lors de notre premier exemple. La diminution du temps nécessaire pour trouver les sorties est significative selon le calcul des probabilités. "

Ceci nous apporte la preuve que pour aider les autres, il faut d'abord s'aider soi-même. Celui qui arrivera à résoudre un problème permettra à ceux qui sont en affinité avec lui de le résoudre sans difficulté. Nous sommes des marche-pieds pour les autres.

4. La conscience de la cellule.

En 1953, James Mac Connell fit cette expérience : il utilisa un ver plat que l'on nomme planaire. Nous savons tous que si l'on coupe ce ver en deux, l'animal reconstruira son intégrité corporelle et nous aurons deux vers avec deux têtes.

1ère partie de l'expérience :

A l'image du chien de Pavlov, Mac Donnell avertit le ver en allumant des lampes avant de lui envoyer une décharge électrique. Il nota, après plusieurs essais que le planaire se contractait déjà avant que le courant ne soit expédié. Une certaine forme de mémoire existait donc chez cet animal pourtant bien simple.

2ème partie de l'expérience :

Il coupa ce ver en deux et dut attendre un mois pour que chaque queue soit doté d'une tête. Il recommence l'expérience sur la partie qui avait conservée la tête et le planaire se contractait avant la décharge. Le ver possédait donc bien une mémoire. Ce qui est beaucoup plus surprenant et c'est ici que réside l'intérêt de l'expérience, c'est que le deuxième ver dont la tête a repoussé, réagissait également au signal lumineux avant la décharge électrique.

Ce qui permet de dire que la mémoire est inscrite dans notre totalité, dans la moindre de nos cellules et que le cerveau ne serait qu'un instrument.

Mac Donnell a continué l'expérience avec ce planaire et l'a donné à manger à d'autres planaires se demandant si la mémoire n'était pas transmissible par... ingestion. Le résultat fut positif et certains cannibales réagissaient avant la décharge électrique.

Tout ceci nous permet de tirer quelques conclusions :
1 - Que nos expériences restent acquises et s'inscrivent définitivement dans l'ordinateur que nous sommes. Mais seulement nos expériences... car ce qui reste au niveau de l'intellect n'est pas du vécu et donc ne sera pas un acquis. **Ne nous gargarisons pas des expériences des autres... Expérimentons car nous venons faire des acquis et seulement des acquis.**
2- Au sujet de la nourriture, nous pourrions dire suite à cette expérience :
" Dis-moi ce que tu manges, je te dirai qui tu es. "

5. La nouvelle médecine.
Toutes ces découvertes changent la face de l'univers et doivent nous faire reconsidérer notre approche médicale.

Robert Linssen, résumant les découvertes récentes de la physique moderne, écrit dans "L'homme transfini" :

" La médecine du IIIème millénaire s'inspirera fondamentalement de la nouvelle vision holistique mise en évidence par l'évolution des sciences en cette fin du XXème siècle. Deux notions importantes se dégagent des recherches et découvertes récentes tant en physique nouvelle qu'en biologie systématique.

D'abord, la notion d'unité. Celle-ci nous fait entrevoir l'Univers comme un seul et même vivant. Ce vivant unique est formé d'un tissu de relations et d'inter-connexions innombrables. Les fils de base formant la trâme de l'Univers n'ont rien des caractères inertes et statiques des fils d'un tissu ordinaire. Ils sont faits de milliards d'ondes et de champs prodigieusement actifs formant des flux constant donnant à l'Univers l'aspect d'une unité organique d'un seul tenant. "

" La médecine du IIIème millénaire sera "holothérapique". Elle tiendra compte de l'importance d'une vision globale de l'Univers dans laquelle l'être humain occupe la juste place que la Nature lui destine. De nouveaux horizons intérieurs s'ouvrent à l'espèce humaine. **Au climat intérieur limité, mesquin, sordide de l'égo succèdent la lumière, l'ordre et l'équilibre d'une vision holistique à laquelle le coeur participe autant que l'esprit.** C'est en cela que réside l'efficience curative de la nouvelle "holothérapie".

6. L'illusion de la mort.

Je citerai simplement le Pr Guillé :
" Est-ce que nos énergies vibratoires continuent à circuler dans le cosmos comme lorsque nous rêvons, ou bien y a-t-il un ordonnancement subtil de toutes ces énergies, un stockage, une redistribution avant d'éventuelles réincarnations ?

Au niveau scientifique, il est actuellement difficile de répondre. Cependant le cas des personnes ayant un oeuf cosmique très riche en N2 est très révélateur...

Ces êtres sont généralement inspirés; ils invoquent la présence d'un guide qui les conseille et peut même leur donner des intuitions. S'ils sont peintre ou écrivain ils déclarent couramment que leur oeuvre a été peinte ou écrite par quelqu'un d'autre, c'est-à-dire par l'être qui les inspirait.

L'existence des énergies vibratoires prouve les niveaux subtils de l'être, nommés corps astral, âme, et..., et de ce fait laisse entrevoir la véracité de la croyance en la survie des corps subtils les plus élevés, que nous retrouvons dans toutes les religions et dans l'ésotérisme. "

" L'homme moderne a perdu le contact avec ses racines et avec ses liens cosmiques : les symboles sont devenus pour lui incompréhensibles. Il erre désemparé dans un univers qu'il ne comprend pas et ne cherche pas à comprendre. Les humains, les groupements, les partis politiques, les pays, les sociétés, les civilisations nous donnent l'impression de se comporter comme des pantins ou des marionnettes parce qu'ils sont bâtis et se développent comme s'ils étaient autonomes et libres de tout lien cosmique. "

Les écritures nous le révèlent, les initiés nous le disent, les scientifiques nous le confirment : l'énergie consciente qui caractérise, qui personnalise chaque homme est universelle et ne meurt jamais... Seule l'enveloppe qui est donnée à cette énergie, ayant l'apparence d'un homme se désintègre afin de retourner à la terre, sa mère nourricière. Si donc, malgré toute notre bonne volonté, notre désir de recherche, notre ouverture d'esprit, les dégâts de notre corps physique sont tels que l'on ne peut revenir en arrière... Ce n'est pas grave... L'important est de prendre conscience, ainsi notre champ vibratoire change totalement de registre et nous aurons accès au réseau énergétique supérieur qui nous donnera la connaissance de haut niveau et qui nous permettra de ne plus redoubler nos classes.

Nous sommes donc tous dans le même bateau, et la fin du monde, c'est-à-dire la fin des cycles d'évolution viendra quand toutes les énergies auront pris conscience. **Nous sommes tous solidaires des uns des autres et nous devons évoluer ensemble ou ne pas évoluer**.

2 - L'unité de la vie et de la mort.

La vie continue après la mort et notre vie a donc un sens; mais comment le découvrir, comment reconnaître le bon chemin, comment prendre conscience ? Nous sommes sur cette terre des milliards d'individualités et il serait présomptueux et prétentieux de ma part d'indiquer le vrai chemin; alors, rappelons nous simplement que tous les chemins mènent à Rome et que nous ne sommes pas tous sur la même case de départ. Chacun devra découvrir son chemin, chaque personne a son héritage planétaire et chacun aura des difficultés plus ou moins grandes à surmonter; certains devront faire de la montagne, d'autres du terrain plat pour arriver au but. Si les chemins et les handicaps sont différents, tous doivent en tout cas respecter la même règle du jeu où les deux lois à connaître sont la dualité et l'action-réaction.

1. La loi de la dualité.

Cette loi de la dualité qui régit l'univers nous permet de comprendre notre vie et par là même de nous guider. De par cette loi, il y a des pauvres et des riches, des beaux et des vilains, des bons et des méchants; imaginons que nous soyons tous méchants, aucun de nous ne prendrait conscience de son état. Il faut qu'il y ait des gens qui fassent le bien pour que nous saisissions le mal. L'homme beau prendra conscience de sa beauté en voyant le contraire, il en est de même pour l'homme laid, ce sera pour lui un handicap mais s'il connait les lois de la vie, il comprendra que ce n'est pas le hasard et qu'il lui faut trouver le côté positif de cette situation; s'il ne le fait pas et même s'il joue la comédie pour se donner "bonne figure", son champ vibratoire sera néfaste de par ses mauvaises pensées... et nous l'avons vu cet état attirera sur lui les vibrations semblables c'est-à-dire une source d'ennuis. En racontant cela et pour plaisanter (car il faut rire de tout), je ne peux m'empêcher de penser à nouveau au regretté Fernand Raynaud qui aimait dire :

" Qu'il est préférable d'être riche et en bonne santé que pauvre et malade. "

Nous ne saurions lui contester cela et force est de constater que cela existe : certains sont beaux, riches et en bonne santé, d'autres ont vraiment tous les malheurs. Il est certain qu'il est facile étant du bon côté de la barrière de tenir les théories du style : l'inégalité est nécessaire et obligatoire. Pourtant, cela est vrai et en connaissant le cycle des réincarnations on comprend mieux cela; tel homme aura hérité d'un capital énergétique important à la naissance et pourra être gâté toute sa vie et réussir en affaires, en amour et ailleurs développant parallèlement et en toutes circonstances le côté posifif de la loi de la dualité; mais, si après avoir été gâté, il s'attache à la matière et se détourne de sa mission, on peut imaginer son retour sur la terre (toujours suivant cette loi qui seule peut permettre de prendre conscience à ceux qui n'ont pas la sagesse d'évoluer en temps utile), dans la situation opposée à la précédente. Pendant ses deux vies successives, il aura goûté à la richesse et à la pauvreté, ce qui lui permettra d'en tirer les conclusions... à condition encore qu'il en prenne conscience. La richesse sur terre ce ne sont pas les biens matériels, c'est la conscience. Ne nous révoltons donc pas et agissons pour notre compte; en faisant la paix avec nous-même, en tirant toujours le côté positif, nous élèverons notre champ vibratoire et nous récolterons tôt ou tard les fruits. Notre vie ne dure pas que 90 ans, elle dure l'éternité. **Ne soyons donc pas aveuglés par la vie matérielle, immédiate, et ne faisons pas de politique à court terme; ne ressemblons pas à la tortue mais ayons un point de vue haut placé.** La loi de la dualité et la loi d'action-réaction sont intimement liées et nous permettent d'entrevoir la signification de l'amour universel; je le répète, nous sommes tous nécessaires les uns aux autres même ceux qui nous irritent et que l'on pourrait considérer comme nos ennemis. Ainsi pour ma part, s'il n'existait pas la médecine allopathique, je ne serais pas homéopathe; c'est grâce à ses travaux, à ses opinions, à ses actions... C'est grâce à la loi de la dualité que l'homéopathie est née... Il le fallait... C'est la seule dynamique de la vie. Sans opposition, aucune évolution n'est possible. Il en est en politique comme en médecine et il est nécessaire par exemple que la Ligue contre l'obligation des vaccinations vive; en médecine comme en éducation et il est nécessaire que l'adolescent apporte une opposition tout en comprenant la position de son père : **c'est la tolérance. Nous allons voir que de la tolérance on peut facilement passer à l'amour...**

2 - La loi d'action-réaction.
Il suffit simplement d'ouvrir notre conscience à ce qui suit. Si quelqu'un vous dit : mais tu es jalouse ! et que pendant des semaines, et des mois, vous faites une obsession sur cette remarque désobligeante, élaborant une rancune vis à vis de celui qui l'a prononcé, c'est qu'en réalité, vous êtes jalouse, et ici la personne que vous considérez comme votre ennemie est en réalité une providence car vous avez la chance de prendre conscience que vous êtes jalouse. Cette personne vous aura aidé à évoluer, à élever votre champ vibratoire; vous devez donc si vous en prenez conscience, la remercier et lui envoyer des pensées affectueuses et sincères. Deux solutions se présenteront alors:
 - ou elle acceptera cette vibration positive ce qui lui permettra elle aussi de s'élever et vous renverra au centuple ce don (c'est la loi d'action-réation).
 - ou elle refusera, et fera un barrage consciemment ou inconsciemment; de toute façon, les ondes vibratoires positives que vous aurez envoyées vous reviendront au centuple se heurtant au mur qu'elle aura dressé comme les ondes sur les bords d'une mare. Vous vous élèverez, elle descendra. Elle a son libre arbitre, vous avez le vôtre et vous voyez que vous avez tout à gagner en prenant conscience. **Nous n'avons pas à juger les autres, nous nous jugeons tout seul.**

J'en ai voulu à mon père de son attitude systématique contradictoire et je ne la comprenais pas... Vous êtes tous passés par là mais cela m'a permis de chercher, de relever le défi constamment et ainsi d'évoluer. Je sais trop la dette que j'ai envers lui aujourd'hui et j'espère maintenant, à l'âge adulte lui rendre le service qu'il m'a rendu... Il a lui aussi son libre arbitre et peut évoluer. Nous avons la chance d'avoir ce niveau de conscience immédiatement supérieur à l'animal et de pouvoir comprendre et diriger notre vie et ainsi de ne pas assister impuissant à ce que l'on appelle les drames de la vie. L'homme malheureusement est une bourrique et il ne cherche à évoluer que lorsqu'il il souffre; il lui faut souffrir pour prendre conscience. Si tout va bien, que les affaires marchent, il n'aura aucune raison de changer quoi que ce soit, aveuglé par une vie matérialiste éblouissante. Ce n'est que dans la souffrance que l'homme prend conscience des réalités de la vraie vie, des sentiments qui l'animent qui le dévorent tels que jalousie, orgueil, amitié, gourmandise, ignorance. La diversité des individus fait que certains sont plus bourriques que d'autres, et tireront moins vite la leçon d'une souffrance, celles-ci s'accumuleront jusqu'à une réelle prise de conscience. Certains attendent d'être au fond du trou noir et d'autres heureusement tirent les enseignements du moindre petit message, ce qui s'appelle la sagesse. L'homme est libre, et à lui de vibrer en harmonie avec sa conscience.

Pour rester pratique, prenons encore ces petits exemples :
- tel adolescent est poussé par ses parents à devenir médecin. Influençable, il se laisse guider mais une fois installé il prend conscience qu'il n'est pas du tout fait pour ce rôle. Sa pensée est dans les voyages, dans l'aventure et il se sent mal entre ses quatre murs, seulement, il gagne bien sa vie et a de nombreux avantages dans cette société. Il choisit alors la sécurité, la routine et l'ennui. Tôt ou tard, un obstacle se dressera sur sa route car ce n'est pas là son chemin, il pourra peut-être le surmonter, prendre des pilules et se donner un sursis mais un avertissement plus fort arrivera probablement.
- de même une femme ayant un cancer du sein reçoit un message - " Tu es sur une mauvaise route, change de chemin, sinon la vie ne sert à rien et c'est la mort du corps physique. Tu vibres mal, fais le point". Malheureusement, la peur est là et elle pratiquera la politique de l'autruche ayant entièrement foi en la solution chirurgicale.

La peur est toujours au rendez-vous et qu'est-ce que la peur si ce n'est l'ignorance : l'ignorance des lois énergétiques, l'ignorance des lois de la vie et de la mort. L'homme essaie de vivre en se protégeant de plus en plus au lieu de prendre conscience que s'il réalise son bonheur intérieur, que s'il vit en harmonie avec lui-même, son esprit va changer de longueur d'onde et se retrouvera au milieu d'autres esprits positifs qui seront pour lui un tremplin dans une nouvelle vie. Nos rencontres ne se font pas au hasard, "l'homme n'a que ce qu'il mérite".

Libérons-nous des chaînes que nous avons bien voulu nous mettre ou que d'autres nous ont imposées pour mieux nous diriger; tous les systèmes philosophiques, religieux ou scientifiques sont un grand danger imposant une vérité et nous empêchant de chercher.

Il ne faut pas avoir de foi aveugle, chacun de nous doit travailler, chercher pour faire sortir la mission qui est en nous. Tout est en nous, et il faut constamment se remettre en question. La conscience énergie est là, prête à surgir pour nous guider si nous voulions bien lui donner le moyen de s'exprimer et lui faire confiance.

3 - Relations parents-enfants.

Pendant le stage, nous avons eu une longue discussion au sujet d'un malade que j'aimais beaucoup. Il avait changé d'alimentation, de rythme de vie en arrêtant son travail, avait suivi des stages de dynamique mentale, apprenait le piano. Malgré cela, il retombait fréquemment jusqu'au jour où il craqua dans mon bureau, il pleura comme un enfant, il me parla de ses parents, de son enfance malheureuse, de son père qui buvait et qu'il devait ramener dans une brouette le soir.

Lui qui avait subi toutes les vexations, les frustrations, continuait toutes les semaines à venir les voir, alors qu'il habitait assez loin, pour aider sa mère qui "trinquait" de la paresse et des défauts de son père. Chaque semaine c'etait une épreuve car s'opposaient en lui deux sentiments, deux passions: la rancune et la charité filiale. Son frère, lui, n'avait pas fait de sentiments, il avait quitté la maison et laissé ses parents se débrouiller, malgré le fait qu'il habitât plus près; cela irritait ce patient et il gardait tout en lui en "rongeant son frein". C'était la première fois qu'il racontait cela, et sa voix sanglotait en disant qu'en réalité tout lui était égal maintenant. Cette histoire nous apporte un grand nombre d'enseignement; nous lisons dans un texte sacré :

"Le Royaume des cieux t'appartiendra lorsque tu haïras, père, mère, et enfant".

Dans le royaume des cieux où nos pensées seront purifiées et où notre conscient aura balayé nos passions, nous nous apercevrons que nous sommes tous nés de la même énergie, que nous sommes tous frères et soeurs et ce sera l'Amour Universel sans exclusive. Le fait de protéger quelqu'un car il est notre fils ou notre mère, montre que nous sommes encore dominés par des faux sentiments et montre que nous avons mal compris le sens de la vie; nous sommes tous frères, tous reliés par la même énergie.

Nous lisons également dans les textes Sacrés ceci :

" Il faut beaucoup plus d'amour à laisser souffrir quelqu'un que de le protéger à tout prix. "

Prenez le cas d'un enfant qui est prêt de se brûler les doigts, immédiatement les parents éteignent le feu, puis, adolescent il aura tout ce qu'il désire, et les parents se mettent en quatre pour le satisfaire (on entend très souvent des adultes dire que la vie n'a pas d'intérêt pour eux et que s'ils vivent c'est uniquement pour les enfants). Jeune adulte, on lui transmet l'entreprise familiale et l'on continue à enlever les obstacles qui se présentent devant lui. Le jour où les parents disparaîtront, cet adulte tombera de très haut à la première difficulté et ne se relèvera probablement pas. Comment voulez-vous que son état de conscience évolue s'il n'a jamais eu l'occasion de se poser des questions ? De plus si toutes les lettres qui lui ont été envoyées ont été ouvertes par les parents, ceux-ci ne pouvaient bien entendu pas les comprendre puisqu'elles ne leur étaient pas destinées.

Ce sont les obstacles et les souffrances qui permettent d'affiner notre état de conscience; c'est dans la souffrance que l'on prend conscience de l'amitié par exemple (bien entendu si nous n'avons pas eu la sagesse de nous en rendre compte avant, je ne fais pas l'apologie de la souffrance).

Revenons à notre malade, rend-il service à son père en allant tête baissée faire le travail qui est nécessaire à la survie de celui-ci ? Le père continue d' errer de café en café et n'évoluera probablement pas beaucoup. Il a donc perdu ce cycle de vie et devra revenir à nouveau affronter les épreuves d'ici bas. Si notre malade aime son père, il devrait l'aider à ne pas redoubler ses classes afin de le retrouver le plus vite; or en ayant l'impression de l'aider, il fait tout le contraire. Rend-il service à sa mère qui n'a jamais élevé le ton, qui ne s'est jamais rebellée ? Se rend-il service à lui-même ? Non, deux passions se combattent en son sein et le dévorent doucement mais sûrement. Que faut-il faire ? D'abord qu'il réalise le sens de sa vie et de sa mort, et s'il comprend le phénomène de la transmigration, il comprendra son enfance comme une épreuve qu'il devait surpasser. Il a peut-être dans une vie antérieure fait souffrir une conscience en s'adonnant à tel vice; il a donc fallu qu'il connaisse la situation inverse et s'il a compris cela, il a maintenant élevé son niveau vibratoire et doit tirer bénéfice de cette expérience. La maladie dont il souffre a été le message et il y avait dû en avoir d'autres, peut-être beaucoup plus gentils mais il n'avait certainement pas dû les ouvrir. Pour maîtriser ce sentiment de pitié qu'il a envers ses parents, ce qui le détruit, l'hypothèse de la transmigration est séduisante et nous permet de mieux comprendre cette phrase déjà citée :

" Le Royaume des cieux t'appartiendra lorsque tu haïras père, mère et enfants. "

En effet, un homme et une femme peuvent donner naissance par l'accouplement physique à un corps; puis celui-ci recevra la vie, c'est-à-dire une âme. Cette âme est peut-être vieille ou peut-être jeune mais de toute façon c'est une conscience placée là sous l'influence d'un mécanisme divin. Cette énergie aura un corps physique, ressemblant au père et à la mère mais aura une conscience qui lui sera propre, influencée par ses vies antérieures qui restent en mémoire. Cette conscience sera libérée, épanouie ou écrasée par l'éducation des parents et l'encadrement d'une société.

Dans le cas de notre malade, les parents ont joué le rôle de maître pour que celui-ci se dépasse et cela dans son intérêt. Notre malade doit prendre conscience que physiquement il est dépendant de ses parents mais que son être véritable est absolument indépendant de ceux-ci et c'est dans ce sens qu'il faut comprendre que nous sommes tous frères et soeurs et qu'il n'y a pas de place pour de faux sentiments liés à une croyance de fausse pitié, de fausse charité.

Notre malade se détruit en voulant aider ses parents, et il les détruit. Son père a sa conscience et il appartient à lui seul de la faire évoluer; son fils lui rendrait le plus grand service en lui montrant le vrai chemin et pour lui montrer le chemin il faut d'abord y être soi-même.

Le stage

" Avant d'apprendre aux autres à être heureux, sois heureux toi-même. " Albert Camus.

Comme nous le disions précédemment, beaucoup de parents (des mères surtout) nous disent en consultation que cela leur serait complétement égal de mourir mais qu'elles tiennent le coup pour leurs enfants. Deux erreurs sont faites ici :

- d'abord, la mère ne comprend pas le sens de la vie et n'a pas compris la signification exacte de la mort (celle-ci redonne naissance à la vie); elle perd donc une chance d'accéder le plus vite possible à la libération des souffrances du corps physique.

- elle ne comprend pas que le meilleur service à rendre à ses enfants est d'être heureuse elle-même. Elle doit être un phare au sein de la famille. Et, pour être heureux il faut être égoïste en comprenant ce terme. Un guérisseur philippin nous disait un jour :

" Le médecin doit être égoïste; le jour où il a de la pitié il perd le pouvoir de guérir. "

Il en est de même pour chacun de nous. Nous sommes tous médecins les uns des autres et il nous faut montrer le bonheur et la joie intérieure. IL NOUS FAUT ETRE DES EXEMPLES, c'est le meilleur service que l'on puisse rendre aux autres.

Les parents passent leur temps à se priver, à se résigner afin de léguer quelques biens matériels à leurs enfants. Ne pourront-ils jamais savoir que le plus beau leg qu'ils pourront faire et qui mettra à l'abri leurs enfants est la libération de leur conscience par l'amour de la nature, par l'amour des couleurs, de la musique, de la poésie, par l'amour de la vie. Notre malade qui me faisait la réflexion de "tenir pour son fils", va-t-il comprendre que s'il ne se réalise pas, (donc s'il n'est pas égoïste) il rendra très mauvais service à celui-ci en disparaissant. Par contre en pensant à lui, en transposant le bonheur véritable sur sa personne, son fils le prendra en exemple et il bénéficiera rapidement de tous les acquis de son père sans en connaître les difficultés. Ne sait-il pas que s'il est négatif, il ne pourra transmettre que du négatif ?

Beaucoup de mères sont désespérées car elles se sont privées de tout, se sont rendues malheureuses, ont ligoté leur conscience, ceci au profit de leur petit protégé. Celui-ci, au moment où les ailes lui permettent de voler, claque la porte dans l'ingratitude la plus complète; les mères se retrouvent seules, c'est la solitude et tout est à recommencer mais voilà, on a 50 ans ! On ne bâtit pas sa vie sur quelqu'un d'autre, chacun a son rôle et doit l'assumer. Votre enfant n'a de vous que le corps physique et ce corps retournera en poussière. Sa conscience, son énergie, sa mission lui sont spécifiques et n'ont aucun rapport avec vous si ce n'est dans le terme d'amour universel où nous sommes tous frères et soeurs. C'est dans ce sens qu'il faut comprendre la parabole selon laquelle le jour où nous nous aimerons et nous aimerons tous les individus avec la même intensité que ceux qui ont notre corps et qui nous ont été confiés pour leur éducation, ce jour là, les portes du paradis s'ouvriront en grand. Cela nous permet d'être stoïque devant la mort d'un être qui vivait à nos côtés. Epictète nous disait :

" Dieu nous a prêté quelqu'un comme on vous prête un objet, un jour il décide de vous le reprendre, remerciez-le donc de vous l'avoir prêté et ne lui en voulez pas. "

Votre enfant est une âme qui vous a été confiée pour son éducation et juste pour cela; ENSEIGNER C'EST MONTRER L'EXEMPLE, NE FAILLISSEZ PAS A CETTE TACHE.

Revenons à notre malade : chaque fois qu'il voit son frère, il ressent quelque chose de terrible qu'il essaye de réfrener mais qui le détruit à coup sûr. Pourquoi se sent-il responsable de son frère ? C'est son frère sur le papier administratif mais en réalité c'est une conscience qui ne devra rendre compte qu'à elle-même et si ce frère agit mal, il aura une épreuve à dépasser dans une vie prochaine. On peut toutefois se poser la question : est-ce que le frère agit mal ? Ce n'est pas sûr. Voyant son père manquer complétement son rôle d'enseignant, il décide de partir et de ne s'occuper que de très loin de son sort en venant le voir une fois par mois cinq minutes alors qu'il habite tout près.

Aucun être humain ne peut juger un autre. Chacun a en lui une mémoire de ses vies antérieures ainsi que les cicatrices de son subconscient et il se doit d'évoluer seul. **Ne jugeons pas et progressons car c'est en progressant que l'on fait évoluer les autres.**

D'un air un peu abattu après cette discussion, notre malade nous dit que c'était bien difficile et que la seule solution était qu'il parte à six cent kilomètres de là ainsi, il ne verrait plus ses parents. Ici encore c'est la politique de l'autruche et beaucoup de personnes se laissent prendre à ce piège; beaucoup de jeunes pensent également qu'ils vont régler leurs problèmes ailleurs. En fait nous sommes toujours seuls avec notre conscience et où que nous soyons, nos passions nous habitent et où que nous soyons il faudra un jour les maîtriser.

Ne pouvant partir, il n'imagine donc pas pouvoir laisser son père et sa mère assurer leur travail quotidien, bien entendu il ne s'agit pas ici d'abandonner deux personnes âgées, ce serait une action négative mais leur rendre visite et au besoin les aider avec un état d'esprit tout à fait différent sans haine ni rancune serait la solution.

A ce sujet, voici une autre expérience racontée par Le Docteur Thérèse Brosse au sujet de l'instinct maternel chez les plantes :

L'influence de la mère, non seulement sur la croissance mais aussi sur la vie même de ses rejetons est considérable. Une plante se développe de façon entièrement satisfaisante si la mère est vivante. <u>Cela seul suffit, alors même qu'elle serait sur un autre continent</u>; les plantes filles ne donneraient aucun signe de souffrance. Si elle etait morte au contraire, ces dernières auraient tendance à dépérir et pourraient même mourir. Les expériences de contrôle furent très nombreuses.

Nous constatons en homéopathie qu'il existe un lien priviligié entre le père et la fille et entre la mère et le fils. Comme s'il existait un tuyau permettant à l'énergie de la mère d'inonder le fils. Nous verrons dans la suite de l'exposé que les enfants se doivent un jour de couper avec intelligence ce cordon énergétique sous peine d'une dépendance désagréable comme le souligne l'expérience ci-dessus. Beaucoup de jeunes sont persuadés qu'ils vont résoudre leurs problèmes avec leurs parents par la fuite. Nenni, ils peuvent être en Afrique, si la mère est mal dans sa peau, le fils le sera également.

L'homme doit comprendre qu'il doit détacher son moi véritable du corps astral qui l'enchaîne; développer une pleine conscience... **Il n'y a pas de place dans l'évolution de l'homme pour les faux sentiments.**

Mais les heures passaient et je ne pouvais fatiguer mon petit auditoire; il fallait se relaxer, respirer, prendre le soleil et en d'autres termes garder les pieds sur terre. Ainsi, grâce à la lumière qui brillait dans le ciel bleu, nous prenions conscience à travers champs et dans les chemins forestiers, du paradis dans lequel nous vivions. Nous prenions conscience que la nature avait tout prévu et qu'elle était d'une générosité sans faille... Nous prenions conscience qu'elle faisait partie intégrante de notre être et nous arrêtant un moment, j'en profitaipour lire à haute voix quelques pages du livre de Janine Fontaine, dans "La médecine du corps énergétique" :

" Et nous retrouverons notre place première. Celle d'intermédiaire entre le ciel et la terre.

Car la terre nous ressemble et nous ressemblons à la terre.

Ensemble nous obéissons aux lois cosmiques. Nous sommes liés.

Le mal que nous lui faisons, nous le faisons à nous même. En prenant soin d'elle, nous prenons soin de nous.

Les continents sont faits de sa chair, l'océan de son sang. Les crêtes montagneuses dessinent sa colonne vertébrale, les filons métalliques son système nerveux, les pierres précieuses ses glandes endocrines. L'océan est le sang de la terre, les marées reflètent les rythmes de son coeur. Un vaste mouvement circulaire anime ses fluides et dessine son système cardio-vasculaire, l'eau s'évapore, se condense en nuages au sein de l'atmosphère. Mais l'aurore qui se lève dépose le suc d'une précieuse alchimie : la rosée. Cette eau devient réserve au creux des glaciers et des lacs, véritables plexus sanguins, puis descend en ruisseaux, cascades, rivières et fleuves qui retournent à la mer. Tel le sang veineux qui rejoint le poumon, elle rejoindra pour s'y purifier le ciel, poumon de la terre.

Indéfiniment et sans faiblesse fonctionne cette pompe cardiaque, ce lien entre le haut et le bas.

La terre est vivante et possède son métabolisme personnel : l'humus digère les éléments qui rentrent en contact avec elle, les corps morts des végétaux, des animaux et des hommes. A partir de cet humus, fécondé par la semence des végétaux, elle engendre l'herbe, les plantes, les arbres.

Elle est vivante et douée de magnétisme : un pôle nord, un pôle sud dirigent le sens de ses énergies. Elle obéit à la loi du tao et l'équateur est son triple réchauffeur.

Grâce au filon métallique, l'énergie circule à l'intérieur de la terre. Mais qu'un court-circuit se produise et c'est l'explosion: un tremblement de terre, écho de ses troubles énergétiques. Qu'une maladie survienne et l'éruption volcanique est le plus sûr moyen d'évacuation des miasmes !

Le stage

Chaque mois, le soleil passant dans les signes du zodiaque éclaire la terre en un point différent. Ainsi fait-elle une prise de conscience rythmée de son corps en une année : relevant la tête au mois du bélier, elle tend le cou avec celui du taureau. Dans une grande inspiration, elle étire ses bras sous le signe des gémeaux. Alors le cancer, l'estomac, le plexus solaire sont à l'ordre du jour. Le lion fait battre le coeur, la vierge anime son système digestif, et la balance lui fait les reins solides. Quant au scorpion, il exaspère ses fonctions de reproduction et de transmutation par son symbolisme de mort et de sexualité réunis. Enfin, dans un mouvement bien ordonné, sagittaire et capricorne, verseau et poisson donnent l'énergie et force à ses cuisses, genoux, jambes et pieds. En une année, le grand exercice de yoga est terminé.

Mais de mini exercices sont prévus ! Réglé par le mouvement de son ascendant qui en vingt-quatre heures de concert avec le soleil parcourt la somme de ces méridiens : la loi du tao commande. Pourtant son rythme de vie est infiniment plus lent que le nôtre ! Combien même ferait-elle l'effort de s'éveiller à l'aube pour secouer son manteau de neige, faire poindre ses feuilles et ses fleurs en bouton, les faire éclore à midi et se recouvrir de feuilles ou de fleurs épanouies dans la même journée, quand bien même ses graines deviendraient graines au coucher du soleil pour disparaître au sein de l'humus au crépuscule, non, jamais elle ne pourrait rejoindre notre rythme de vie ! Nous sommes des éphémères...

Et notre rythme respiratoire est une multiplication du sien. Elle inspire le jour, les fluides du soleil et des planètes à l'alentour qui se nomment Mercure, Mars, Vénus, Jupiter, Saturne, Uranus, Neptune, Pluton et aussi celui de planètes plus lointaines qui sont moins familières; certaines même nous sont inconnues. Et peut-être s'en cache-t-il au sein des trous noirs de l'immensité cosmique. La nuit, elle expire les fluides dont elle doit se défaire, ceci avec l'aimable complicité de la lune.

Elle inspire, expire... au rythme du jour et de la nuit. Ceci par tous les pores de sa peau ! Chaque brin d'herbe, chaque tige, chaque feuille, chaque arbre en est un ! Oui, la terre est vivante et le mal que nous lui faisons, nous le faisons à nous-même, inconsciemment car nous ignorons tous que nous sommes unis et que d'une certaine façon nous lui ressemblons. La fin du monde dont on nous menace, ce n'est-il pas plutôt la fin de la terre tout simplement, de la terre vivante que nous exterminons peu à peu sous prétexte de progrès de science et d'évolution ?

Peut-être sommes nous plus semblables à la terre que nous le pensons ! La loi réincarnationiste n'est-elle pas surperposable au mouvement circulaire qui anime ses fluides? Nos corps subtils ne parcourent-ils par le même mouvement régulier, passant du monde visible au monde invisible en libérant nos corps subtils à l'instant de la mort puis passant du monde invisible au monde visible à l'instant de l'incarnation terrestre ? "

Merveilleux texte qui nous fait prendre conscience de notre responsabilité et de la haute mission qui nous est confiée.

Après un bon repas, composé des cadeaux princiers que la nature nous donne, nous nous remettions au travail et parlions de ce carosse qui nous avait été légué.

B/ LA GRANDE INTELLIGENCE DU CORPS PHYSIQUE.

Avez-vous déjà entendu parler de :

- l'acupuncture.

Toute notre peau que l'on appelle revêtement cutané est parsemée de petits points bien individualisables et reliés entre eux par des réseaux nommés méridiens. Chaque méridien est en relation avec un organe et les méridiens ont entre eux des relations particulières.

Les Chinois ont ainsi, par la tradition et l'expérience, il y a des millénaires, décrit tout un système de relation entre les différentes parties du corps. Invisible à nos sens grossiers, ce réseau de communication permet à une certaine énergie d'alimenter et d'équilibrer ce que l'on appelle le corps humain.

De nos jours, de nombreuses expériences ont confirmé l'existence de ces points et de ces méridiens.

L'acupuncture n'est pas à proprement parler une thérapeutique; elle est plutôt une philosophie qui par son approche globale de l'homme intégré dans l'univers permet une compréhension affinée de ses réactions.

Les Anciens ont décrit avec précision cette énergie unique, source de toute vie, qui se subdivise en énergie YIN et YANG et qui stimule chaque organe à un moment précis de la journée. Ils ont décrit ces relations qui existent entre les saisons et ces organes; entre ceux-ci et les cinq éléments de la vie (bois, feu, métal, terre, eau). Ils ont su montrer la complicité existant entre les couleurs, les sons, les goûts, les odeurs et chacun de ces organes.

Ainsi l'homme apparemment petit au sein de l'univers apparaît comme infiniment grand... infiniment complexe. Cet être doué de mouvement et doté d'une conscience serait la réplique intégrale en miniature du cosmos, répondant à toutes les harmonies vibratoires de celui-ci. L'homme serait un pantin tenu par des ficelles énergétiques de mille couleurs et de sons multiples. Les Chinois par leur connaissance de l'homme établissent ainsi un diagnostic des énergies leur permettant de pallier un déséquilibre. En corrigeant le déficit énergétique, ils évitent qu'une lésion ne se produise au niveau du corps physique.

L'homme n'est pas un assemblage de pièces mécaniques qui n'ont aucun rapport entre elles. La connaissance des méridiens et des relations entre ceux-ci nous permet de comprendre les énigmes de la nature et par exemple pour guérir une sinusite, il nous faut immanquablement passer par les intestins.

L'auriculothérapie.

Il y a de très nombreuses années, une vieille femme de Lyon guérissait un nombre impressionnant de sciatiques et l'on accourait de partout. Son secret : elle chauffait un point bien précis à l'intérieur de l'oreille.

Le Docteur Nogier, esprit curieux, la rencontra quelques mois avant son décès et se lança dans l'exploration de cet appendice qui fait le charme de l'être humain. Si en stimulant un point, on agissait sur le nerf sciatique, il devait y avoir d'autres relations.

Une hypothèse de départ fut lancée et elle fut bonne. L'oreille était la représentation d'un foetus en position verticale avec la tête en bas.

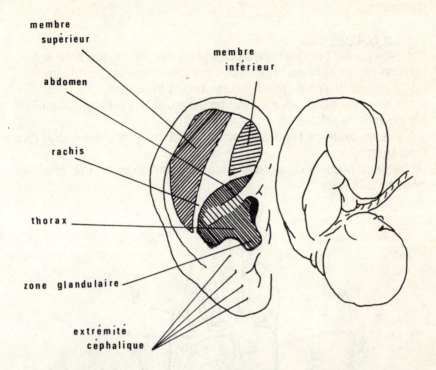

Le dicton populaire disait qu'en mettant des boucles d'oreille l'on améliorait la vue; les anciens films de pirates nous montrent toujours la vigie ayant une oreille percée, un centre de la vision se trouve en effet sur le lobe. Les découvertes du Dr Nogier ne s'arrêtèrent pas là et il établit que l'oreille est en fait un micro-ordinateur par superposition de programmes. L'on dégage en effet sur celle-ci non seulement le foetus en position verticale, mais aussi en position horizontale et dans la troisième dimension de l'espace. Ce fait scientifique nous permet d'établir les relations existant entre des organes ou des parties du corps apparemment éloignés et dissemblables dans leurs structures et leurs fonctions. Ainsi, en piquant un seul point l'on peut agir par exemple, sur l'estomac, sur le sinus et sur le genou. Les études ne s'arrêtent pas là et par la connaissance de ce pavillon ouvert sur la vie, le Dr Nogier nous a montré les relations existant entre l'homme et les états vibratoires des sons et des couleurs. L'homme n'est qu'énergie et harmonie.

La réflexologie.

Nos pieds sont des cartes géographiques où chaque zone est en relation étroite avec un organe, une glande ou une partie du corps.

Ainsi en marchant pieds nus sur un sol irrégulier :
- nous massons ces zones et provoquons des réflexes stimulant les organes en relation,
- nous prenons l'énergie accumulée dans le règne minéral que nous piétinons,
- nous nous déchargeons de notre tension nerveuse en étant branché à la terre.

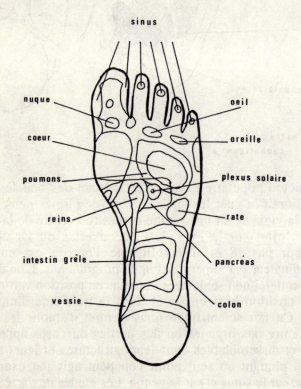

L'iridologie.

Chaque organe ou partie de notre corps a sa représentation au niveau de l'iris. Celui-ci a été divisé et subdivisé et, sa forme, sa densité, ses couleurs nous permettent d'établir un diagnostic sur notre état de santé.

Un fibrome, une fracture, la fragilité d'un organe, un terrain déficient, une tare héréditaire impriment leurs marques sur ce joyau de la nature humaine.

A ce sujet, deux réflexions :

1 - L'iridologie est une science en pleine recherche, en pleine évolution, et se doit d'être modeste. Encore une fois ici, la culplombite fait des ravages et je me rappelle cette femme d'environ 45 ans qui était venue me demander avis pour son sein : ce n'était plus un sein !... recroquevillé, rétracté, ulcéré... elle était suivie par un "iridologue" entre guillemets qui lui assurait depuis trois ans qu'il ne voyait pas de cancer dans son sein et, pour rendre plus crédible son verdict, il l'envoya chez "son maître", conférencier et enseignant paraît-il, qui affirma également qu'il n'y avait rien. Je fis faire une scintigraphie osseuse... métastases disséminées sur l'ensemble du squelette. Ce n'est pas un cas unique... croyez-moi. Le Nouveau Monde nous invite à ne pas juger; alors si vous me demandez ce que je pense de ces hommes, je répondrai : je n'en pense rien... Par contre la femme, les femmes et les hommes qui restent dans leurs mains je leur dis : " espèces de culplombites. "

Aucune science n'est sûre. Aucun homme ne détient la vérité. Les iridologues sérieux (et il y en a) le savent... La carte irienne n'est pas encore parfaitement établie; de plus un autre problème important se pose.

2 - Au dernier congrès holistique de Bordeaux, Mr Gérard Tosi disait avec humilité :

- fréquemment nous constatons au niveau de l'iris des lésions pour lesquelles des examens entrepris au niveau des organes ne nous montrent rien.

- inversement des organes lésés dans leur structure n'ont pas de confirmation au niveau de l'iris.

Les dernières théories supposent une relation entre l'iris et le matériel génétique si bien qu'une anomalie génétique pourra se manifester au niveau de l'oeil, mais pas obligatoirement au niveau du corps pouvant sauter une ou plusieurs générations !

Voici donc une seconde réflexion à l'attention de mes amis iridologues. L'histoire nous raconte que le précurseur de l'iridologie trouva dans la forêt un hibou à la patte cassée : son iris en portait la cicatrice; l'entourant de toute son affection et de ses bons soins, la patte guérit et la tache au niveau de l'oeil disparut. Il recassa la patte pour confirmer la relation avec l'oeil et rien ne s'y inscrivit...

Les deux joyaux situés sur notre face sous les arcades sourcilières nous permettent d'appréhender le monde physique, visible, mais les physiciens nous l'affirment : il n'y a pas de séparation entre le monde visible et invisible, il n'y a pas d'espace vide. L'oeil donc capte toutes les vibrations et notre conscience ne nous en transmet que la moitié. L'on pourrait penser donc que l'iris est le miroir du monde invisible qui nous entoure, c'est-à-dire notre champ vibratoire immédiat ou si vous préférez notre aura.

L'homme possède autour de son corps physique, son double dans l'invisible ou plutôt le corps physique (visible) est la matérialisation des champs énergétiques. Ainsi donc s'il existe une faille, ou un trouble à un quelconque niveau énergétique, l'iris en sera impressionné et cela sera un avertissement avant que la lésion ne se produise dans la matière. Ainsi notre hibou qui vivait à l'état sauvage avait une faille, un manque dans un niveau énergétique et la patte se cassa. Par contre, les énergies reprenant leur place, le fait de casser artificiellement la patte, l'iris ne peut être impressionné puisque le champ vibratoire est harmonieux.

Ne dit-on pas que l'oeil est le miroir de l'âme ?

Combien de personnes osent se regarder dans le fond des yeux ? En déviant le regard ne protégeons-nous pas notre jardin secret ?

On peut donc prendre le corps par tous les bouts, les entrées sont multiples. Les pieds, les mains, le nez, les oreilles, les yeux, la peau ne sont pas le fruit du hasard, mais bien le fruit d'une intelligence supérieure que l'on découvre à peine.

Avez-vous déjà pris conscience réellement de tout cela. Le froid, le chaud, la pluie, la sécheresse, les orages, le vent, le soleil, les couleurs, les sons, la lumière sont autant de facteurs nécessaires et indispensables à l'homme. Toutes ces énergies pénètrent par les portes que nous venons de voir grâce à des mécanismes complexes que nos physiologistes commencent à peine à découvrir.

Je profiterai de cette prise de conscience pour rappeler aux malades que tous les moyens sont bons pour retrouver la santé du corps physique et qu'ils ont à leur disposition des acupuncteurs,

acupuncteurs, des auriculothérapeutes, des réflexologues, des iridologues, des magnétiseurs, des ostéopathes, des neuralthérapeutes, des homéopathes... Mais que la santé du corps est un équilibre précaire et que s'ils désirent ne pas être des assistés médicaux, il leur faut prendre conscience. Prendre conscience qu'ils ne sont qu'énergie et de plus **énergie consciente** et qu'à eux seuls, appartient le secret de la vie. Il est intéressant de donner une bonne vibration à son corps physique et éthérique par diverses manoeuvres mais, si la cause de la maladie vient de plus haut, cela ne sera une fois de plus qu'une béquille.

L'homéopathie.

Puisque j'ai choisi la voie homéopathique, j'en dis quelques mots durant le stage. L'homme cherche et malheureusement il lui arrive de se brûler les doigts perturbant ainsi les vibrations de ses différents corps. Le pardon existe dans la nature et celle-ci nous a légué une troisième loi énergétique : la loi des semblables. Nous l'avons définie et je n'y reviendrai pas mais insistons sur le fait que le granule homéopathique est une énergie vibratoire et parlons de l'expérience faite par le Mr Jolivet, Docteur ès Sciences :

" On envoie un faisceau lumineux ordinaire, approximativement parallèle, à travers un dynamiseur à flux continu en cours de fonctionnement.

Ce faisceau est repris, à la sortie du dynamiseur, par un dispositif optique quelconque (objectif, cône, réflecteur...) qui le concentre sur un support primitivement inerte tel que de l'eau pure ou des globules vierges contenus dans un flacon transparent fermé hermétiquement.

Après quelques minutes d'exposition, ce support primitivement inerte acquiert les propriétés pharmacodynamiques de la substance médicamenteuse dynamisée.

Les moyens de constatation et de vérification de ce fait expérimental sont les mêmes que ceux employés lorsqu'il s'agit de médicaments homéopathiques obtenus par d'autres techniques, y compris la technique légale en France.

Cette expérience, réalisée pour la première fois en juin 1979 et répétée depuis à maintes reprises avec des dynamiseurs de plus en plus perfectionnés et des substances très variées, conduit à la conclusion que **l'agent pharmacodynamique développé dans le dynamiseur est, en partie, transporté par le faisceau lumineux jusqu'au lieu où celui-ci disparaît par absorption dans un matériau peu transparent et peu réfléchissant.** "

La dynamisation homéopathique produit donc une propriété vibratoire transportable par un flux lumineux. L'homéopathie agit au niveau énergétique.

Ainsi, quand un organe ou une cellule se mettent à mal vibrer déterminant la maladie, l'homéopathie apporte la vibration opposée et complémentaire. Représentons si vous le voulez un petit schéma de l'action du remède homéopathique.

Imaginons que l'énergie d'un homme en bonne santé soit comme cela :

Pour une raison x (choc affectif - vacccin - traumatisme - etc) la vibration devient pathologique :

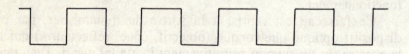

Nous essayerons par l'interrogatoire homéopathique de trouver dans la nature le remède qui possède la même vibration mais en sens opposé.

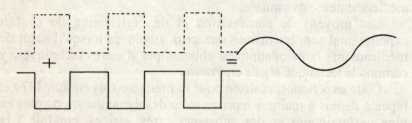

Le stage

Voilà tout le travail de l'homéopathie.

Nous avons parlé des dilutions et nous disions que les générations d'homéopathes à la suite d'Hahnemann s'étaient aperçus que plus elles étaient diluées et dynamisées, plus elles agissaient en profondeur; ainsi l'on peut supposer que :

- les dynamisations basses en 5 CH agissent sur le corps physique.
- les dynamisations en 7 CH, 9 CH ou 15 CH agissent sur le corps éthérique.
- les dynamisations en 3O CH ou XMK agissent sur le corps astral.
- les dynamisations autres en LLK agissent au plan supérieur.

Insistons également sur le fait que l'homéopathie remet sur les rails l'individu mais qu'en aucun cas il n'influe sur son libre arbitre. Comprenez bien cela car il ne faudrait pas croire que le médecin homéopathe grâce à ses granules prend possession de la conscience de l'individu; non, il l'aide à remettre son champ vibratoire en état, il ouvre les circuits énergétiques et il peut ouvrir la conscience mais simplement l'ouvrir, il vous reste le libre arbitre.

On peut comprendre d'ailleurs, l'aggravation du début du remède homéopathique, l'organisme par le vouloir de son propriétaire avait réussi à trouver un équilibre énergétique et d'un seul coup le granule vient le chambouler. C'est pour cette raison, que de nombreux homéopathes conscients avaient envisagé de faire au préalable une préparation du malade. Un bon conseil donc, homme conscient, si vous débutez en homéopathie, utilisez les basses dilutions et laissez prescrire les autres aux homéopathes avertis et expérimentés. Ceci dit, nous nous réjouissons car le destin nous a fait une fois de plus un beau cadeau en nous livrant le répertoire de Kent, ce fameux dictionnaire est en effet le décodeur des messages vibratoires. L'homme se plaint, décrit les troubles qu'il ressent et l'on retrouve ceux-ci tels qu'ils ont été décrits; le dictionnaire décodeur nous donne immédiatement le nom du remède qui , dilué et dynamisé, possède l'équivalent vibratoire; ainsi le granule homéopathique devient la carte magnétique codée qui nous permet d'ouvrir le coffre.

Avant de terminer est-il besoin de rappeler le fait qu'en piquant un point et un seul en acupuncture ou en auriculothérapie l'on agit sur plusieurs zones, il en est de même avec le granule homéopathique par exemple un sujet souffrant de sinusite, de brûlures d'estomac et d'un rhumatisme du genou ne sortira qu'avec un seul remède : kali bichromicum. L'homme est un tout.

C/ LA CREATION ARTISTIQUE

Les jours passèrent très vite et l'on eut à peine le temps d'aborder le domaine de l'art pourtant si important. Parmi les malades nous avions la chance d'avoir quelques artistes et ce fut l'occasion d'échanger des points de vue. Pourquoi cela est-il si important ?

Toujours à cause de la loi action-réaction : chaque individu, nous l'avons vu, existe dans le but de s'épanouir et ainsi de participer à la grande marche de l'homme au cours des siècles, il doit donc inventer, créer, fabriquer... faire mille usages de son génie. Il est libre et libre à lui, en dehors des activités nécessaires à sa "pitance", de créer quelque chose de totalement désintéressé, quelque chose qui n'a aucune valeur au sens propre mais dont la valeur est l'amour insufflé. Ces heures et ces mois passés sur un bout de bois, sur de la terre ou sur des notes lui seront renvoyées au centuple. Il est de plus nécessaire que chaque être ait son petit jardin secret où il puisse dévoiler toutes ses passions, ses peines ou ses amours; il y a des choses que l'on ne peut exprimer ou que l'on ne peut dire même à un être proche.

Encore une fois, ne croyez surtout pas que vous ne savez pas, et qu'il y a des gens diplômés qui savent... achetez un livre, prenez quelques cours, levez-vous de votre siège, n'ayez pas peur de la moquerie. Faites ce que vous ressentez avec amour et le miracle se fera.

Ce stage devait nous permettre de faire une synthèse de toutes ces connaissances mais surtout les appliquer en pratique courante. Il fallait que le malade comprît que l'homme était un tout indissociable; l'acupuncture, l'iridologie, l'auriculothérapie, la réflexologie, l'ostéopathie étaient les preuves que ce corps était intelligent et que face aux erreurs que nous faisions, au déséquilibre que nous provoquions, il réagissait pour rétablir un nouvel équilibre. Il fallait comprendre que le corps humain était un édifice à la fois complexe et combien simple. Rappelons-nous la comparaison du corps avec la ville de Paris; si comme nous l'avions dit, le propriétaire ne comprend pas le langage de celui-ci et qu'il ferme les portes de sortie en appliquant pommade, anti-inflammatoire, antibiotique, ou corticoïde, il aura une part active dans sa propre asphyxie. Pourquoi un foie décide-t-il de se mettre en grève ?

1) il est peut-être mécontent et ses revendications seront:
- une réduction des heures de travail,
- un assouplissement de cet horaire avec des périodes de repos réguliers (jeûne)
- une amélioration de la qualité des produits à transformer.

2) ou il peut être handicapé de naissance et il se refuse pour le même salaire à faire le travail d'un foie normal (quand les parents boivent les enfants trinquent). Il ne faut pas sous-estimer les médicaments pris avant et pendant la conception, la cigarette, la pilule, le rythme de vie, l'état mental, les vaccinations, toutes causes pouvant être à l'origine d'un foie handicapé dès la naissance. On a tendance à oublier ou on ne le sait pas que le foie n'est pas seulement le désintoxiquant du corps mais c'est également et surtout le plus grand instrument de régulation de l'ensemble des métabolismes en l'occurrence du système de défense et du système hormonal (beaucoup de femmes consomment jour après jour, kilos sur kilos de progestérone, ou d'oestrogènes pour tenter de calmer des douleurs du sein, d'ovaires, des migraines menstruelles ou de guérir une stérilité...). Si elles savaient que la solution passe tout simplement par la prise de conscience qu'elles ont un foie et qu'il faut l'aimer !

Oui, aimer son corps, aimer chaque organe, aimer chaque cellule, car nous savons aujourd'hui (les physiciens et de nombreux médecins d'avant garde ne nous démentiront pas) : **la cellule est consciente** et doit évoluer pour participer à notre évolution, nous sommes liés pour la vie, nous sommes dans le même bateau. NOUS AVONS AUJOURD'HUI LA PREUVE QUE LA CELLULE CANCEREUSE PEUT REDEVENIR NORMALE. Nous le supposions et la preuve a été faite; découverte capitale car cela prouve que nous ne sommes pas obligés de détruire, ce n'est pas la seule voie; on peut au contraire faire preuve d'amour pour un organisme vivant et conscient.

Mais qu'est-ce qu'une cellule cancéreuse ? C'est une cellule qui se révolte; prenons encore un exemple et rappelons-nous le temps des galères; un jour les galériens se révoltent et ne veulent plus ramer : le chef du bateau peut les fouetter, les priver de nourriture puis les éxecuter. Mais il restera "en plan" sur la mer sans rameurs; ou alors il pourra se dire (si c'est un homme éclairé, conscient) : pourquoi se révoltent-ils ? Je les nourris mal, je ne leur donne pas assez de sommeil, je ne leur permets pas de se reposer ? Alors, il demandera pardon et rectifiera ses erreurs. Ne croyez-vous pas qu'ainsi les hommes se remettront à ramer et qu'il pourra enfin regagner la rive ?

Nous sommes tous sur le même bateau. La cellule pour vivre a besoin d'amour et à ce sujet nous conseillons aux clients qui nous consultent d'envoyer des ondes d'amour aux cellules ou aux organes qui se révoltent dans leur exercice d'imagerie mentale. AIMER SON CANCER, cela peut vous paraître dérisoire, sentimental, dépourvu de tout fondement scientifique; prenez-le comme vous le voulez... C'est un conseil.

Prendre conscience que sa cellule est vivante.

Prendre conscience que le corps est un tout.

Mais surtout prendre conscience que le corps, c'est-à-dire l'homme, fait partie d'un tout; que c'est un microcosme dans un macrocosme, que l'homme ne vit que par son environnement et qu'il faut louer les orages qui amènent des ions négatifs, remercier la pluie qui abreuve notre soif, admirer le soleil qui alimente nos piles, accepter le vent qui nous révèle les énergies, aimer la terre qui est notre sosie dans ce cosmos.

Il nous faut prendre conscience que l'unité cellule est liée aux organes qui sont eux-même intégrés à l'homme, que l'homme est fondu dans la planète terre et que celle-ci est liée aux autres constellations faisant partie de ce fabuleux ballet cosmique. Nous sommes les liens entre la terre et le ciel et il nous appartient de faire rentrer le ciel dans la terre.

Au lieu de cela, l'homme se gargarise, regarde vers le bas et prétend détenir le monopole de la pensée et devient intolérant. La culplombite s'installe et remplace le choléra ou la peste. Au lieu de prendre conscience et de s'ouvrir à l'amour des forces qui nous entourent, l'homme s'enferme, se protège et s'arme de béquilles.

Il faut prendre conscience, et prendre conscience c'est comprendre le rôle d'une alimentation saine :

1° pour l'amour de son foie, de ses cellules, de son corps; il ne sera pas ingrat et il nous le rendra. Corps sain, esprit saint.

2° pour l'amour de son "soi", ce qui nous permettra d'évoluer, de faire entrer le ciel dans notre boîte cranienne.

3° pour l'amour de la terre qui évoluera ou disparaîtra avec nous, en ne la pillant pas

4° pour l'amour de nos frères hommes.

Ici un petit aparté pour parler si vous le voulez de la charité.

LA CHARITE.

Nous avons tous été un jour face à un enfant agonisant n'ayant plus que la peau sur les os alors que nous étions assis devant notre télévision avec une côte de boeuf dans l'assiette; oh, nous sommes sensibles et nous avons le coeur gros mais que pouvions-nous faire ?

Nous sommes des "rien du tout" dans ce concert des super-grandes puissances, dans cette politique mondiale, dans cette économie de marché si complexe, dans cette vie si difficile. Nous ne comprenons pas mais nous avons bon coeur alors nous changeons de chaîne car cette image finirait par nous couper l'appétit et nous envoyons un chèque à un organisme bienfaiteur... Nous aurons bonne conscience, nous aurons été charitables. Sans vouloir m'ériger en moraliste car je suis autant coupable que Mr Toutlemonde, je déclare aujourd'hui que cela est de la fausse charité et qu'il n'est pas vrai que nous ne puissions rien faire.

C'est de la fausse charité en effet, car il est facile de donner quand on peut donner et qu'on n'est pas gêné... Mais que continuera-t-on à donner quand nos enfants n'auront plus à manger ?

C'est de la fausse charité car à long terme ces enfants mouront; ce n'est pas un poisson qu'il faut leur donner, mais une canne à pêche.

C'est une fausse charité car cela met une couverture de plus sur notre conscience et nous empêche d'évoluer.

Nous pouvons quelque chose même si nous nous appelons Mr Dupont et que nous habitons dans un petit village d'un département perdu. Nous l'avons dit en parlant d'alimentation : quand l'homme se met à manger des fruits, des légumes, des céréales, des graines : quand il mange de l'énergie par le cru et par le biologique, son appétit diminue, sa force et sa résistance augmentent et il se détourne progressivement de la viande. Ceci est de l'expérience vécue et non apprise dans des livres. Or nous, hommes civilisés, hommes du XXème siècle, nous croyons qu'il faut manger de la viande deux fois par jour; notre rythme de vie est tel que nous ne pouvons plus faire notre marché en fruits et légumes frais, aussi nous sommes condamnés à manger cuit et donc à consommer trois fois plus. Ne savons-nous pas (pourtant les organismes tels que Frères des Hommes, Médecins sans Frontières, ou Greenpace, nous le crient aux oreilles) que pour nourrir notre bétail nous importons la matière première des pays sous-développés.

Avec la quantité de céréales qu'il faut pour nourrir
1 personne à partir de viande.

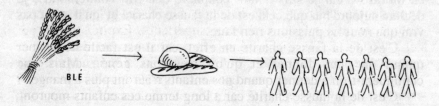

On peut nourrir
7 personnes à partir de pain.

Le stage

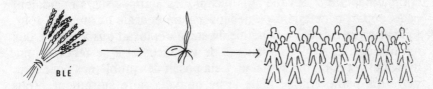

Et plus de
20 personnes à partir de graines germées.

En mangeant sain, nous mangerons moins et notre corps deviendra sain. Notre esprit suivra et nous rayonnerons de santé et de bonheur chacun dans notre petit coin , et, petit à petit, par notre exemple, nous provoquerons une épidémie... L'ensemble de la population mangeant moins cela sera bénéfique pour l'autre moitié du monde. **Prenons conscience que chacun de nous a un rôle à jouer; nous ne sommes pas sur terre pour végéter; nous avons tous autant que nous sommes à quelque niveau que nous soyons notre place à tenir. Voyons plus loin que le bout de notre nez et prenons conscience de la chance que nous avons d'être nés aujourd'hui dans un pays riche et développé. Il ne faut pas perdre cette chance car demain c'est peut-être nous qui demanderons assistance.**

Le seul moyen de profiter de notre chance c'est d'être généreux mais généreux d'abord pour notre propre corps, pour nos propres cellules, c'est le seul chemin pour rendre heureux les hommes. **Prenons conscience que nous participons activement à un grand puzzle... Nous représentons une pièce et il nous faut retrouver notre place; si nous ne la retrouvons pas, les autres ne pourront pas se placer.**

Le stage dura quatre jours et fut pour toute l'équipe, une véritable cure de jouvence. Je repartis à l'assaut de ma clientèle plein d'énergie décidé à développer ce genre de contact avec les malades, ne voyant plus d'intérêt à passer une demi-heure à une heure avec chacun. Que pouvais-je leur dire, que pouvais-je leur faire comprendre en si peu de temps ? Bien entendu, il y avait le petit film d'une heure trente que je leur projetais mais déjà il était dépassé et j'avais fait d'autres acquisitions. Avec un ami musicien de talent et la petite équipe qui m' entoure, nous refîmes un film complémentaire : ces moyens techniques audio-visuels m'aidaient beaucoup et m'évitaient de dépenser mon énergie qui malgré tout, fondait à vue d'oeil. Le bénéfice du stage s'épuisait très vite et je dus me décider à prendre davantage de vacances et à ne recevoir que trois jours et demi par semaine. Cela posait des problèmes pour faire vivre ma petite équipe mais je ne pouvais faire autrement. Vous devez être étonnés et dire que c'est incompréhensible : je pratiquais une alimentation crue biologique, je connaissais tous les moyens pour être positif, je pouvais me relaxer et méditer, j'avais découvert un sens à la vie et n'avais plus peur de la mort, j'avais des clients, j'étais heureux en famille et dans ce monde moderne, je faisais partie des privilgiés. Cependant j'étais fatigué et je voulais tout arrêter.

Oui, je rêvais d'une année sabbatique... Une année sans clients... Une année sans responsabilités... Une année pour digérer tout ce que j'avais ingurgité... Une année pour réfléchir... Une année pour lire et pour rencontrer tous les gens que je rêvais de rencontrer... Une année de paix... J'en rêvais et cela devenait un thème obsessionnel. Je calculais, refaisais mes comptes, envisageais des plans sur la comète, mais impossible, c'était impossible sur le plan financier : j'avais deux salaires à donner tous les mois sans compter le cycle infernal de tous les remboursements. On me conseillait de me faire remplacer et en souriant je répondais que j'étais irremplaçable... Je le pensais et je ne voyais pas un petit jeune sortant tout fraîchement de la Faculté ayant deux années d'études homéopathiques me remplacer. J'avais fait un trop grand chemin et la clientèle venait de lieux de plus en plus éloignés. Cela aurait été une supercherie vis à vis de celle-ci, car tous ces gens habitaient une ville où il y avait moult médecins homéopathes et s'ils se déplaçaient dans mon coin perdu, c'est que je leur apportais probablement quelque chose de plus. Ceci était un réconfort mais j'en avais assez. J'appliquais de moins en moins les bons conseils que je donnais, recevant quelquefois sèchement certains malades. Je m'en excuse aujourd'hui auprès d'eux mais j'étais condamné... à continuer de travailler. J'essayais quand même de me ressaisir et par des efforts de volonté, je vivais une activité en dents de scie, trois jours bien, quatre jours découragé, une semaine souriant, neuf jours triste. Les jours et les mois passèrent et j'eus la visite d'un médecin qui finissait sa dernière année d'homéopathie; il venait me demander conseil et l'autorisation de venir assister à mes consultations. J'acceptais aussitôt devant sa gentillesse et sa modestie... En effet, en général, ils cherchent tous à remplacer mais rarement à apprendre ! Il venait donc de temps en temps et resta plus d'un mois le dernier été... Il était passionné par tout ce que je faisais et cherchait à comprendre sans aucune idée préconçue tous les thèmes que l'on développait. Il se réjouissait de notre mode alimentaire et sa gentillesse, sa simplicité alliées à son esprit de tolérance ont fait que nous nous sommes tous attachés à lui. Un espoir naissait en moi, celui de le former aux techniques que nous pratiquions, de m'associer et lui laisser la barre pendant un an. Malheureusement il devait faire son service militaire et devait attendre seize mois.

 Je ne pus attendre si longtemps et je m'arrêtai dans des conditions bien particulières que je me dois, si vous avez toujours le courage de me lire, de vous raconter; car encore une fois ce fut un grand tournant dans ma vie.

CHAPITRE XII

LE REVE ET LA MEDIUMNITE

> Qui cherche peut se tromper ? Mais il a cherché Dieu. Il est cent fois plus saint que celui qui croit avoir béatement trouvé un Dieu qu'il n'a jamais cherché.
>
> Maëterlink

J'étais fatigué, je vous le disais et mes nuits s'en ressentaient; elles étaient agitées, remplies de cauchemars, et je me réveillais plus fatigué que la veille. Ma femme en devenait lasse et ne me posait plus la question : "As-tu bien dormi?" Elle en connaissait la réponse d'avance. Or, un jour elle me provoqua :
" Est-ce que tu as rêvé cette nuit ? "
Je m'assis sur mon lit et me dis : Oui, j'ai rêvé. Je me rendais compte que j'essayais de l'oublier, elle insistait pour que je lui en parle et, faisant un effort de concentration, je lui racontais :
- J'étais sur une grande place, comme il en existe une dans toutes les villes, bordée d'immeubles de taille et d'allure différentes. Rentrant dans le plus important, je découvrais une salle remplie de meubles anciens, de chaises rustiques, de toiles et de tapisseries, je pensais qu'il allait y avoir une vente aux enchères et je rencontrais une jeune femme très souriante qui m'invitait à la suivre. Elle me faisait découvrir une grande pièce où la lumière passait à peine et où l'on venait se recueillir car elle était divisée en alcôves et dans chacune de celles-ci un magnifique cercueil ouvert nous laissait voir un grand saint. Je continuais avec elle, et je m'asseyais pour écouter un prêtre qui enthousiasmait la foule présente; on n'entendait pas une mouche voler et mon coeur vibrait intensément... Mais d'un seul coup, je me levai et fis mes adieux à mon guide; interloquée, elle me demanda pourquoi je ne restais pas :
" - Oh, comme j'aimerais rester, dis-je, j'en rêve depuis des années mais j'ai du personnel, je suis un chef d'entreprise et j'ai trop de dettes. "
" - Mais pourquoi ne feriez-vous pas comme le Père qui parle, nous lui avons fait un contrat, et il est payé pour rester ici, restez avec nous et vous n'aurez plus de problèmes d'argent ! "
Comme toujours, c'est au moment le plus intéressant que le

réveil sonne et je me réveillai...

J'étais perplexe et je restais assis quelques instants puis me levant d'un bond, je pris la décision : je m'arrêtais... Ce rêve devait avoir un sens et je devais m'exécuter. Au diable les problèmes matériels, au diable les clients et je me décidai à appeler le jeune médecin afin qu'il prolongeât son sursis et qu'il me remplaçât ne fût-ce que six mois.

Cette décision peut vous surprendre et paraître traduire un déséquilibre notable de mon équilibre mental; aussi je vous dois quelques explications. Revenons un peu en arrière... J'étais fatigué, découragé et je prenais conscience que mes premiers malades cancéreux à qui je n'avais donné aucun conseil alimentaire, aucune notion de la dynamique mentale ou ébauché de sens à la vie, qui ne pratiquaient pas de visualisation et qui se contentaient seulement d'ingurgiter des solutés Vernes, Solomides ou Gui, étaient pratiquement tous en vie. Je prenais conscience que plus j'en faisais et que plus je leur en faisais faire, plus nous avions d'échecs jusqu'à cette dernière année où pessimiste, j'affirmais à ma femme que tout le monde y passait et que je n'avais plus confiance ni aux bilans Vernes, ni aux produits, ni au travail en profondeur que nous faisions.

J'étais découragé de nous voir nous acharner à vouloir sauver une vie en pensant qu'au même moment, cent mille hommes périssaient par le dictat d'un homme, dans un autre coin du monde.

J'étais découragé de voir au cours des conférences auxquelles j'assistais que les questions étaient toujours les mêmes :

" Mais quelles sont vos statistiques ? "

" Vous n'allez pas nous dire que vous n'avez pas de morts? "

Et je répétais sans cesse :

" Mais ce ne sont pas mes morts, ce ne sont pas mes échecs; comment pouvais-je être responsable de cette femme qui en rentrant chez elle, s'aperçoit que son mari roucoule avec sa fille adoptive ? Comment pouvais-je être responsable de cet homme et de cette femme qui font chambre à part depuis dix ans, qui mangent chacun à un bout de table ? Comment pouvais-je être responsable de cet être abandonné par son conjoint, rejeté dans son travail et laissé par ses enfants ? Non, je ne peux être ni le père, ni la mère, ni l'amant, ni le fils... "

Le rêve et la médiumnité

J'étais découragé par l'attitude de la famille des malades qui après nous avoir encensés, nous rendent responsables et prennent des mesures de rétorsion. J'étais découragé par l'attitude de certains confrères qui n'avaient pas réfléchi, avant de nous jeter la pierre, qu'il était bien facile en blouse blanche et entouré d'une cohorte d'infirmières de dire :
" Nous avons tout fait ! "

Moi, j'avais l'impression qu'il y avait encore quelque chose à faire et que je n'en avais jamais fait assez.

J'étais découragé de voir réaliser des essais randomisés alors qu'on nous interdisait, malades et médecins, d'explorer une autre voie.

Croyez-vous, amis médecins, qu'il ne serait pas préférable pour nous devant la découverte d'un cancer de nous en laver les mains; croyez-vous que notre vie n'en serait pas simplifiée ?

J'étais découragé mais je continuais, persuadé qu'il y avait quelque chose qui m'échappait.

Je poursuivais donc mes études et j'allai au premier congrès de médecine holistique à Bordeaux organisé par le Docteur Janet et là, il se passa quelque chose.

Le samedi après-midi, trois physiciens venaient faire part de leurs travaux à des médecins conscients de l'unité de l'homme, vivant intégré dans le cosmos. Ils nous expliquèrent qu'ils étaient arrivés à un point tel qu'ils ne pouvaient plus avancer et qu'ils se heurtaient à un mur... Et la seule façon de le passer c'était d'admettre qu'il existait une force supérieure. Explicitons un peu cela : vous avez une pierre dans la main et vous vous décidez d'en connaître le secret, sa composition; vous en cassez donc un petit bout et vous l'examinez au microscope, vous admirez quelques atomes et utilisant des microscopes de plus en plus puissants et bien vous arrivez à la particule nucléaire. Que vous examiniez une montagne, une main, un foie, une fleur, un fruit, un arbre, un chien, quand vous arrivez au microscope le plus puissant, vous constatez que tout cela n'est que particules nucléaires qui vibrent; des énergies permettent à ces particules nucléaires de vibrer d'une certaine façon et nous voilà avec l'illusion de voir une montagne devant nous. **Tout donc n'est qu'illusion, tout n'est qu'énergie, tout n'est que vibration, tout n'est que rythme.**

Admettre donc qu'il y ait une force supérieure... depuis quelque temps déjà la littérature qui passait entre mes mains parlait de Dieu ou d'énergie divine, mais je l'acceptais sans l'accepter; comme beaucoup d'entre vous j'ai été baptisé, j'ai suivi les cours de catéchisme pour retrouver les copains, fait mes communions pour la montre ou l'appareil photo, récité par coeur mes prières le soir pour faire plaisir à ma grand-mère... Elle décéda et je continuais seul encore de longues années jusqu'au jour où je trouvais que cela faisait un peu grand benêt de réciter tout cela. La décision fut très difficile à prendre et je m'y pris en plusieurs fois mais je le fis et je coupai clair et net mes relations avec des forces que je n'avais jamais vues. Je n'avais pas à demander pardon et je ne voyais pas quel péché je pouvais commettre; j'étais un homme, un vrai, et je prendrais désormais ma destinée entre mes mains.

    Les années passèrent et mon éducation aidant, les liens furent définitivement coupés; je me mariai à l'Eglise sous la contrainte et je refusai de faire baptiser mes enfants. Puis vous connaissez la suite... A la sueur de mon front, j'ai pris ma destinée entre mes mains et j'ai décidé de guérir le monde... J'étais découragé, épuisé, et plus j'en faisais moins je guérissais; j'en étais donc arrivé à la conclusion suivante : le médecin ne peut guérir personne... Seul, le malade peut se guérir et le médecin n'a que la tâche et cela est déjà important, de le remettre sur les rails sans lui nuire autant que possible. J'avais touché à tout et fait le tour des nombreuses disciplines thérapeutiques acupuncture, auriculothérapie, organothérapie, oligo-éléments, phytothérapie, réflexologie et j'étais revenu à la case départ : l'homéopathie. Le répertoire de Kent était passionnant mais combien difficile; il me fallait reprendre mes études d'homéopathie que j'avais un peu délaissées afin d'assimiler tout ce dont nous venons de parler.

    Cette médecine, à mes yeux, faisait la synthèse de toutes les autres techniques et choisir le bon remède et le donner au bon moment devait faire économiser du temps et de l'argent au malade qui court souvent de tous côtés pour trouver la thérapeutique miracle. Depuis quelques années, j'allais de temps à autre assister aux consultations d'un vieil abbé, orfèvre en homéopathie et qui selon la rumeur publique, faisait des miracles. Je décidai d'y aller très régulièrement et il m'offrit son amitié. Tous les vendredis m'étaient réservés, le matin nous voyions quelques malades, l'après-midi l'Abbé Chabord m'instruisait en me donnant petit à

Le rêve et la médiumnité

petit les clés qui ouvrent le répertoire de Kent. Il était gourmet et l'est toujours d'ailleurs malgré ses 80 ans; le midi, j'étais le pretexte auprès de sa gouvernante pour faillir au régime selon lui sévère de la semaine (il ne l'était pas en réalité) puis c'était l'heure de la sieste et je m'en allais promener à travers bois où jaillissait une source que l'on nomme Bénite Fontaine. C'était un lieu de pélérinage où la Vierge aurait fait de nombreux miracles. Je pénétrais dans son sanctuaire et fus tout ému si bien que comme un gamin, je me suis agenouillé et j'ai récité mon "Je vous Salue Marie", seule prière dont je me souvenais. J'étais assez gêné de mon attitude mais quelque chose en moi me poussait à prier et chaque vendredi, j'y retournais. Je me confiais à l'Abbé Chabord et nous parlions longuement entre quelques exercices de répertorisation de la Sainte Vierge.

C'est à la même période que je rencontrai le curé de ma commune et sachant qu'il revenait de Yougoslavie, je l'invitai à partager un repas en famille. J'avais en effet entendu parler de l'apparition de la Vierge depuis quelques années à un groupe d'enfants yougoslaves et je voulais mettre au clair les échos que nous avions reçus. Il nous montra un film, tourné lors de l'extase des enfants et je dois dire que ce fut assez bouleversant. Ceux-ci étaient d'âge et de taille différents et lorsque la Vierge apparaissait, tous tombaient à genoux regardant exactement le même endroit, littéralement transfigurés. La Vierge parlait à chacun. Par la bouche des enfants, elle demandait aux hommes de prier le mercredi et les avertit du danger qu'encourait le monde. Elle aurait dit aux enfants :

" Si par accident, vous deviez mourir, ne craignez rien car maintenant vous savez que la mort n'est pas la mort mais la vie. "

Elle aurait demandé aux hommes de méditer chaque jeudi l'Evangile selon St Matthieu Ch 6 25-34 :

" Voilà pourquoi je vous dis :
Ne soyez pas en souci pour votre vie de ce que vous mangerez, ni pour votre corps de quoi vous le vêtirez. La vie n'est-elle pas plus que la nourriture et le corps plus que le vêtement.

Regardez les oiseaux du ciel : ils ne sèment, ni ne moissonnent, ni n'amassent dans des greniers et votre Père céleste les nourrit ! Ne valez-vous pas, vous, beaucoup mieux qu'eux ? Qui d'entre vous, à force de soucis, peut ajouter à son âge une seule coudée ?...

"Ne vous mettez donc pas en souci disant que mangerons-nous ?

ou que boirons-nous ? ou de quoi nous vêtirons-nous ? Tout cela en effet les païens le redoutent, car votre Père Céleste sait que vous aurez besoin de tout cela. Cherchez d'abord le royaume et la justice et tout cela vous sera rajouté. Ne vous mettez donc pas en souci pour demain car demain aura souci de lui : à chaque jour suffit sa peine. "

. Notre curé était passionné et il nous communiqua une partie de son enthousiasme.

Quelques temps auparavant, j'étais allé avec ma femme assister à Genève à une conférence de Maguy Lebrun. Sur l'estrade à ses côtés, se tenaient plusieurs médecins désireux de rester dans l'anonymat et j'en reconnus immédiatement deux pour avoir travaillé avec eux dans un groupe de recherche sur le cancer. Qui est donc Maguy Lebrun ? Une femme comme les autres ou presque qui adore les enfants et qui, pour satisfaire sa passion, dirigeait une petite institution et adopta un grand nombre d'orphelins.

Il y a une trentaine d'années, elle s'aperçut avec le médecin du centre, qu'elle était douée de magnétisme et qu'un certain nombre d'affections guérissaient par imposition de ses mains. Elle développa donc son don et, un soir de fatigue, rejoignant son mari dejà endormi et lisant dans son lit, elle fut dérangée par une voix étrange qui émanait de son mari. Il était pâle et parlait endormi, d'une voix aigüe qui ne ressemblait guère à la sienne. Sa surprise, vous vous en doutez, fut grande et elle nous raconta le dialogue. Une voix venait lui demander de fonder un groupe de prières et d'apprendre aux gens à prier, leur reprochant de prier que dans les peines et jamais dans la joie; elle refusa dans un premier temps prétextant qu'elle n'en était pas capable mais la voix insista lui affirmant qu'elle se chargerait de la guider. La promesse fut tenue et la voix revint régulièrement pour répondre à toutes les questions que Maguy Lebrun se posait. Son mari joue ainsi le rôle de médium depuis trente ans et ne se souvient strictement de rien. Toutes les conversations ont été enregistrées et les réponses que faisait Maguy Lebrun à nos questions lors de la conférence étaient assez édifiantes, pleines de sagesse et d'amour. Les médecins étaient là pour confirmer les guérisons obtenues par la force du groupe de prières qu'elle avait fondé et auquel ils participaient.

Le rêve et la médiumnité

Nos physiciens qui nous parlaient de la force supérieure, la Vierge qui apparaissait à Médjugorje, la voix qui parlait à Maguy Lebrun, ma petite expérience qui me montrait d'une façon criante que les guérisons que j'obtenais dépendaient de facteurs que j'ignorais totalement, tout cela jetait le doute en moi et me poussait à recommencer à prier. J'attendais avec impatience le vendredi et je reprenais mon dialogue du soir comme quand j'étais enfant. Par fierté, je n'en parlais pas à ma femme mais je sus bien après qu'elle s'en doutait.

Ceci dit, j'étais toujours autant fatigué, et Dieu ou pas Dieu, Vierge ou pas Vierge, je rêvais de m'arrêter. La décision fut vite prise ce matin-là après mon rêve mais elle faillit se briser quand le Dr Canonne me répondit qu'il s'était engagé à partir pour l'armée. Le hasard faisant bien les choses, une lettre l'avisa qu'on ne pouvait le prendre immédiatement pour cause d'effectifs en surnombre; ceci me réconforta dans ma décision de m'arrêter et je me sentis rajeunir de dix ans libéré d'un lourd fardeau qui me faisait crouler. J'allais avoir de gros problèmes matériels mais cela m'était complètement égal m'ayant imprégné maintes fois du texte de l'Evangile selon St Matthieu. J'étais peut-être inconscient... Etait-ce un bien ou un mal ?

M'occupant de fendre et de couper du bois je m'adonnais à tout ce que je ne pouvais plus faire et surtout aux travaux physiques; je courais, je lisais, je m'occupais de mes enfants et je passais des heures à calmer mon activité mentale. Ceci était moins facile et aux heures de pointe, mes pensées se bousculaient :

" C'est bien de m'arrêter mais le temps passe vite et si je dois reprendre mon travail dans les mêmes conditions, ce sera un coup pour rien. "

L'oisiveté est quelque chose d'agréable mais cela ne pouvait durer et il fallait me trouver une direction à prendre.

Par respect envers mes clients, nous avions écrit à tous les rendez-vous prévus leur annonçant mon arrêt et leur proposant de consulter le Dr Canonne; je regardais de temps en temps le carnet de rendez-vous et je m'aperçus qu'un jour un prêtre venait de Besançon pour accompagner une personne que j'avais déjà vue. Le jour venu, je travaillais à ce livre dans ma chambre et je me décidai a aller saluer ces deux voyageurs. Il était midi et m'apercevant que pour dîner ils n' avaient qu' un sandwich, je les invitai à ma table instinctive. L'échange verbal fut chaleureux et le Père Pourchet insista, en apprenant que je bénéficiai d'un temps assez libre pour que je rencontre un homme visionnaire de l'Eglise, à ses dires. Je m'inscrivis sur le champ avec ma femme, à une retraite tant il faisait d'éloges sur cet homme de Dieu et j'attendis avec une grande impatience la date du stage me disant que je trouverais peut-être le maître qui me guiderait.

Il restait deux semaines à attendre et la vie continuait; ma femme suivait son enseignement astrologique et revenait de plus en plus tard des cours qui se terminaient dans une brasserie de l'Université. Ce soir-là, elle revint me disant que son professeur hébergeait pour quelques jours un évêque orthodoxe dont la fonction principale était l'exorcisme. J'avais déjà entendu parler de cet homme et dès le matin, je téléphonai pour le rencontrer : je voulais tout savoir. Malgré son emploi du temps surchargé, on me convia pour la fin d'après-midi, et on m'annonça que je pourrais de surcroît rencontrer une jeune médium tout à fait étonnante. J'étais de par mon métier plongé dans le domaine des énergies mais la médiumnité et l'exorcisme étaient pour moi quelque chose de tout à fait étrange.

LA MEDIUMNITE

A la tombée de la nuit et en plein hiver, je me rendis dans une petite villa au coeur de Genève. Je sonnai une fois, deux fois, j'insistai et enfin je vis un petit homme vêtu de noir et de violet, la calotte sur la tête, une croix dans la main descendre quatre à quatre les marches de l'escalier; il me fit entrer et monta tout aussi net qu'il était descendu pour me faire installer dans une pièce où la lumière était tamisée. Il s'excusait mais il était en pleine lutte avec des forces démoniaques et assis bien sagement j'entendais les incantations qu'il prononçait avec force et vigueur. Une demi-heure passa et la porte s'ouvrit... Je reconnus alors un homme d'une cinquantaine d'années que j'avais rencontré deux années auparavant et qui m'avait permis de côtoyer des guérisseurs philippins. C'était un homme d'allure plutôt austère et secrète. Le voilà donc faisant irruption dans la pièce où nous étions, accompagné d'une jeune fille assez jolie et rayonnante; notre évêque était descendu et les présentations se firent grâce à une amie commune. On me dit que Monseigneur voulait interroger la jeune médium Ghislaine, qu'il voulait être seul avec elle et qu'après je pourrais poser mes questions. Nous passâmes donc dans une toute petite pièce et nous attendîmes. Je comprenais mal ce qui se passait et je ne voyais pas quelles questions je devais poser, aussi j'interrogeais l'homme au complet gris qui était avec nous et il nous expliqua que Ghislaine était ce que l'on appelle une clairaudiente: ainsi, en état de relaxation, elle se laissait consciemment investir par des forces dites invisibles et l'on pouvait poser les questions qui nous préoccupaient. Elle était médium mais pas n'importe lequel et à ses dires, elle était branchée au plus haut niveau. Il nous expliquait ainsi que dans l'invisible il y avait une hiérarchie où chacun avait son rôle expliquant ainsi la phrase que l'on lit dans les Textes Sacrés :

" Tout ce qui est en haut, est comme ce qui est en bas. "

Cet homme qui avait participé à la vie de quelques sociétés initiatiques nous dit qu'il n'avait de sa vie jamais entendu un langage aussi élevé. Cela paraissait fabuleux et nous devenions impatients de l'écouter... Mais voilà, Monseigneur était envoûté et ne nous faisait pas signe d'entrer... Le moment arriva quand même et nous eûmes la confirmation, par notre evêque, que le canal sur lequel elle était branchée était d'une rare qualité. Nous nous assîmes en petit cercle autour d'elle et son protecteur avant de faire démarrer un enregistreur fit une petite prière à haute voix; elle avait les yeux fermés et le silence était total... J'allais devoir poser ma question et je vous avoue que mes jambes "flageolaient". Tout doucement, sa main droite s'éleva et se dirigea vers chacun de nous animée de mouvements d'une grande finesse tels le cou d'un cygne, puis vint le moment de parler. Je posais donc ma question et en l'occurrence celle-ci :

" Je viens d'arrêter mes consultations; je suis en train de remettre tout en question et je ne sais pas dans quel chemin me diriger ? "

J'avais à peine terminé qu'elle se mit à parler à une cadence très soutenue (et je compris la nécessité d'un enregistreur) dans un langage clair et compréhensible de tous. Les phrases se suivaient sans aucune faute de texte, des digressions apparaissaient, des exemples se suivaient, des retours en arrière se faisaient... Quelle densité, quelle vibration, quel message d'amour ! Je n'en croyais pas mes yeux ni mes oreilles. Cette jeune fille d'une vingtaine d'années, sans diplôme et sans études, parlait comme un sage avec une voix qui nous transportait et cette voix m'expliquait tout ce que j'avais vécu et me révèlait tout ce qu'il y avait au fond de mon coeur, faisant le ménage de mon activité mentale incessante et me conseillait la voie qui lui paraissait être la sagesse. Elle s'arrêta et l'on me demanda de continuer par d'autres questions; ainsi nous parlions d'alimentation, d'homéopathie, de médecine, de spiritualité. Les réponses étaient stupéfiantes, très claires, d'un interêt pour tous et dites avec amour ne blessant aucune personne présente dans la salle. La petite soirée se termina et Ghislaine ouvrant ses grands yeux nous demanda si nous étions contents et satisfaits. Comment ne pas l'être, lui répondis-je ! Alors elle vint vers moi et me serrant fortement le bras m'embrassa et me dit qu'elle était heureuse de contribuer à mon bonheur. Nous ne pouvions nous quitter comme cela et nous décidâmes d'aller nous restaurer dans le voisinage. Monseigneur était en face de moi et choisissant un Bordeaux de qualité il nous fit un cours d'oenologie (ce qui prouve que l'on peut être prêtre et bon vivant). Ghislaine était à ma droite et la soirée fut des plus agréables; nous ne pouvions nous quitter et nous fîmes la promesse de nous revoir chez moi avec d'autres amis.

Lors de cette réunion qui eut lieu peu de temps après, de nombreuses questions étaient préparées et pour ne pas trop fatiguer Ghislaine, nous coupâmes la séance par une magnifique table instinctive.

Nous arrivons ici, bien entendu, dans un domaine particulier et mon intention n'est pas de vous faire croire quoi que ce soit. Je suis témoin et je vous raconte ce que j'ai vécu mais rappelez-vous, amis lecteurs, que chaque esprit est libre et se doit d'avoir toujours l'esprit critique positif. Nous avons eu des réponses sur bien des questions telles la liberté, le bien et le mal, l'art de vivre, la hiérarchie cosmique, la guerre, Dieu, la pensée, le cosmos, et j'en passe. Les quelques pages qui vont suivre sont un morceau choisi de cette magnifique mélodie que nous a chantée Ghislaine et qui concerne la maladie.

Il s'agit d'une femme très instruite qui souffre d'un cancer du sein évoluant à bas bruit et qui pose la question suivante:

" J'ai un problème de santé, j'aimerais savoir si l'obstacle qui s'est mis sur mon chemin va se résorber bientôt et quel enseignement dois-je en tirer ? "

Le rêve et la médiumnité

— " Vois-tu : quand il y a comme tu dis obstacle sur un chemin, comme tu le sais c'est pour différentes raisons, mais en ce qui te concerne je dirais que cet obstacle n'est pas d'ordre à t' empêcher d'accomplir quelque chose; non plus si tu veux comme une grosse tare que tu transporterais avec toi afin de t'empêcher d'avancer, non plus comme quelque chose que tu as à payer; mais comme quelque chose que tu as à comprendre pour te faire faire une révolution.

Il y a plusieurs raisons à l'anarchie, qui conduit au problème que tu connais; j'entends anarchie dans le corps au niveau des cellules.

Pourquoi y-a-t-il à un moment donné désordre ? Le premier impact justement qui fait qu'un désordre puisse naître, qui fait qu'un désordre puisse proliférer, c'est avant tout, je dirais, le propre désordre intérieur de l'individu; en ce sens, je veux dire, qu'il faut que dans ton cas tu appliques davantage ton esprit à des respirations profondes afin de créer l'ordre en toi; en ce sens, ne crois pas que je t'accuses d'avoir eu à un moment donné une vie désordonnée ou que je t'accuse d'avoir eu à un moment donné d'avoir eu un esprit trop cahotique; je ne suis pas là pour accuser ni faire des reproches à qui que ce soit; je dis tout simplement les milieux de la terre sont tellement éprouvants qu'il est normal à un moment donné que l'individu éprouve cette pertubation en lui-même; c'est un peu, vois-tu comme l'orage qu'il y a dans le ciel : il n'est pas simplement dans le ciel et à un moment donné, il vient se déverser sur la terre; il mouille la terre et il crée de la boue et les gens qui marchent dans la boue sont eux aussi par là même rendus boueux.

Donc je ne dis pas que tu as la faute; je ne veux pas, je te dis, te charger davantage, tu as déjà assez avec ton problème mais ne vas pas chercher quelque chose de karmique ou quelque chose qui soit une épreuve; il y a un orage d'accord... l'orage est là, il crée la boue mais l'intelligence humaine c'est-à-dire tout ce qui te permet d'être lucide, tout ce qui te permet d'être conscient, de discerner justement, doit parer à ces inconvénients; il y a de la boue sur le sol, très bien; alors choisis de ne pas sortir ce jour-là; il y a des problèmes dans ta vie, des bouleversements, il y a des choses que tu ne comprends pas et qui te révoltent; alors, justement au lieu de t'investir dedans ce qui crée en toi la pénétration de ces pertubations et qui crée par là même justement le problème, choisis de ne pas t'aventurer dans ces eaux tout simplement. Vois-tu en même temps, apprends par là même à te détacher, c'est très important. Choisis cette occasion : tu as été fragile, et je te le répète, cela n'a rien de karmique, cela n'a rien d'une épreuve, spécifiquement pour toi, **mais profite de ce que justement ta fragilité a suscité en toi un problème pour justement le transformer positivement** comme un acquis, comme l'apprentissage du détachement; ce n'est pas le moyen que le plan ou la vie a choisi pour que tu apprennes le détachement mais vu que cela t'a conduit dans ce problème, transforme-le de façon à ce qu'il ne soit pas simplement quelque chose de lourd que tu transportes mais transporte-le de façon à te sublimer toi-même; si tu arrives à te sublimer, tu sublimeras ton problème et il n'existera plus; vois-tu dans ton cas typique, tu attends que je te donne un remède, tu attends que je t'ouvre une porte mais **dis-toi bien que la porte principale se trouve dans ton esprit; il faut que tu apprennes à te détacher des choses qui te révoltent** : tu es très fragile par rapport à cela, tu as créé une brèche énorme en toi-même dans ton coeur, dans ton esprit, que tu mets dans la chose.

Tu as créé une ouverture trop grande aux perturbations du monde, aux pertubations de la famille, aux perturbations de la vie et comme tu as créé une ouverture à ces pertubations, elles sont venues s'installer en tant que pertubations dans ton corps; vois-tu il y a plein de maladies dans le monde qui sont dues non pas seulement à des causes karmiques, ni même à des épreuves spirituelles comme le sont certaines maladies, mais qui sont dues simplement **parce que les individus sont trop investis dans le monde et comme le monde est toujours en perturbation alors l'individu est perturbé**. Ce qui compte est de savoir que le monde, c'est juste une pièce dans laquelle tu entres afin d'y évoluer, évoluer non pas simplement dans le sens évolution mais évoluer pour te bouger, te mouvoir, y habiter; si maintenant, tu prends cette pièce dans laquelle tu bouges, tu vis et marches, si tu la considères comme quatre murs, quatre murs qui sont en plus peints de couleur qui ne te plaisent pas, quatre murs qui ont une dimension qui ne te convient pas, alors au lieu de vivre les gestes que tu peux faire à l'intérieur de cette pièce, tu vas vivre les murs comme une prison et tu vas sans cesse envoyer vers eux des attitudes de reproches et comme les murs sont là et servent de résonnance, le reproche va revenir sur toi et te pénétrer.

Ne vis pas le monde comme cette prison que je te décris; non au contraire **vis-le comme le terrain que tu as choisi pour marcher, pour comprendre**; je te le dis tu peux tout faire, c'est-à-dire tu peux arriver à régler ton problème si tu ne t'investis pas dans le monde; c'est le détachement que je te propose pour que ton corps lui aussi se détache des influences qui ont fait qu'il est dans ce problème; **selon où tu vas poser ton esprit, tu vas impliquer ton corps et subir telle ou telle influence**. Vois-tu c'est le même procédé pour tout : celui qui ne pense qu'à faire des choses plus ou moins, je ne dirais pas néfastes parce que le mot est très fort, mais des choses plus ou moins basses, plus ou moins triviales, là est son esprit, et son corps sera régi par ces lois-là et automatiquement il va en subir les conséquences.

Tandis que si ton esprit, tu le forces, tu lui donnes la direction d'aller dans telle ou telle voie ou dans telle attitude de pensée, automatiquement tu vas déterminer le monde dans lequel tu vas vivre, et selon le monde que tu auras choisi, tu vas déterminer les vibrations dans lesquelles tu vas baigner. Il n'y a pas simplement les vibrations du monde en tant que telles ou les vibrations conséquentes à l'évolution humaine, il y a aussi les vibrations que toi-même tu peux, si tu veux, attraper ou incorporer par ton attitude d'esprit. Un soir, j'ai répété, un soir j'ai dit, **selon où sera ton esprit, vous appartiendrez à tel ou tel monde, c'est pourquoi partout où je passe, j'insiste pour que les gens pensent pour le bien, pensent positivement de façon à ce que justement ils appartiennent présentemment à un monde de bien**; alors tu vas me dire pourtant le monde est fou; pourtant le monde est violent, pourtant le monde est cruel; il y a des choses qui se passent, qui ne devraient pas, alors comment moi par la simple attitude de mon esprit, je pourrais appartenir à un monde qui n'est pas justement de ce monde; c'est justement là toute la subtilité, vois-tu, car tu peux fouler la terre sans appartenir au schéma d'évolution de ces hommes qui donnent ce visage à cette planète; tu peux être ici tout en appartenant à un autre monde, en appartenant à une autre gamme d'influence, de fréquence, et de vibration. **Si tu choisis toujours d'être positive, si tu choisis, je dirais d'être de bonne humeur, de bon conditionnement, tu n'appartiendras pas à ce monde qui est fou,** qui est cruel, qui est violent, qui est pertubé; tu appartiendras à l'autre monde à celui qui arrive, celui qui essaie de venir, celui qui essaie de s'établir. Tu appartiendras à celui-là, alors ton corps sera en correspondance car le corps de ce nouveau monde, les corps qui vont vivre dans ce nouveau monde, seront harmonieux parce que l'esprit sera aussi harmonieux. Alors je te le dis, là où sera ton esprit, ton corps sera aussi et tu choisiras par là même ton monde et la gamme de fréquences qui doivent diriger ta vie, ta destinée et toute ton évolution : choisis ton monde.

Alors tu vas me dire, cela va-t-il régler mon problème ?

Je te le dis, il y a toute une gamme d'influences qu'il faut maintenant neutraliser et je ne dirais pas qu'il faut faire la cassure parce que la gamme vibratoire est toujours là dans ton être subtil et continue son influence mais tu dois faire peu à peu machine arrière; vois-tu une locomotive qui est lancée à toute vapeur ne peut pas prendre d'un seul coup un virage, d'un seul coup faire marche arrière, d'un seul coup changer de direction, il faut d'abord petit à petit ralentir; c'est la méthode que je t'offre, c'est-à-dire **petit à petit exerce sur toi la réflexion**, c'est cela qui va justement diminuer la puissance des vibrations qui t'ont conditionnée pour avoir ce problème. Peu à peu exerce ta réflexion : pourquoi ai-je agi comme cela, mais pourquoi ai-je réfléchi comme cela, pourquoi j'ai pensé telle chose et quelle influence, quelle importance, quelle conséquence ces choses-là vont avoir sur mon être subtil, qui lui justement va envoyer la résonnance à mon être physique; **c'est comme cela peu à peu en prenant conscience de ce que toi-même tu fais sur ton corps et sur ton être subtil que tu vas pouvoir justement ralentir jusqu'à ce que disparaissent ces fréquences néfastes pour ta santé**; ensuite tu établiras des fréquences positives car si je te propose tout de suite de rentrer chez toi et de dire :

" Je ne suis pas malade et je n'ai aucun problème, tout va bien, je suis en parfaite santé, je pense que j'ai la lumière, je pense que je suis investie de la lumière. "

Tu n'auras pas la foi nécessaire pour faire cela parce que ton esprit depuis trop longtemps est marqué de l'influence de la pensée :

" Je suis malade, j'ai un problème. "

Alors il faut que petit à petit tu comprennes d'abord et que tu te dises à toi même :

" Qu'est-ce qui m'a rendu malade ? Qu'est-ce qui m'a fait ce problème ? "

Lorsque déjà tu auras pris conscience du problème, conscience des phénomènes qui ont amené le problème, tu vas donner le déclic à ta conscience supérieure qu'elle doit travailler là où est ton problème; pour l'instant ta conscience n'a aucun ordre pour travailler sur toi et rétablir l'harmonie parce que tu continues à penser justement sur le problème; donc tant que tu continues à penser sur quelque chose qui est plus bas qu'elle, elle ne va pas venir s'investir parce qu'elle ne veut pas travailler pour les choses basses, elle ne veut pas travailler pour des choses désordonnées, pour des choses qui n'ont pas d'harmonie et alors elle se tient en recul mais si au contraire en exerçant des qualités qui sont inhérentes à sa nature c'est-à-dire à la réflexion, l'introspection, c'est-à-dire l'appel, la prière, toutes ces choses là, alors elle va se sentir sollicitée; non seulement elle va se sentir sollicitée mais en plus tu vas lui faire l'ouverture lui permettant d'avoir accès à toi pour régler ton problème. **Il faut toujours dans un premier temps présenter ton problème, attendre ensuite que te viennent les inspirations**, à la question que tu as posée pour trouver réponse à ton problème; ce n'est pas de changer tout d'un coup, c'est davantage pour toi de te comprendre en tant que mécanique mentale, en tant que mécanique émotionnelle, que mécanisme affectif; **une fois que tu as compris où sont tes points faibles, automatiquement tu les éviteras dans le futur**; les évitant tu vas donc les bloquer, dans l'énergie qui souvent justement émane en toi, ce qui fait que la source même de ton problème va disparaître, alors comme ton mal n'aura plus d'énergie pour survivre, il va lui aussi disparaître.

Parce que toute maladie comme tout problème, aussi bien dans le corps que dans l'extérieur, (c'est-à-dire des gens qui sont systématiquement en échec, qui ne rencontrent que des ruines, des choses comme cela), tout problème est nourri par une énergie. Rien n'a de vie sans une énergie qui lui est apportée, qui le nourrit.

Par la prise de conscience que font les êtres humains de là où se trouve la source d'énergie qui nourrit leur problème, sitôt qu'ils ont cerné justement cette source d'énergie, qu'ils la comprennent, ils la neutralisent et par là même les problèmes n'ont plus de vie. Parce que la source d'énergie qui les maintient n'est plus; c'est pareil pour toi, je te le dis, tout est une mécanique qui suit absolument les mêmes lois; toi donc il faut que dans tes attitudes émotionnelles, affectives, dans ton tempérament même, tu sois plus calme, tu sois aussi plus mobile; ne fais pas si tu veux des rétentions beaucoup trop nettes, des prises de décision beaucoup trop arrêtées; laisse-toi modeler, laisse-toi aller; c'est parce que tu as beaucoup trop de crainte en toi. Comment veux-tu qu'un esprit qui est animé par certaines craintes (je ne dirais pas des peurs, parce que ce n'est pas vraiment la peur mais ce sont des retenues teintées de craintes, et la crainte c'est un peu pareil que la peur), qui sont une vibration néfaste, qui sont une vibration justement à créer la disharmonie à force de l'émaner, la même chose n'arrive pas dans son corps; il y a justement la crainte qui s'installe, **et lorsque tes cellules tremblent de la même intensité que ton esprit tremble** ou se refuse à faire quelque chose qu'il ne comprend pas et qu'il n'a pas envie de comprendre, **alors automatiquement il y a un blocage de l'énergie vitale**

qui devrait être distribuée en toi pour t'apporter l'épanouissement dans le physique; laisse-toi davantage te modeler; sois plus mobile, sois moins fermée sur certaines idées; il faut que tu t'ouvres, que tu t'épanouisses et tu épanouiras la lumière qui est en toi et automatiquement cette lumière épanouira ton corps; ceci dit, je ne dis pas que tu as fait de graves erreurs, tout le monde passe par ce genre de dilemmes, tu n'es pas une exception; je te le dis, je ne suis pas là pour charger qui que ce soit; je te dis simplement qu'il faut que tu fasses un grand nettoyage en toi, que tu sois davantage calme, que tu t'investisses moins dans les choses, dans les choses qui suscitent en toi des révoltes ou des réactions.

Sois beaucoup plus méditative, par rapport au monde, sois beaucoup plus sereine, sois si je puis dire un peu je dirais légère, découvre en toi la liberté, découvre en toi la légereté; lorsque tu auras inclu en toi cette chose là, beaucoup de tes problèmes disparaîtront, parce que si justement, il t'est permis d'avoir eu certaines choses te permettant de régler partiellement ton problème, c'est parce que justement, ton problème n'était pas d'ordre karmique, sinon ton problème n'aurait fait qu'empirer, sinon ton problème n'aurait fait que te faire souffrir de plus en plus; donc tu vois à quel point cela dépend de toi, tu vois donc à quel point cela dépend de ton esprit, tu vois à quel point tu peux être maîtresse de ton problème. Ceci dit que cela ne t'empêche de te soigner, parce que le corps lorsqu'il subit une attaque, qu'une brèche a été faite quelque part, il faut aussi l'entretenir de façon physique pour le soutenir en attendant que l'effet de sa pensée, l'effet de la lumière que tu vas pouvoir accaparer, attirer, puisse être rendu manifeste sur un plan physique; donc en attendant que ton esprit soit à même de régler ton problème, continue tes soins mais tu verras peu à peu cela se réglera.

En fait ce que je veux dire, ce que tu as en toi, permets-lui de s'exprimer; tu as fait beaucoup de choses, tu as acquis beaucoup de choses mais leur permets-tu à ces choses là de devenir toi-même ? Tu les as acquises, et tu les manipules; très bien, mais il faut que tu arrives à ce stade où tu n'es plus consciente de conduire un véhicule, mais que tu sois devenue toi-même le véhicule; **vois-tu tout ce que tu as appris, tout ce que tu as intégré, il faut que cela devienne ta propre nature**; parce que justement, c'est quand ces choses-là seront devenues ta propre nature que cela va te permettre de te détacher comme je te l'ai dit, que cela va te permettre d'être plus calme, plus sereine, plus mobile parce que ces choses-là tu les pratiques mais tu as encore tellement comme je te l'ai dit tout à l'heure certaines craintes, certains reculs, certaines je dirais retenues, que justement ces choses là te créent encore plus un conflit au lieu de t'apporter le bien en vibrations, et en expansion de conscience qu'elles pourraient t'apporter; elles ajoutent à ton problème parce qu'elles sont là en tant qu'acquis et ces choses là ne sont pas vécues, alors comme elles ont été attirées par toi, comme elles font partie de toi d'une certaine façon, elles voudraient davantage devenir ta propre nature, **parce que ce ne sont pas elles qui sont allées à toi mais c'est toi en tant qu'être évolutionnel qui es allée les chercher; mais comme elles restent à ta porte, comme elles restent si tu veux utilisées que d'une certaine manière, elles ne peuvent donc pas s'intégrer à toi et alors elles font conflit, afin justement de te faire comprendre puisqu'elles sont là que tu dois les intégrer en toi même.**

C'est comme quelqu'un qui est parti chercher une bougie et qui la tient comme cela tout en marchant; que se passe-t-il ? La bougie se consume et à un moment donné, la flamme qui s'est trop rapprochée de sa peau puisque la bougie est consumée te brûle et c'est le problème que tu as car toutes tes connaissances tu les tiens comme des flambeaux : tu éclaires ton chemin mais justement ces bougies ont fini par se consumer.

Les connaissances que tu as acquises sont en mouvement et donc elles ont cet effet de rétraction pour confirmer l'image que je t'ai donnée. Alors maintenant que se passe-t-il ? Les flammes sont en train de te brûler les mains, il faut donc que ces flammes là tu les intègres à toi même, c'est-à-dire les bougies que tu es allée chercher, ne t'en sers pas comme flambeau que tu mets devant, non prends-les et mets-les ici, c'est-à-dire que toi même tu as un gros cierge à l'intérieur; la mèche qui dépasse allume-la avec les bougies que tu es allée chercher, et lorsque justement tu auras créé cette illumination, lorsque tu auras créé cette flambée, tu pourras même jeter les bougies que tu es allée chercher.

Qu'importe cette bougie, c'était un livre... l'autre bougie, c'était une ascèse... l'autre bougie c'était une compréhension mais tout cela c'est du factice en réalité; ce qu'elles étaient venues apporter ces choses là, c'est juste la petite flamme qu'il fallait que tu transportes pour allumer ta mèche intérieure. Alors fais cela parce que sinon les connaissances que tu tiens dans ta main vont te brûler, vont te consumer et n'auront pas d'éternité, pas de vie; **tous ceux qui justement arrivent à toucher la connaissance qui arrivent à un certain point à s'accaparer la connaissance par leurs efforts, s'ils ne l'intègrent pas, la connaissance les brûle, la connaissance les tue parce que la connaissance est une flamme;** les prises de conscience sont une flamme, les prises de conscience sont un feu; si donc tu ne les incorpores pas à la partie qui est en toi, la flamme détruira justement ton être physique, détruira ton être conscient, ton être je dirais intellectuel et mental; c'est le phénomène de la flamme, tout simplement; ce qui est au feu doit aller au feu; la connaissance c'est du feu, alors sers-toi en pour ton feu intérieur et tu verras que beaucoup de problèmes aussi bien chez toi qu'en toi seront résolus par l'intégration que tu auras faite de certains principes qui pourtant sont chez toi très familiers. Vois-tu ce que je te propose ce n'est pas tant une nouvelle ascèse, ce n'est pas non plus un enseignement nouveau ce n'est pas non plus de faire d'autres découvertes, ce que je te demande c'est d'être pleinement ce que tu as, c'est-à-dire ces connaissances; le problème que je rencontre souvent chez les gens et que nous constatons sur les différents mondes c'est qu'ils ont réussi à avoir un certain niveau et qu'ils ont réussi à avoir une certaine connaissance, mais malheureusement ils ne l'intègrent pas alors ils continuent à avoir des problèmes comme si justement ils n'avaient pas cette connaissance comme s'ils n'avaient pas cet acquis. Ce que je veux c'est que tu sois un être épanoui, pour que tu sois justement épanoui : intègre tous ces principes qui sont les tiens mais superficiellement pour l'instant et vis les intensément.

Dès que tu te lèves le matin, rappelle-toi de toutes les bonnes choses que tu sais, mange-les comme du bon pain sans que toute la journée tu sois rassasiée par cette nourriture. Ne vas pas simplement te rappeler de ce que tu as acquis parce que le soir tu as tel ou tel travail à faire, que dans la journée tu vas rencontrer telle ou telle personne à qui tu vas dire telle ou telle chose; non, ne t'en sers pas de cette façon-là, sers-toi en pour toi-même d'abord; tu es la première concernée, **sers-toi d'abord pour toi et après non seulement tu pourras le dire aux autres avec performance, mais tu n'auras même plus besoin de les dire parce que tu seras un témoignage vivant. Tu vas le rapporter par simplement l'exemple que tu es, par simplement les vibrations que tu vas émaner de ton aura et qui ira émaner aussi dans la leur;** il y a beaucoup de changements qui se forment d'aura en aura, c'est-à-dire qu'il y a des personnes qui n'ont même pas besoin de parler mais que par les vibrations qu'ils transportent dans leur aura arrivent à influencer l'aura des autres, ainsi il n'y aura aucun dialogue; la personne qui aura subi la vibration de l'autre va être transformée petit à petit; qu'est-ce qu'il y a eu pourtant visiblement ? Aucun échange, rien, peut-être simplement une poignée de mains et puis ils ne se rencontrent plus de leur vie et pourtant l'échange s'est fait là; donc je dis, cela aussi est important quand tu rencontres quelqu'un et tu peux davantage lui apporter par cet échange vibratoire que par les déclics que tu peux lui faire faire au niveau de son intellect et au niveau des confirmations qu'il attend de toi; tu peux beaucoup plus lui apporter, parce que ce qui compte vois-tu :

"Quel est le véritable sens de l'évolution ? Où est si tu veux la valeur de l'action des gens par rapport à l'évolution?"

C'est davantage justement dans la transformation des vibrations humaines que dans les prises de conscience qu'on peut leur faire faire et qu'ils ont peut-être rangé dans un coin, ou oublié deux jours après pour ne plus y penser; c'est davantage là, dans l'échange des vibrations et c'est pourquoi il est bon que chacun ait un lieu pour méditer, un lieu où il existe des gens bénéfiques à rencontrer parce que c'est dans cet osmose vibratoire que l'évolution peut avoir lieu, parce que sitôt que les vibrations changent, tout ton fonctionnement vibratoire change, ton esprit aussi change parce qu'il y a intercommunication; comme je te l'ai dit tout à l'heure si l'esprit est d'une certaine manière négatif dans son émanation mais il y a aussi l'inverse, c'est-à-dire **si tu soumets le corps à un environnement vibratoire très positif à force il va émaner vers ton esprit la vibration positive**; tu peux faire les deux c'est pourquoi à certains endroits il se produit ce que l'on appelle des miracles c'est-à-dire qu'à certains endroits et à certains lieux il suffit justement d'aller dans la vibration que constitue ce lieu pour pouvoir obtenir dans le corps un miracle ou bien l'enlèvement de la maladie ou bien une prise de conscience ou bien un contact cosmique ou bien des choses de ce genre là, parce qu'il y a aussi intercommunication de l'environnement vibratoire qui peut justement transformer l'esprit et par là même transformant l'esprit cela revient dans le corps et le corps est doublement transformé. **C'est tout un échange vibratoire le monde tu sais**, c'est pourquoi j'insiste chez toi sur ton esprit, parce que toute la clé est là pour toi mais continues à soigner ton physique

Le rêve et la médiumnité

quand même. "

Ces conversations étaient étonnnantes et tous ceux qui ont pu y participer ont été ébranlés. Ce phénomène paranormal va nous permettre de dire deux mots sur la médiumnité.

1- <u>La médiumnité.</u>
Elle a existé de tout temps. En fait, nous sommes tous médiums, intermédiaires entre ciel et terre... mais certains peuvent en mettant leur cerveau en onde alpha se brancher sur telle ou telle longueur d'onde où un message est émis et le retransmettre directement.

Nous venons de voir avec la physique moderne que nous avons l'illusion d'une séparation entre un monde visible et un monde invisible. Mais ce n'est qu'une illusion et dans ce monde invisible, il existe des entités conscientes qui peuvent délivrer un message. Une hiérarchie existe et libre au médium de se brancher sur le canal qu'il désire. Libre pas tout à fait... disons plutôt qu'il se branchera sur le canal avec lequel il est en harmonie (par son champ vibratoire). Le message pourra donc être élevé ou au contraire particulièrement médiocre et j'en profiterai pour mettre en garde très sérieusement toute une jeunesse actuelle et ignorante, qui trouve quelque plaisir à pratiquer des séances de spiritisme par exemple. En effet, les énergies mises en jeu sont ici particulièrement basses et peuvent perturber très gravement un individu fragile. Mettre en garde également la plupart des humains leur rappelant que s'il existe des forces pensées positives, il en existe des négatives. C'est pour cette raison que j'insiste sur cette maladie répandue qu'est <u>la culplombite</u>. Nous rentrons dans le monde des énergies et si l'on reste ignorants, nous pourrons être bernés à tout moment; soyons sur nos gardes et ayons toujours un esprit critique positif.

De nouvelles vibrations arrivent sur cette terre avec l'ère du Verseau et de nombreux individus vont se découvrir des dons vrais ou faux dont ils pourront en faire l'usage qu'ils désirent...

L'homme est libre. Alors attention, l'ère des faux prophètes a été annoncé. Qui n'est ou ne sera pas guérisseur, voyant, magnétiseur, médium ou autre.

2- <u>Les guérisons spirituelles.</u>

Le rêve et la médiumnité

Partout de par le monde, des groupes se créent qui par la pensée et par la prière, guérissent certaines personnes. Ces groupes se multiplient et tant mieux, l'ère du Verseau est en marche. Attention encore une fois... ce n'est pas parce que quelqu'un guérit au nom du Christ qu'il détient la vérité absolue. De nouvelles vibrations arrivent et nous ouvrent de nouveaux champs d'expériences. A nous de devenir des adultes sains de corps et d'esprit et de retenir que notre senti profond.

CHAPITRE XIII

LA RENCONTRE AVEC DIEU

> J'ai été comme homme éperdu
> Par amour pendant longtemps,
> Mais aujourd'hui j'ai reconnu
> Que j'avais fait folie
> Que j'étais tout morfondu
> Car je m'étais retenu de chanter
> Et plus je demeurais muet
> Plus s'accroissait mon dommage...
>
> Bernard de Ventadour

Je m'étais arrêté, j'avais cassé avec ce rythme de vie "endiablé" et je m'étais mis à l'écoute de la vie. D'être disponible m'avait permis de rencontrer un nouveau champ d'énergie et matière à méditer. Je m'étais inscrit pour étudier l'évangile selon St Jean avec le Père Callerand à Besançon et je me demandais ce que je l'allais bien encore apprendre après tous les moments que j'avais vécus. Une chose était sûre pour moi c'est qu'une retraite dans le silence me ferait beaucoup de bien et j'attendais donc la date avec impatience.

L'Abbé Pourchet était tellement heureux que nous soyons venus, notre arrivée ne passa pas inaperçue bien qu'il nous ait répété qu'il fallait être ici incognito.

Nous traversions une place bordée de plusieurs petits immeubles de forme et de taille différentes et nous entrions dans le batiment central; là je découvris des pièces magnifiques aux poutres apparentes ornées d'icônes, de sculptures, de peintures et renfermant un mobilier rustique de toute beauté; je reconnus la salle des ventes de mon rêve. Une jeune fille souriante nous acceuillit et nous guida. Il était tard et le repas allait être servi; nous allions déposer nos valises et nous fûmes comblés en entrant dans une pièce très coquette où une grande baie vitrée donnait sur le parc. Il nous fallait pour descendre à la salle à manger traverser de nombreux couloirs et pièces toutes plus jolies les unes que les autres et nous étions guidés dans ce labyrinthe par le chant d'un petit groupe accompagné d'instruments musicaux qui sonnait à sa façon le rassemblement. Je tombai nez à nez avec un homme qui me donna un large sourire et une poignée de main; je ne pus dire un mot tellement grande était mon émotion, il n'y avait aucun doute, c'était le Père Callerand. Les repas furent abondants et en quantité et en qualité et le silence imposé et désiré nous permettait de méditer l'enseignement magistral donné par le Père; six heures d'études par jour sans compter les messages

La rencontre avec Dieu

délivrés durant la messe du matin et la veillée de prières. Entre deux causeries, des jeunes femmes gaies, souriantes, dynamiques nous servaient de guide et s'occupaient à ce que l'on ne manque de rien. Lors d'une pause, je descendis à la crypte qu'un petit fléchage nous invitait à découvrir et je retrouvai encore une fois mon rêve; une salle sombre où l'on ressentait une vibration intense et où se dessinaient plusieurs alcôves. J'avais rêvé un mois auparavant de cet endroit merveilleux où j'allais vivre une semaine, cela me bouleversa , surtout que j'arrivais dans une communauté mariale, c'est-à-dire vivant sous la protection de la Vierge et à une date particulière puisque c'était la fête de l'Immaculée Conception, de plus, j'étais venu étudier l'Evangile selon St Jean, disciple préféré de Jésus et fils privilégié de Marie. Depuis un an, je priais Marie et elle me guida auprès d'un homme qui nous tenait en haleine par sa culture, son intelligence, son humanité, sa foi, son autorité. Cet homme rayonnait et avait allumé son cierge central. J'avais une partie de la connaissance dans mes mains et dans mes livres et lui avait la connaissance dans son coeur.

Six heures de cours par jour, nous étions tous subjugués et je comprenais pourquoi ceux qui l'approchaient, le surnommaient le visionnaire de l'Eglise.

Par la bouche de Ghislaine j'avais entendu des messages qui venaient de l'invisible, la vibration de ceux-ci nous avait ébranlés mais en entendant le Père Callerand, je saisis le sens de la phrase, " le verbe s'est fait chair " et que je n'avais jamais compris. Cet homme avait l'esprit saint, cet homme rayonnait, cet homme était arrivé à Rome ou plutôt à Dieu par un chemin tout à fait différent de celui que nous étions en train d'emprunter. Il était arrivé à la connaissance par un cheminement intérieur. Pour ma part, j'essayais de la posséder par l'extérieur et je tournais en rond; plus je connaissais, moins je savais. J'ai passé sept jours avec le Père C. et je vous assure que c'est un travail titanesque que de vouloir résumer le message qu'il nous a délivré. Je vibrais intérieurement et je croyais que mon coeur allait lâcher; je saisissais ce que l'on appelait la foi. Enfin, tout m'apparaissait clair : le mystère de Dieu, le mystère de la Trinité, de l'Esprit Saint, de Marie, de l'Eucharistie; en vingt quatre heures, je compris en voyant et en approchant le Père C. toutes ces enigmes qui m'avaient fait fuir la religion.

La rencontre avec Dieu

" MAIS QUI DONC EST DIEU ? " aimait-il à répéter.

Dieu, personne ne l'avait jamais vu; était-il blanc avec des cheveux blonds, était-il noir, ressemblait-il à une étincelle ou à une soucoupe volante ? Personne ne l'avait vu alors il a voulu se révéler afin qu'il ne soit pas invisible. Pour ne pas nous décourager et que nous le connaissions enfin, il s'est incarné dans la chair : " **Le verbe s'est fait chair.** "

Ainsi Jésus est devenu le fils de Dieu, le fils bien aimé car lui seul pouvait nous montrer qui était le Père; Dieu le Père n'est pas le Tout Puissant que l'on croit; Dieu n'est rien et il ne peut rien faire sans nous. Si Marie avait refusé l'Annonciation, Jésus n'aurait pas pu délivrer son message; si Moïse avait décidé de devenir pharaon, les Juifs seraient toujours esclaves; si Jésus avait décidé de devenir roi des Juifs, le monde n'aurait jamais connu le Père.

La terre n'a pas été faite du jour au lendemain; il a fallu des siècles et des siècles pour la rendre vivable. Dieu nous a donné la liberté et par cela, il a accepté les folies humaines; il ne peut venir que si l'homme appelle. L'homme peut s'enfermer dans une cave mais le soleil brille toujours dehors... A lui seul, appartient la liberté de le rencontrer. Dieu est lumière, et il nous tend la main et les Evangiles sont les révélations d'un Dieu de liberté et de faiblesse opposé à un Dieu puissant et fort. Jésus sur la croix voilà qui est Dieu.

Il faut que le monde sache que Dieu est prisonnier et qu'il ne peut s'échapper; c'est le capitaine du navire et il ne quittera pas le bateau s'il en reste un seul.

Voyez-vous des parents au ciel avec des enfants en enfer?
Dieu est prisonnier de Dieu.

MAIS QUI DONC EST DIEU ?

Vous donnez votre nom à votre fils, votre argent et tous vos biens... Dieu a fait de même, il nous a tout légué. La source d'énergie de notre vie c'est lui et comme il nous aime et comme il souffrait de nous voir dans l'obscurité, il nous a envoyé une preuve, Jésus son fils bien aimé. Dieu tout puissant s'est incarné dans la chair, a souffert et a donné sa vie pour nous faire comprendre qui il était. N'est-ce pas le plus beau geste d'amour ?

MAIS QUI EST JESUS ?

" Le chemin c'est moi, nul ne va au Père sans moi. "
" Qui croit en moi, ne mourra jamais "
" La résurrection c'est moi. "
" Si vous devenez des disciples, vous saurez la vérité et la vérité vous rendra libre. "
" Si vous demeurez dans ma parole, vous serez mes disciples. "

Jésus s'est mis à genoux devant les disciples et leur a lavé les pieds... Quelle leçon !

Jésus, attendu par une foule qui voulait le proclamer roi, est entré à Jérusalem sur un âne.

Jésus a annoncé sa mort et a été au devant de la troupe, il s'est livré et a donné sa vie pour nous sauver.

" Aimez-vous les uns les autres, comme je vous ai aimés. "

Jésus ainsi nous a montré qui était Dieu : Dieu ne possède qu'une seule arme pour se défendre : l'AMOUR.

Il ne nous dit pas qu'il nous faut suivre des cours à tel ou tel institut pour connaître Dieu Amour; non, il nous dit qu'il nous faut revenir comme un petit enfant. L'amour c'est un don, ce n'est pas une connaissance intellectuelle; l'Eglise nouvelle sera une église de petits et non de savants; c'est l'intuition qui compte. Dieu est Amour, Jésus est Dieu, mais Jésus-Christ c'est Dieu avec en plus l'Esprit Saint.

Dieu nous a donné la vie, Dieu nous a donné la plus grande preuve d'amour en nous donnant son fils Jésus, et en Jésus-Christ il nous a donné la liberté en nous donnant l'Esprit Saint.

L'ESPRIT SAINT.

L'Esprit Saint cherche à faire des êtres parfaitement personnalisés, et non des êtres semblables à des" moutons".

L'Esprit Saint c'est le seul moyen de rencontrer Dieu et suivre l'exemple de son fils bien aimé.

Avoir de l'Esprit Saint c'est être idiot, pas idiot tel qu'il est compris actuellement. Non. Le mot grec qui a donné "idiotisme" veut dire, en français original, créatif, personnel.

Voilà l'ordre qui nous est donné si l'on veut évoluer : il nous faut devenir des "idiots", en ce sens noble, remettant en question les idées toutes faites et détruisant pour reconstruire. Il y a toujours du nouveau dans l'Esprit Saint, tout est à inventer, et il faut dépasser chaque maître, chaque Saint et surtout ne pas s'y attarder. L'Esprit Saint c'est un feu d'artifice personnel, rien ne se prépare, tout doit être inspiré, spontané; l'Esprit Saint c'est Dieu inventif, c'est Dieu créatif toujours à l'affût de nouvelles idées.

L'Esprit Saint nous amène vers l'avant avec un dépassement de jour en jour; tout doit être dépassé dans la LIBERTE. Il faut avoir de l'ambition pour faire du merveilleux, il faut faire toujours du nouveau et du neuf. C'est le médicament des médicaments et il faut se réinventer constamment. Nous devons accoucher de nous-même : c'est un ordre.

Une rose sera toujours une rose; une carotte sera toujours une carotte, on ne doit pas essayer de ressembler à l'autre. Des parents qui s'aiment bien, ne sont même pas capables de faire deux gosses qui se ressemblent. Libres donc à nous d'utiliser ou non l'Esprit Saint. L'homme est libre et l'ordre lui a été donné :
" Debout, prend ton grabat et marche. "

La vie est dans le mouvement, la vie c'est de passer par les contraires. Il faut se remettre en question constamment et se laisser inspirer par l'Esprit Saint. Dieu a fait l'homme pour se faire et il lui apporte l'étincelle, à lui de l'éteindre ou de l'amplifier; Dieu n'est pas responsable des malheurs et le père encourage les enfants à se lancer dans l'existence.

L'Eglise c'est du provisoire et elle n'existe que pour se transformer : l'essentiel est l'homme dans le Christ.

" Je ne suis pas le Christ mais le Christ est en moi. "

On peut faire du yoga, de la relaxation, la fréquentation de gourous, mais rien ne remplace l'Esprit Saint.

L'enthousiasme, le feu en soi, et c'est le recrutement assuré.

Les lois, la constitution, et c'est la régression.

Le souffle de l'esprit c'est un vent qui ne sait d'où il vient, où il va.

Heureux ceux qui ont de la place pour recevoir les inspirations, nous n'avons pas le droit d'être des robots.

" Dis-tu cela de toi-même ou répètes-tu ce que l'on t'a dit " dit-il à Pilate.

Le péché originel c'est de ne pas paraître idiot et il y a d'innombrables maisons dans la maison du Père.

Le Père C. nous faisait là le plus beau cours de dynamique mentale que je n'avais jamais entendu; il assassinait littéralement la culplombite.

Oui, Jésus était le plus grand des anarchistes :
Il guérissait le jour du sabbat.
Il baptisait gratuitement.
Il renversait les marchands.
Il tendait la main aux pauvres.
Il protégeait les impurs.
Il refusait le pouvoir, les richesses.
Il prit les femmes comme disciples.
" Jésus est le seul agneau qui ne soit pas devenu mouton."
Il prit la femme comme disciple et apôtre... Oui, c'est l'apport de Jésus et dans l'histoire juive, il est le premier rabbin et le dernier emmenant avec lui des disciples femmes.

MAIS QUI EST MARIE ?

Dieu a accouché du monde et Marie a accouché du fils de Dieu; on se rend compte ici de l'importance de la femme qui seule peut connaître ce que Dieu a ressenti en accouchant de la vie.

La mère vibre avec son fils et elle est au service de son originalité; la mère donne naissance à la chair et donc est en contact avec la terre. C'est elle sur qui on repose, c'est à elle que l'on se confie dans les moments difficiles et c'est elle qui nous insuffle l'Esprit Saint. Marie est la mère de Jésus, c'est la mère de Dieu, c'est notre Mère. Dieu veut que ses créatures deviennent Dieu avec lui, avec notre corps, c'est pour cela qu'il donne un corps à son fils à travers Marie.

L'EUCHARISTIE.

Nous avons le ciel et Dieu à portée de nos yeux, de nos mains en la personne de Jésus.

Ainsi par l'Eucharistie, Jésus nous donne la possibilité de marcher sur les flots (les flots sont les éléments infernaux qui engloutissent la vie). L'Eucharistie n'est pas là pour nous assister dans les moments difficiles de la vie et par ceci Jésus nous annonce ce qui va se passer : notre divinisation corporelle. Dieu n'est pas invisible dans le ciel; Dieu est partout et il est dans chaque homme.

" Fréquentez Jésus et vous recevrez l'Esprit Saint. "

Jésus refuse la discussion et nous offre l'expérience; si vous voulez savoir ce qu'est un baiser, vous pouvez prendre un livre ou demander à un médecin ou alors vous pouvez faire l'expérience.

" Ma chair est une nourriture. "

" Mon sang est une boisson. "

Le Père C. par l'intermédiaire de l'Esprit Saint venait de me faire comprendre la chose la plus simple du monde à laquelle je n'avais jamais pensé : c'est l'incarnation.

L'INCARNATION.

Ma chair, l'énergie divine, plus une pincée d'Esprit Saint et je devenais fils de Dieu; à moi, de devenir Dieu et de réclamer tous mes biens en passant par Jésus Christ et par sa parole. Je comprenais que la réincarnation, certes existait bien, mais que c'était là un faux problème. La naissance, la prise de conscience que j'espérais dans d'autres vies : c'est maintenant qu'il me fallait la vivre.

Pourquoi attendre la mort pour ressuciter ? La résurrection est maintenant, dans cette vie là et notre mort ne sera plus la mort mais notre seconde naissance.

Non, je ne veux plus me réincarner. Je veux porter le nom de Dieu, mon Père et le porter haut. Je me rendais compte soudain comme je l'avais fait souffrir, honteux d'être son fils et changer de trottoir... Et si mon fils faisait de même. Je m'étais séparé de lui, par mon libre arbitre, je m'étais coupé de ma source d'énergie et je compris en un instant pourquoi malgré toutes les connaissances que j'accumulais ma santé déclinait. Je vivais sur le capital qui m'avait été légué, je le distribuais mais je ne le remplaçais pas. J'étais enthousiaste et sincère et je donnais mon héritage... et je guérissais... puis celui-ci s'amenuisait et malgré mes paroles, ma bonne volonté, je n'avais plus rien à donner et les échecs se multipliaient faisant naître un cercle vicieux infernal, jetant le doute, l'anxiété et la fatigue. Je comprenais que c'était mon énergie qui conférait au médicament, à l'acte ou à la parole que je donnais toute sa valeur et je me rappelais la parole transmise par Ghislaine, notre médium :

" Soigne avec tes yeux, soigne avec ton coeur, soigne avec tes mains et tu pourrais avoir de l'alcool et du coton, tu pourrais soigner le monde entier jusqu'à la fin des siècles. "

Mais mon coeur vibrait de moins en moins et je ne croyais qu'en moi et ne comptais que sur moi; aujourd'hui je suis réssuscité et Dieu dans son amour infini ne m'a fait aucun reproche : il vient de tout me donner, et la connaissance en plus. Je sais maintenant pourquoi je vis et pour qui je travaille. Je sais maintenant que le ciel est sur la terre et que rien n'est sans Dieu; il est dans la carotte et dans la salade, il est dans le voisin. Je sais maintenant que c'est dans l'ordinaire que se fait la sainteté : construire des cathédrales ou faire cuire des oeufs c'est la même chose. Avec l'ordinaire il nous faut faire de l'extraordinaire avec une petite pincée de Saint Esprit. Je sais maintenant que notre libre arbitre n'est pas de choisir de rouler dans telle ou telle voiture ou de vivre dans telle ou telle villa, **non notre libre arbitre c'est le choix qui nous est donné de vivre en Dieu, avec Dieu et pour Dieu ou de vivre sans Dieu**. Vivre comme un feu d'artifice sublimant notre profession et allant de découverte en découverte grâce à l'Esprit Saint ou mener une vie ordinaire, bâtarde. **Subir la vie ou vivre sa vie, voilà le pari de Dieu.**

<u>Je comprenais le problème de l'alimentation.</u>

Ghislaine nous le disait : l'homme se trompe de bouche, persuadé qu'il vit de par son corps physique alors qu'il vit de par son corps subtil. Le vrai pain c'est la nourriture spirituelle. A ce moment-là, nourris d'en haut, nous comprendrons que tout est divin et que la plus petite cellule de notre corps est Dieu. Ainsi, nous aimant, et aimant la nature, nous saurons ce qui est bon, ou mauvais; cela ne nous empêchera pas de manger un gâteau, un fromage, du pain ou du boire du vin car le boulanger, le fromager, ou le vigneron y auront probablement déposé de l'Esprit Saint.

Libre à nous d'en consommer la juste quantité et la juste qualité nécessaire pour faire vivre harmonieusement notre corps et la nature environnante. **A nous de prendre conscience et de ne plus observer encore une fois de règles, de techniques ou de méthodes.**

La rencontre avec Dieu

<u>Je comprenais le problème de la religion ou des sectes.</u>
Chaque groupe est un marche pied nécessaire dont on peut se servir mais seulement se servir. Il nous faut grimper, monter et ne pas avoir le complexe des maîtres. Nous avons Dieu en nous et nous devons apporter notre originalité, notre critique positive, notre pierre à l'édifice de l'univers. La terre, l'homme, c'est la liberté totale exprimée dans l'amour des autres. La nouvelle religion sera et doit être universelle.

<u>Je comprenais que la physique, la médecine et l'homme de coeur se retrouvaient après avoir emprunté chacun un chemin.</u> Je me retrouvais dans ce stage avec un autre médecin et pas n'importe lequel, un professeur agrégé, chef de service dans un hôpital. Je connaissais une vaste partie du domaine des énergies, il connaissait une vaste partie du domaine de la chair, et le Père C. connaissait l'Esprit Saint. Dieu nous a réunis à la même table et si l'évolution de l'homme doit passer par une religion universelle, il se doit également de passer par une médecine universelle. C'était un excellent présage et après avoir été pessimiste sur l'avenir de l'homme, je rayonnais à nouveau, ouvert sur la nouvelle image que je me faisais de l'homme : l'Homme Dieu.

Soyons des idiots, ressemblons au champagne pétillant, ramassons nos idées, concentrons-les et explosons pour nous enivrer. Echangeons nos esprits saints, soyons inventifs, devenons des clowns, rions de nous, de nos attitudes et jetons nos petites toques de fourrures et nos apparences extérieures. Prouvons à notre entourage que nous sommes des créatures divines pleines d'Esprit Saint.

Rions, jouons comme des gosses, et entraînons le monde dans un rire communicatif. Créons l'épidémie du virus Dieu comme un fou rire permanent et ne cherchons plus :

le remède miracle
l'alimentation idéale
la religion parfaite.

Nous sommes notre remède; nous sommes notre alimentation; nous sommes notre religion.

Nous sommes les fils de Dieu, tous du même Père et destinés à devenir des dieux.

La rencontre avec Dieu

Je quittai le foyer de la Roche d'Or de Besançon et j'embrassai ma cliente Marie-Thérèse Droz qui faisait partie de la communauté; je vis dans ses larmes, que le plus grand cadeau qu'elle avait reçu c'était de m'avoir fait découvrir le Christ.

Débutant ma carrière, je croyais pouvoir guérir les hommes, puis je déchantai et je me résignai seulement à les aider; la Vierge Marie m'a guidé vers le Père C. et là j'ai compris que l'homme ne pouvait pas guérir l'homme mais l'Homme Dieu le pouvait. A nous d'user de cette liberté qui nous est donnée.

Et cette liberté c'est de redevenir des enfants; à la naissance le corps physique pour vivre est envahi par l'énergie; cette énergie c'est l'AMOUR. L'enfant aime tout le monde et ne sait pas distinguer le bon du méchant; il aime et aime être aimé; il est ouvert à tous et se montre nu à tout le monde mais une flèche le blesse, puis une autre. Ce sera le père ou la mère ou l'instituteur, et d'autres flèches viendront le blesser et il se refermera; il enfermera cette énergie qui est en lui; puis ce sera l'adolescence avec ses déceptions affectives, l'éducation pour devenir un adulte et l'adolescent se refermera encore plus, et il construira petit à petit une carapace, deux carapaces et trois carapaces pour devenir Mr Durand, Mr Dupond, ou le Docteur Woestelandt et affronter le monde des civilisés, en tant qu'homme.

L'époque est particulière, et le ballet cosmique stimule cette énergie Amour qui est dans chacun de nous; à nous de casser les carapaces et d'avoir l'humilité de redevenir enfant et d'oser montrer que nous sommes faibles, désirant être aimés, ayant surtout beaucoup d'amour à donner. **Dieu Amour n'est pas dans le ciel, il est en nous, caché sous cette énorme carapace.** Nous sommes nés Amour et la fin du monde ou plutôt le début de la vraie vie surviendra quand le monde redeviendra Amour. **Alors à nous de montrer l'exemple et de faire ainsi boule de neige.**

Revenant sur mon itinéraire, je tirais quelques conclusions.

I: L'éducation.
Notre enfance, notre adolescence.
Je suis conscient d'être un corps d'énergie et conscient de cela,

j'apprends à connaître les lois de ce monde, et en particulier la dualité : mon éducation a été dure et difficile et cela peut paraître très négatif à première vue. Je ne m'en tiens pas là et j'en tire tout le côté positif qui existe obligatoirement. Je suis un fils de Dieu et je ne vais pas m'arrêter à cette première difficulté. Le Christ, premier des grands initiés, premier des grands maîtres de l'énergie, mon frère aîné, m'a enseigné la loi d'action-réaction : ce que je sème, je le reçois au centuple. Alors en toute conscience, je remercie mes parents de mon éducation, je les aime et je ne m'enferme pas dans une rancune, une haine qui ne ferait que se retourner contre moi tôt ou tard. La leçon est bonne pour nous, enfants, mais rappelons-nous que nous sommes et que nous serons parents, et que les lois sont les mêmes des deux côtés de la barrière. Alors tolérance, amour, lumière, connaissance.

II : <u>La médecine</u>.

J'ai été formé par les maîtres allopathes et ils ont été mes pères; grâce à eux, j'ai pu acquérir une connaissance et je leur en suis aujourd'hui reconnaissant. Aujourd'hui, car hier je les critiquais car j'étais ignorant et comme tout ignorant, j'étais persuadé de détenir la vérité; qu'ils me pardonnent donc et qu'ils sachent qu'aujourd'hui je les remercie, je les respecte et par amour pour eux, je saurais encore les critiquer mais cette fois-ci sans passion, sans orgueil, sans jalousie. Une critique positive qui nous permettra tous d'avancer vers le paradis perdu. Et si un frère médecin me critique avec passion et avec méchanceté, j'essayerai de ressembler à celui qui m'a créé... je lui enverrai l'amour, je m'y engage.

III : <u>L'homéopathie et les autres médecines</u>.

La découverte d'Hahnemann il y a 170 ans a ouvert les portes du monde occidental sur l'énergie. A nous de nous y engager tout en sachant que tout est encore à découvrir et que nous en sommes au balbutiement. Bien entendu, nous avons de bons résultats mais les autres médecines peuvent s'en targuer également. Celui qui est en harmonie, en toute sincérité, et qui soigne avec son coeur, tout en tenant bien fort le fil d'Ariane... guérit. Cela est sûr. Alors pourquoi les échecs ?

La faute des médecins ? Dans une certaine mesure, oui... si ceux-ci sont en disharmonie...

Mais le malade disharmonieux ne peut guérir également s'il ne prend pas conscience de son état. Et la maladie considérée comme un mal est en réalité un bien destiné à faire évoluer. Et quand nous sommes prêts à prendre conscience nous rencontrons le médecin qui sera notre déclic et le médecin ne sera peut-être pas celui que l'on imaginait.

IV : Les vaccinations.

Ce qui est condamnable c'est l'ignorance.

L'ignorance est la source de l'intolérance... Et une situation difficilement réversible s'est créée à ce sujet. Humblement, j'ai reconnu que mes études ne m'avaient pas instruit de ce sujet. De plus mes découvertes du monde des énergies m'incitent à reconsidérer la position médicale actuelle. Rappelons-nous médecins de quelle façon avons-nous retourné nos vestes quant aux thérapeutiques de certaines maladies. Chaque mois ne se passe sans qu'une découverte ne fasse écrouler un pan de mur de vérité; le sujet est grave et comme toute chose de ce monde il est soumis à la dualité. Il y a certainement du bon mais il y a certainement du mauvais. Au même titre que l'antibiotique était un bien, il est maintenant un mal reconnu par l'O.M.S du fait de son abus incontrôlé fait dans l'insouciance et l'inconscience la plus complète. Il faut débattre du sujet, c'est la tolérance et en attendant que la vérité pointe le nez, amis lecteurs, ne vous alarmez pas trop; la seule chose que l'on peut vous reprocher, c'est d'être un mouton et de ne pas utiliser votre esprit à prendre conscience du problème; on prend conscience en étudiant*. Après cela, vous ferez votre choix, soit d'un côté soit de l'autre mais vous l'aurez fait en toute conscience et c'est cela évoluer.

V : L'alimentation.

L'instinctothérapie m'a séduit et de toutes les méthodes qui existent, c'est sans doute celle que l'on peut le moins contester. Pourtant une objection m'apparaît de taille : l'homme est sur terre pour évoluer, pour créer, pour inventer, pour faire jaillir de lui l'énergie divine; alors je pense à celui, qui pour la première fois a fabriqué un pain, un fromage... Quelle joie a t-il du avoir ! Que de boulangers, que de vignerons, que de fromagers font encore aujourd'hui leurs produits avec amour et générosité... Et c'est cela l'important car cet aliment apportera beaucoup à celui qui le recevra à condition que celui-ci aime son corps; va-t-il manger un petit bout de fromage ou le fromage entier ? Un carré de chocolat ou la plaque d'un seul coup ? Un verre de vin ou la bouteille?

Va-t-il aimer son corps en ingurgitant de nombreux produits cuits et transformés durant l'été et rejetant ce que la mère nature lui offre généreusement ?

Chaque homme est responsable de lui-même; à lui d'aimer ou non son corps, de sentir ce dont il a besoin, trouver l'alimentation qui lui est le plus adaptée; à lui encore une fois de se prendre en charge et de ne pas suivre aveuglément une méthode; celles-ci ne sont là que pour éveiller sa conscience. **Et nous propagateurs de méthodes, ne nous rendons pas responsables des autres et rappelons-nous que le calme d'un repas est tout aussi important que l'aliment lui-même.** Et je citerai St Paul sur ce sujet :

" Que celui qui mange ne méprise pas celui qui ne mange pas, et que celui qui ne mange pas ne juge pas celui qui mange. "

" Celui qui mange, c'est pour le Seigneur qu'il mange, car il rend grâce à Dieu; celui qui ne mange pas, c'est pour le Seigneur qu'il ne mange pas et il rend grâce à Dieu. "

" Or, si à cause d'un aliment ton frère est attristé, tu ne te conduis plus selon l'amour. Ne va pas, avec ton aliment faire périr celui pour qui Christ est mort. "

VI : Le mental.

On peut comparer l'homme à un funambule: il est sur son fil et il doit le remonter, il peut tomber à droite ou à gauche; la connaissance et la sagesse lui permettent de rester sur le fil tandis que l'ignorance le fait tomber. Il est très important de faire de la dynamique mentale mais encore une fois jusqu'à un certain point; se fabriquer un mental de vainqueur, de gagnant peut par son excès représenter un danger... **La théorie, la méthode empêchant le senti, le vécu, le sensible de se faire écouter et peut provoquer un déséquilibre énergétique aboutissant à la destruction du corps physique.** S'aimer, voilà l'important, car en s'aimant, on s'écoute, on se sent et on n'accepte pas n'importe quoi sous n'importe quelle condition. Et en s'aimant, on aime les autres, on aime la vie et la vie nous aimera car elle pourra se développer en nous. **Il nous faut acquérir la liberté intérieure, et ne pas se laisser illusionner par la liberté extérieure;** il nous faut être tolérant vis à vis de nous-même comme il nous faut être tolérant vis à vis des autres; tout cela nous permettra de regarder vers le ciel avec calme et sérénité. Je le reconnais aujourd'hui, j'étais intolérant parfois face à la médecine dont j'étais issu... J'étais jeune et j'avais quelques excuses mais aujourd'hui je comprends la joie intérieure de l'homme qui a découvert le premier antibiotique ou la première molécule de cortisone... Quelle découverte ! Et si c'était moi qui l'avais faite. J'aurais probablement mis tout mon enthousiasme, ma force et mon amour. Ici encore l'homme est sur sa corde et de découverte en découverte, il se doit de ne pas tomber à droite ni à gauche. S'il tombe à droite, il suscitera des vocations à gauche. Si nous voulons rester sur le fil, il nous faut être tolérants.

CHAPITRE XIV

UN LANGAGE UNIVERSEL

> Si je me trouve en présence d'un chrétien, d'un musulman, d'un juif ou de toute autre religion, je fais en sorte qu'en me quittant, cet homme soit un meilleur chrétien, un meilleur musulman, un meilleur juif : Dieu est connu sous des noms divers, inutile de nous chamailler sur les noms qu'on lui donne.
>
> Rama Krishna

Amis lecteurs, ce livre n'est pas fini, je dirais même qu'il ne fait que commencer pour vous et pour moi. Il ne s'agit pas d'en terminer avec le précédent chapitre, et je m'en garderai bien car la semaine que je venais de vivre etait **ma** semaine, et les retombées me sont toutes personnelles; je n'ai nullement l'intention de vous les imposer en réponse à vos problèmes car la réponse est en vous et en personne d'autre. J'aurais pu garder en secret cette expérience, cette initiation, cette naissance et je vous l'ai livrée dans le but d'écrire cette conclusion qui je souhaite de tout mon coeur vous donnera les clés de votre jardin secret.

Il ne s'agit donc pas de croire que la solution à vos problèmes de santé ou la situation difficile ou voire infernale du monde soit de croire béatement à Dieu et qu'il résoudra tout... On aurait voulu me faire croire cela il y a trois ans, j'aurais été dans l'hilarité la plus complète... On m'affirmerait cela aujourd'hui, je demanderais à "on" de passer son chemin. Non, il n'y a aucune solution miracle si ce n'est celle qui fait appel à votre intelligence.

Alors comment faire appel à cette intelligence ?
En répondant à la question : " QUI SUIS-JE ? "
C'est la question essentielle. Nous nous occupons des autres, nous les conseillons puis nous les éduquons puis nous les jugeons, et nous ne savons pas qui nous sommes. Sans réponse à cette question, nous ne pourrons savoir ce que nous faisons sur terre et ainsi nous ressemblons à un bateau sans gouvernail : quand la mer est belle, calme et que le soleil luit, nous nous pavanons, nous nous faisons dorer et il suffit que les vents se lèvent, que la mer s'agite, que les nuages assombrissent le ciel pour que nous soyons chahutés et prisonniers d'un tourbillon infernal qui nous conduit souvent à une situation irréversible. Le bateau qui a un gouvernail tient le cap dans la tempête et ne s'inquiète pas; il sait que la route est parsemée

d'embûches mais il sait où il va; il se connaît et navigue là où il peut aller.

Alors comment savoir qui nous sommes ?
PAR LA CONNAISSANCE.
CONNAISSANT est formé du préfixe CO et du mot NAISSANT. Et cela signifie la réunion de plusieurs naissances. La vie pourrait donc être une multitude de naissances, une naissance perpétuelle; la vie d'un homme serait donc un champ d'expériences et de découvertes qui nous permettrait d'établir en nous des lumières afin d'avoir un jour la grande illumination; rappelons-nous le foetus qui sort du ventre de sa mère et découvre une autre vie et dont les yeux, mois après mois, année par année, vont s'ouvrir sur différents aspects de la vie et chaque prise de conscience sera une nouvelle naissance.

Nous venons sur terre pour faire des acquisitions; alors, devenons connaissants et avant de chercher à connaître les autres, connaissons-nous nous-même et rappelons-nous que LA CONNAISSANCE C'EST L'ACQUIS, LA PRATIQUE MAIS PAS LA THEORIE NI L'INTELLECT.

L'intellect nous a trompés et nous n'avons pas compris le corps physique; la théorie nous a trompés et nous n'avons pas compris notre cerveau; nous nous sommes trompés sur le sens des mots qui nous permettent d'échanger nos acquis et ainsi s'est instauré entre les hommes un dialogue de sourds, source de toutes les révoltes, crimes, guerres ou autres atrocités.

Permettez-moi à la lumière de mes acquis de vous entretenir de la synthèse qui est en train de se réaliser, entre la science moderne et la science traditionnelle.

DIEU.

Source de toutes les polémiques. Au nom de Dieu, on fait tout et le contraire de tout; jamais aucun nom n'a suscité autant de passions. Alors essayons d'en faire une approche. Dieu, c'est l'infini. Nous ne pouvons donc le définir, nous ne pouvons que le sentir, le ressentir et comme nous sommes tous différents les uns des autres, **chacun a le droit de s'en faire son image et surtout l'obligation de ne pas l'imposer aux autres**. Ne nous imposons donc rien et appelons le si vous le voulez Maître, Energie Créatrice, Conscience Supérieure,

Un langage universel

Bing Bang.

Les physiciens modernes nous permettent d'approcher de cette notion de Dieu et nous disent :

" Tout est illusion, car tout ce que nous voyons, tout ce que nous touchons, tout ce que nous prenons pour réalité n'est que particules nucléaires qui vibrent. "

La table sur laquelle vous mangez, le mur de votre salon, votre verre, ne sont que des particules en mouvement. Vous, hommes, et vous, femmes, vous, hommes blancs, et vous, hommes noirs, vous, pauvres, et vous, riches, vous catholiques, et vous musulmans, vous n'êtes que particules qui vibrent. Le règne minéral, le règne végétal, le règne animal, le règne humain ne sont que des particules nucléaires; nous sommes, tous les règnes vivants, de la même trempe si je puis m'exprimer ainsi.

Mais qu'est-ce qui fait donc la différence entre les règnes vivants et entre les hommes eux-mêmes ?

1 - La vibration.

Nous ne vibrons pas tous sur la même longueur d'ondes, ce qui fait qu'à partir d'une même énergie nous sommes tous différents et devenons des individualités et qu'un mur sera un mur et une table sera une table. Cette vibration est acquise par le niveau de conscience que l'on se donne.

2 - Le niveau de conscience.

Nous l'avons vu, cela est prouvé scientifiquement, les règnes minéral, végétal, animal sont conscients; à fortiori l'homme l'est... Faut-il s'en persuader ?

Chaque molécule, chaque cellule, chaque organe qui composent l'homme ont des consciences.

Alors qu'est-ce donc que prendre conscience ?

C'est être co-naissant à tout instant, c'est-à-dire faire des acquis, s'ouvrir à la lumière, évoluer. Aujourd'hui, c'est comprendre que nous ne sommes qu'énergie, esprit et corps. C'est comprendre que tout ce qui vit en nous et autour de nous n'est qu'énergie. C'est comprendre que nous ne sommes non seulement cela mais aussi que nous sommes tous les règnes vivants de la même énergie : le mur, la chaise, le verre, le chien et moi, nous ne sommes que des particules nucléaires et ce qui fait que les particules prennent la forme d'un chien, d'un verre, d'une table ou d'un homme c'est tout simplement l'état vibratoire acquis par le niveau de conscience. **Refuser l'énergie c'est refuser de croire à l'air que nous respirons sous prétexte que nous le voyons pas.**

Voilà le pari qui nous est fait à nous, hommes du vingtième siècle, le pari d'une prise de conscience que nous ne sommes qu'énergie, que nous ne vivons que par elle, tout en sachant qu'issus de la même source, si nous avons un corps qui a son utilité et que si un chien est un chien, et qu'un chat n'est pas un arbre, cela fait parti d'un plan créateur.

Pour me faciliter la tâche, je vous demanderai l'autorisation d'employer le mot Dieu pour définir cette source unique d'énergie qui nous donne la vie et qui nous permet d'exercer en toute liberté notre individualité au sein de l'universalité.

LE BIEN ET LE MAL.

Régie par la morale et source de BIEN des MAUX et l'on pourrait dire pour être plus exact, source du bien et du mal.

Où est le bien, où est le mal ?

Certains voient dans la femme le mal, d'autres le bien.

Certains voient dans notre société technologique avancée le bien, d'autres le mal.

Pour certains ouvriers, le patron est le mal, pour d'autres il est le bien.

Le syndicalisme est-il un bien ou un mal ?

Pour l'adolescent l'autorité représente le mal mais l'autorité agit en étant persuadé de faire le bien.

On a beau faire toutes les recommandations et les plus grandes théories à un enfant, son obsession sera de s'approcher du feu et d'y toucher. Il se brûlera, est-ce un bien ou un mal ?

Regardons le phénomène de la pollution. C'est un véritable mal, un fléau. Ce sont les ténèbres qui envahissent la terre lumière. Pourtant on peut la considérer comme un bien; l'homme, en effet, ne voulait pas prendre conscience et vivait en bon égoïste croyant en toute bonne foi qu'il n'avait de compte à rendre à personnne dans son petit jardin, dans sa petite maison, dans sa petite région, dans son

Un langage universel

petit pays. Des engrais chimiques, un vent qui se lève et la pollution fait le tour du monde. La situation est en état d'urgence aujourd'hui : la terre se meurt et comme le règne minéral est l'ossature de tous les règnes vivants, nous mourons... à moins que nous ne prenions conscience que nous ne pouvons faire n'importe quoi, que nous sommes tous sur le même bateau et que notre liberté s'arrête où commence celle des autres. Nous n'avons pas voulu prendre conscience alors la situation d'urgence est là; et cette pollution, ce fléau démoniaque, est en réalité un bien car par la peur qu'elle provoque, nous prenons conscience de l'universalité du monde, nous prenons conscience de l'humanité, nous prenons conscience de notre égoïsme individuel, national, racial, nous prenons conscience de la tolérance, de l'amitié et de l'amour.

Si l'on veut continuer à vivre et que nos enfants puissent voir le soleil, il nous faut nous entendre tous noirs et blancs, pauvres et riches, catholiques et musulmans.

Où est le bien, où est le mal ? Qui peut le dire ?

Les hommes discutent, discutent, discutent, et restent sur leur position. Et ils ont tous raison. Tout dépend d'où l'on se place.

Rappelons-nous ce dessin représentant la femme de 90 ans et la femme de 2O ans; c'est le même dessin, le même trait de crayon... La source est unique et pourtant deux individualités sont créées : tout dépend du récepteur. L'homme CONNAISSANT sait que la source d'énergie est unique et que tout le monde peut y trouver son compte; les autres se querelleront et créeront des disharmonies affirmant détenir la vérité; rappelons-nous bien ce dessin, il peut représenter la création du monde : la source unique et qui permet à tout le monde de s'exprimer dans la liberté et dans la tolérance.

La liberté, c'est la connaissance et le contraire de l'ignorance.

La tolérance, c'est le contraire de l'intolérance.

L'ignorance et l'intolérance sont le diable.

Mais avant de parler de ce diable, il est nécessaire de faire un détour par les Textes Sacrés et la science traditionnelle.

LE PARADIS PERDU.

Il est intéressant de s'arrêter à cette parabole que tout le monde connaît. Quelques lumières sur sa signification nous permettront de comprendre un peu mieux la notion de Dieu et de Diable. Rappelons-nous, et retournons au paradis terrestre avant que notre ancêtre en soit parti.

Au départ, Dieu, source unique de la vie et qui crée le premier homme. Par cet acte de création, nous pouvons dire que Dieu est Amour. Une fois l'homme créé, Dieu aurait pu dire à celui-ci : " Tu vas faire ce que je fais, tu vas dire ce que je dis, tu vas penser ce que je pense. " Mais Dieu n'a pas fait cela, sachant qu'amour était liberté et cette créature divine a reçu le sceau de la liberté.

Adam a donc tous les pouvoirs et peut à l'image de son Père tout créer, tout inventer, ceci dans la loi de l'unité d'énergie, unique, divine. Notre ancêtre était libre et il a usé de cette liberté pour conquérir le pouvoir absolu. A notre époque, combien de fils refusent d'admettre que leur situation, que leur pouvoir, que leur naissance, soient le fait de leur père. C'est le péché de l'orgueil, le premier péché originel; l'homme ne veut rien devoir à personne et il se persuade qu'il se fait lui-même, ne supportant pas qu'à travers lui on puisse adorer le Père. L'homme s'est donc séparé de son plein gré de Dieu et il s'est lui-même chassé du paradis, se condamnant à gagner sa vie à la sueur de son front. Il était unité et il est devenu la dualité créant le bien et le mal. **Mais Dieu exsite toujours en lui car c'est la source unique de la vie.** A lui de retrouver ce qui est caché et cela se fera en travaillant et en apprenant. Voilà le symbole de l'arbre de la connaissance. L'homme va devoir apprendre à marcher, à ouvrir les yeux, ouvrir les oreilles. **Le but de notre vie est donc de retrouver ce qui est caché, ce qui est en nous et qui nous attire irrésistiblement**. Dans cette quête nous sommes soumis à la loi de la dualité, c'est-à-dire avec la notion de bien et de mal jusqu'à que nous prenions conscience de notre véritable origine, pour vivre dans l'unité qui est la loi de la sagesse divine.

Afin de rendre encore plus claire cette notion de dualité et d'unité, cette notion du bien et du mal, cette notion de Dieu et de Diable, donnons une explication du caducée.

Un langage universel

Au milieu, un spectre, une ligne droite avec à son sommet un cercle. Ce cercle avec ce point central représente dans la tradition la création, la source unique, Dieu. La ligne droite est le chemin qu'il faut emprunter pour y arriver.

De la base et s'élevant vers le haut, deux serpents qui prennent un chemin hélicoïdal autour de ce pilier central : une fois à droite, une fois à gauche avec des points de rencontre sur le spectre central; le serpent, dans la parabole du paradis terrestre représente la tentation, le péché; la tentation de se séparer de Dieu, source unique de la vie. L'homme s'en est séparé et pour cette raison il vit selon la loi de la dualité, un jour à droite, un jour à gauche; par ces chemins détournés, il pourra s'il consent à ouvrir les yeux rencontrer Dieu aux points de croisement. Chaque point de croisement est une prise de conscience, une découverte de la sagesse; sur cet emblème, sept points de croisement, ce qui correspond aux sept centres énergétiques qui sont le support du corps humain ainsi qu'il y a sept plans de conscience comme sept jours de la semaine, comme sept notes, comme sept merveilles du monde, comme les sept voiles d'Osiris. L'homme pourra retrouver Dieu en empruntant le chemin de la dualité (ce qu'il a choisi) et devra s'élever jusqu'à lui en

effectuant de nouvelles naissances, c'est-à-dire par prises de conscience successives. Par ce symbole nous comprenons que Dieu est partout puisqu'il est la source unique et que tout en existant à travers le bien et à travers le mal, il n'est ni le bien ni le mal :
IL EST SAGESSE.
ET SAGESSE = AMOUR PLUS CONNAISSANCE.
Amour sans connaissance, c'est la foi aveugle.
Connaissance sans amour, c'est le matérialisme aveugle.
Dieu est Amour car il nous a donné la vie et la liberté.
Dieu est Connaissance car il a créé l'univers.
Dieu est la source unique et rien ne peut exister en dehors de lui... Si bien qu'il se sert du mal ou plutôt il est obligé de se servir du mal pour permettre à l'homme de retrouver son origine divine. **La notion de bien et de mal a été créée par l'homme et l'homme est donc le diable quand il le veut par son LIBRE- ARBITRE.**

LE DIABLE.

L'ignorance et l'intolérance sont des pensées émises par l'homme; et comme toutes choses créées, elles sont conscientes; et comme toutes consciences elles sont énergies, et comme toutes énergies elles sont issues de la même source unique : Dieu.

Tout est énergie, tout est conscience. L'homme crée une pensée noire, mauvaise, méchante et celle-ci va s'envoler, prendre forme, prendre conscience et évoluer. Voilà comment s'est créé le Diable et les forces diaboliques ont un soutien grâce à ces formes-pensée de millions d'hommes vivant sur cette planète. Ne nous trompons donc pas de cible... Le Diable, ce n'est pas Dieu; le Diable, ce n'est pas le premier homme; le Diable, ce n'est pas notre voisin mais le Diable, c'est nous-même. Ne se passe-t-il pas une journée sans que nous jugions quelqu'un, sans que nous médisions ? Notre tristesse, nos peurs, nos pensées négatives, font de nous des magiciens noirs... Le Diable, c'est nous. C'en est fini de ces images d'Epinal représentant une queue, une corne et un trident; comme c'en est fini de voir un vieillard avec des cheveux blancs sur un cheval ailé faisant la pluie et le beau temps au ciel. Quand va-t-on prendre conscience ? Quand va-t-on en prendre conscience ? La connaissance est là aujourd'hui et elle nous dit par la bouche des scientifiques :

Un langage universel

" La pensée est une énergie qui se déplace instantanément en n'importe quel lieu de la planète et du cosmos, tout en s'amplifiant. "

Prenons conscience aujourd'hui que nous avons le choix d'être Dieu ou Diable.

Combien de sectaires se retrouvent désemparés quand on leur dit :

" Si Dieu existait, il n'y aurait pas toutes ces guerres. "

Combien de fois ai-je entendu dans mon cabinet :

" Je commence à douter de l'existence de Dieu quand il arrive à ma famille tous ces ennuis. "

Quand vont-ils prendre conscience qu'ils sont les responsables de leur état ? Prenons l'exemple du Liban; au temps du Christ, c'était une forêt; il y a encore quinze ans c'était ce qu'on appelait la Suisse du Moyen Orient; au nom de Dieu, les hommes se sont empoignés, dévorés et ont tout rasé et cela continue; dans dix ans nos enfants regarderont la télévision et verront un désert peuplé d'enfants agonisants et ils diront s'ils ne sont pas connaissants :

" Si Dieu existait, il n'y aurait pas cela. "

Alors jusqu'à quand va-t-on continuer ce raisonnement ? Dieu n'y est pour rien... Il a simplement donné à l'homme la liberté et libre à lui de se battre, de dévaster, d'haïr, de mal penser, de faire de la magie noire. **Il est certes plus facile au nom de Dieu, au nom de la morale, au nom de l'amour, de s'occuper des autres, de les conseiller, de les juger plutôt que de s'intérioriser et de découvrir :**

" **Qui suis-je ?** "

Dieu, la source unique, représente une troisième voie qui n'est ni le bien ni le mal au sens où on l'entend car il y a du mal dans le bien et il y a du bien dans le mal, comme il y a du ying dans le yang, et comme il y a du yang dans le ying. Pour connaître donc le vrai visage de notre créateur, le plus grand des connaissants, le plus grand des initiés, le Christ est venu nous guider :

" Pour connaître le Père, il faut passer par mes paroles. "

" Ne jugez pas. "

" Pardonnez comme le Père vous a pardonné. "

" Aimez-vous les uns les autres comme je vous ai aimés. "

" Partage, tolérance, liberté, humilité, détachement, connaissance. "

Voilà le passe-partout qui nous permettra de retrouver la troisième voie c'est-à-dire la clé du paradis perdu.

Un langage universel

LA PENSEE.

L'homme n'est qu'un amas de vibrations, d'ondulations, de champs d'énergie, noyé dans un océan vibratoire. Selon son niveau de conscience c'est-à-dire son taux de vibration, il va être sensible et il va s'ouvrir à un certain type d'énergie; ceci fait il assimilera selon sa structure mentale, sa personnalité, et cela donnera la pensée, et l'homme dira :
" Je pense. "
Pour bien comprendre ce processus capital et indispensable, pour enfin connaître : " Qui suis-je ? ", prenons l'exemple d'un poste de radio. L'enfant qui est en nous cherchera dans cette petite boîte celui qui parle... il n'y est pas bien entendu et ce récepteur était branché sur une longueur d'onde et répétait ce qui se disait sur celle-ci; le message ne sera pas le même si vous êtes sur les grandes ondes ou sur une modulation de fréquence. Il en est presque de même pour l'homme; de par sa connaissance, de par son acquis, de par sa prise de conscience, de par l'intensité de sa lumière, il sera particulièrement réceptif à telle ou telle vibration, c'est-à-dire à tel ou tel message. Il incorpore donc celui-ci et le fera passer à travers toutes les couvertures que nous avons dénichées dans le chapitre sur la conscience et l'homme dira en toute conscience : " Je pense. " Il faut savoir, la vie moderne nous en a donné toutes les preuves, preuves qui viennent apporter de l'eau au moulin, à toutes les sciences traditionnelles, que le monde que l'on dit invisible, le monde des énergies qui est en nous et autour de nous, est un véritable magnétophone; toutes nos pensées, toutes nos actions, toutes nos paroles y sont enregistrées. Et cela s'appelle l'inconscient collectif : toutes ces énergies émises vont en fonction de leur affinité former des forces et libres à nous de nous pencher sur telle ou telle forme de pensée. La première vie remonterait à quinze milliards d'années et tout a été enregistré; **cette fameuse mémoire est en nous et grâce à elle, nous pouvons à l'image d'un ordinateur faire la synthèse et dépasser constamment, à tout moment nos acquis et résoudre le problème qui nous est posé.**
L'époque est là, nous l'avons dit... Nous passons de l'ère du Poisson qui est l'ère du corps mental, c'est-à-dire de l'intellect

humain, de l'ego, du je, à l'ère du Verseau qui est l'ère du corps causal, c'est-à-dire du qui suis-je, du moi divin, de l'universalité; en nous d'avoir la connaissance suffisante pour saisir cette chance.

QUI SUIS-JE ?

Le monde ne s'est pas fait en sept jours et l'homme non plus. Et si vous avez assimilé les chapitres précédents, vous avez compris que l'homme est la synthèse de tous les règnes vivants. Revenons à notre source unique, à la création, à Dieu: une explosion, et c'est la création de la vie, et ce fut la naissance des planètes. La terre y trouva son compte, le règne minéral fut; ces énergies primitives, issues de la source unique, évoluèrent par prises de conscience successives et engendrèrent le règne végétal qui permit par la suite au règne animal de prendre conscience pour arriver à l'homme; préhistorique tout d'abord pour aboutir à l'homme du XXème siècle. Chaque règne se doit d'évoluer et nous avons tous vu la différence entre les fameux dinosaures exposés dans nos musées et nos chevaux. La création se dirige vers la perfection et nous sommes les architectes de cette création; par des naissances successives nous nous dirigeons vers l'homme parfait qui retrouvera son origine, l'énergie unique, l'unité, Dieu.

" En vérité, vous êtes des Dieux. " Jésus-Christ.

La science traditionnelle nous apprend que l'homme parfait à l'image de Dieu possède sept plans de conscience : physique - éthérique - astral - mental - causal - budhique - atmique.

Nous en sommes au mental et nous devons le dépasser vers l'an 2000-2030 pour passer au plan de conscience causal qui est le plan de l'Amour universel. De nombreuses civilisations nous ont précédés et nombre d'entre elles ont péri. En sera-t-il de même pour nous ? Le déclin après l'apogée ? Est-ce une fatalité ?

Absolument pas : L'HOMME EST LIBRE, L'HOMME SE CREE CAR L'HOMME EST SON ARCHITECTE, car en lui est l'énergie qui est créatrice et qui évolue par prises de conscience.

Alors avant de savoir "qui suis-je", il faut prendre conscience.

Un langage universel

Parmi les hommes trois catégories peuvent être individualisées :
1 - Ceux qui ne prennent pas conscience.
2 - Ceux qui prennent conscience et qui agissent en harmonie, c'est-à-dire en bonne conscience.
3 - Ceux qui prennent conscience et qui agissent en disharmonie c'est-à-dire en mauvaise conscience.

Précisons tout ceci.
1 - Ne pas prendre conscience aujourd'hui, c'est être comme un automate, comme un mouton, c'est ne croire que ce que l'on voit, c'est se fixer des limites, c'est ne pas sentir, c'est ne pas percevoir cette force consciente, créatrice, évolutive et sans frein qui nous habite et qui emplit tout l'univers.

2 - Prendre conscience, c'est non seulement sentir cette force qui est en nous, qui est autour de nous, mais c'est aussi comprendre qu'elle est universelle et qu'elle relie toutes choses entre elles et qu'ainsi elle relie tous les hommes de tous les continents nous unissant par là-même au cosmos, à l'infini, et donc à Dieu. Cette énergie unique s'est subdivisée pour que la création puisse se réaliser et que nous soyons des individualités dans l'universalité.

Agir en harmonie, c'est prendre conscience que nous sommes tous créations de Dieu, tous reliés et que de faire le mal à l'un de nous, c'est de nous faire mal et que de nous faire du mal, c'est blesser Dieu; c'est prendre conscience que nous sommes fils de Dieu, c'est-à-dire création de l'énergie unique, universelle, destinée à devenir des Dieux; et pour y arriver nous ne pouvons laisser personne en chemin. Il faut donc prendre conscience qu'il nous faut agir dans l'esprit de Dieu et puisque nous sommes Esprit de Dieu, nous devons agir en harmonie car Dieu est harmonie. A nous de découvrir les lois divines de façon à ne pas agir en disharmonie, ce que l'on appelle dans le monde des énergies, être un magicien noir; et nous revenons ici à la notion même du Diable.

3 - Prendre conscience et être en disharmonie c'est être le contraire du magicien blanc. Pourquoi le terme de magicien? Magicien pour celui qui ignore le monde des énergies, et nous sommes à cette époque où une grande partie de l'humanité est encore dans l'ignorance et considère encore comme magie ce qui devrait lui appartenir tout naturellement; quand l'ignorance existe, il existe toujours des hommes qui savent en tirer profit et qui font de la

magie noire, c'est-à-dire dirigeront des énergies contre leurs frères pour en tirer gloire et pouvoir; **mais rappelons-nous bien que pour que les magiciens noirs puissent exercer leurs pouvoirs il faut qu'il y ait des moutons et enfin de compte c'est toujours à cause des moutons que les civilisations déclinent. Une fois cette prise de conscience faite nous pourrons aller à la recherche de notre qui suis-je... qui est en réalité l'Amour.**

Rappelons-nous, notre père et notre mère se sont un jour accouplés et ont par ce geste d'amour permis à la vie de s'individualiser : la vie c'est l'Amour. Le petit enfant est Amour et il ne juge pas; il aime et on l'aime. Puis, notre père, notre mère et tous les bons conseilleurs décident de son éducation; et on va lui enseigner le bien et le mal; et il va subir le mal, et pour protéger la source de vie en lui, il va se refermer en édifiant des carapaces, créant ainsi sa personnalité. Et nous voilà bien dans la dualité... Le combat entre notre âme (amour) et notre personnalité (ego = égoïsme). Voilà le problème essentiel à résoudre : retrouver qui nous sommes en réalité. Et le problème est simple, nous sommes tous amour, et nous voulons aimer et être aimés. Mais la personnalité ne l'entend pas ainsi et construit sa vie sur des critères propres à une civilisation. Et le noeud vient de ce que nous croyons : nous croyons être notre personnalité ce que l'on appelle notre ego.

EGO = EGOISME.

AME = AMOUR.

En nous se joue le conflit entre l'âme et l'ego, c'est-à-dire l'égoïsme et l'amour; il n'y a pas de doute, nous sommes dans la dualité et et celle-ci fait que nous sommes mortels et bien pauvres au sommet de notre gloire sur la terre.

L'AMOUR.

Voilà encore un mot qui est à préciser.

On définit Dieu comme étant Amour, mais avons-nous encore compris l'Amour ?

Nous aimons, mais qu'est-ce qu'aimer ?

C'est toujours au nom de l'Amour que l'on agit, on ne parle que d'Amour dans notre monde et pourtant est-ce que le monde est meilleur pour cela ? Non, alors on ne doit pas avoir compris l'Amour. Est-il besoin de se rappeler cette phrase tirée des Textes

Un langage universel

Sacrés :

" Il faut beaucoup plus d'amour à laisser souffrir quelqu'un qu'à vouloir le protéger à tout prix. "

L'ignorance des lois de la vie, l'ignorance de notre âme, de notre "qui suis-je", l'aveuglement de notre personnalité nous fait commettre beaucoup d'erreurs au nom de l'Amour **en toute bonne foi et en toute conscience.**

L'Amour : c'est la Sagesse.

Et la Sagesse fait appel à la connaissance; il nous faut être connaissant dans l'Amour; être connaissant veut dire ouvrir les yeux, ouvrir les oreilles afin d'éveiller notre conscience. Pourquoi donc est-il si difficile d'ouvrir les yeux ? Pourquoi est-il si difficile d'aimer? Parce que nous sommes ignorants; ignorants que nous sommes sur terre pour développer notre individualité à partir d'une même source. Nous sommes un et nous représentons plusieurs facettes, c'est cela le miracle de la vie. Je le rappelle, les physiques modernes nous en apportent la preuve tous les jours : nos réalités matérielles n'ont de réalité que par les particules nucléaires qui vibrent et une particule ne peut se concevoir sans son intégration avec les autres particules.

Parce que nous sommes ignorants.

Parce que la vérité n'est pas toujours bonne à entendre.

Qui suis-je donc ?

Cela peut paraître difficile, maintenant que nous connaissons tous les mécanismes de notre cerveau, mais ceux-ci ont leur utilité et si, de prime abord, ils paraissent le mal c'est un grand bien en réalité. Nous venons sur terre pour nous individualiser dans l'universel et il nous faut forger notre âme, la seule façon de la faire évoluer c'est d'abord de connaître notre personnalité afin de les mettre en harmonie.

L'individualité (âme), c'est Dieu vu dans le miroir.

La personnalité, c'est Dieu vu dans le miroir déformant.

Si je prends conscience par exemple que ma personnalité est égoïste, c'est que probablement de par la loi de la dualité, je suis un être très généreux; l'égoïsme et l'altruisme sont les deux sentiments opposés de la même énergie.

Si je prends conscience que ma personnalité est orgueilleuse, c'est que je suis capable de la plus grande humilité. L'égoïsme et l'orgueil

Un langage universel

de ma personnalité me permettent, si je suis décidé à en prendre conscience et à agir en harmonie, de tendre vers la générosité et l'humilité. J'aurais à ce moment connu les deux pôles de la dualité et je me retrouverais dans l'unité continuant ainsi mon expérience dans un autre plan de conscience.

Trois points sont à préciser pour être plus pratique et découvrir les pièges de notre personnalité :

1 - Il arrive souvent, de par la force de notre ego, que nous ne prenions pas conscience de certains de nos excès; alors, un petit truc qui marche à tous les coups : dans chaque décision que nous devons prendre, imaginons-nous être Dieu en personne c'est-à-dire Amour, Liberté, Tolérance et voyons si nous sommes en accord avec notre ego.

2 - N'oublions pas que nous devons découvrir la troisième voie, celle du spectre central et bien que les sentiments qui nous animent, les actions que nous engendrons ou les pensées que nous formons proviennent de cette source unique, elles ne sont pas la troisième voie. Quelqu'un de très gourmand est un fils de Dieu et quelqu'un qui jeûne et qui développe une ascèse est un fils de Dieu également. Le jeûne et l'excès alimentaire sont les deux opposés de la loi de la dualité mais ils ne représentent pas la troisième voie qui est la voie de la sagesse, de la prise de conscience. **Il est souvent beaucoup plus facile de s'imposer des règles strictes, de se flageller, que de prendre conscience qu'il faut se modérer, se maîtriser sur l'abondance que nous offre la création.**

3 - Quand on découvre qui on est, il ne suffit pas de le clamer à qui veut l'entendre ! Ce peut être encore notre ego qui se targue de qualités qu'il ne possède point et qu'il aimerait posséder. Il faut alors être soi en étant authentique. L'amour humain croit que c'est en se dépensant sans compter à en perdre sa vie qu'il va pouvoir se réaliser; regardons l'arbre dans la nature, il s'infiltre en silence dans le sol à partir de la petite graine, il s'arrime, il s'étend en profondeur et ses racines s'accrochent entre les roches puis, un jour il s'épanouira à la vue de tout le monde sans crainte du vent ni de la tempête et des milliers d'oiseaux viendront s'y abriter. Si on lui coupe une branche dix repousseront. Celui qui n'est pas soi et qui s'épanouit, ne peut le faire qu'en théorie, en intellect, en mental, en personnalité, et le moindre souffle le balayera. **Soyons donc des exemples de ce que nous affirmons; cette condition nous permettra**

d'affirmer moins.

4 - L'indispensable enfin pour nous connaître, c'est l'accès à la connaissance.

LA CONNAISSANCE ET L'IGNORANCE.

La seule façon d'évoluer, de prendre conscience, c'est de faire son expérience. L'humanité est notre champ d'expérience. **Inculquer une théorie, c'est refuser une expérience** et c'est rester au niveau de l'intellect et, comme toute théorie, elle s'effondrera un jour à la grande stupéfaction de tous les malades de la culplombite qui gémiront et pleureront en claironnant qu'ils étaient de bonne foi.

L'homme est libre de recevoir l'esprit saint (la prise de conscience) qui lui donnera la créativité, l'intelligence dans l'amour; la créativité ne peut s'exercer que dans la liberté et la liberté ne peut s'exercer sans la connaissance.

Dieu = Amour = Liberté = Connaissance = Sagesse.

Nous devons retourner à Dieu qui ne veut pas de malades qui ont la foi aveugle; il veut des hommes intelligents, connaissants, ressentants, créants, aimants.

" Il n'y a rien de caché qui ne soit un jour révélé. "

Pendant longtemps on a cru que la terre était plate !...
Pendant longtemps on a cru que les femmes n'avaient pas d'âme !...
Pendant longtemps on a cru que le chat était le représentant de Satan !...
Pendant longtemps on a pris des vessies pour des lanternes !...

Toutes ces ignorances sont à la source de bien des maux, de bien des guerres, de bien des révoltes, de bien des pollutions, de bien des maladies; nous sommes malades parce que nous sommes ignorants.

Et que voit-on aujourd'hui ? Comme hier !... Des hommes, des groupes qui interdisent l'accès à la connaissance et, comme la culplombite est largement répandue, les moutons répètent à qui veut l'entendre des théories toutes faites, des dogmes et le plus fort : au nom de Dieu. A les entendre Dieu a interdit l'astrologie, le magnétisme, la radiesthésie, et même l'homéopathie... Sans parler

Un langage universel

des guérisseurs qui sont les envoyés de Satan par excellence.

Connaissent-ils Dieu ? Dieu a donné la liberté à l'homme, et l'homme la supprime aux autres hommes au nom de Dieu.

Mais qui donc est Satan ? La connaissance ou les interdits qui aboutissent à l'ignorance ?

Homme, frère, tu rentres dans l'ère du Verseau, dans l'ère des énergies, il te faut en prendre conscience. De nombreux phénomènes vont s'étaler à ta vue pour te faire naître à la réalité de ce monde invisible, pour réveiller ton intelligence, pour te dévoiler qui tu es. Saisis cette chance, ne te laisse pas aveugler. En ce moment, dans le monde entier, de nombreux groupes s'apercevoient qu'ils peuvent par la concentration de leurs pensées, par la force de certaines paroles, transformer la matière et en particulier guérir certaines maladies. Nous l'avons vu avec la numérologie : chaque lettre, chaque mot a une correspondance énergétique et certaines phrases ont une force considérable dans le monde des énergies (en particulier le mot Christ ou Dieu). Ces prières émises avec une pensée forte (la pensée est créatrice) modifient les énergies. Certains guérisseurs connaissent ces rituels et font disparaître une brûlure ou arrêtent une hémorragie. A l'heure actuelle, des gens prient en groupe ou mettent tout leur amour pour obtenir la guérison de tel ou tel frère et ils obtiennent des guérisons. Il ne faut plus que ces phénomènes nous paraissent surnaturels. A nous de découvrir tous ces dons, toute cette intelligence qui font partie intégrante de nous-même. Si nous ne voulons pas le découvrir, ne nous laissons pas en tout cas aveugler, impressionner par ces phénomènes qui vont devenir monnaie courante.

A nous, hommes, le pouvoir de participer aux énergies créatrices nous est donné.

Mais, encore une fois, le danger est là et c'est pour cela que j'y insiste, nous sommes dans la dualité et de toute découverte nous pouvons tirer le bien ou le mal. C'est pour cette raison que certains groupes ou certains hommes qui ont un désir d'amour tentent de discréditer et d'interdire l'accès à la connaissance; c'est simplement un désir et ce n'est pas l'amour car l'amour est liberté.

Peut-on interdire à un physicien d'étudier les mathématiques ?

Peut-on interdire à un chimiste d'étudier les molécules ?

Peut-on interdire à un pianiste d'étudier les harmonies ?

Peut-on interdire à un médecin d'étudier les énergies qui

Un langage universel

guérissent ?

Peut-on interdire à un astrologue d'étudier les planètes ?

Peut-on interdire à un radiesthésiste d'étudier les vibrations ?

MAIS QUI PEUT INTERDIRE ? QUI ?

Vous qui interdisez ne connaissez-vous pas la loi de la dualité qui fait qu'il existe les deux opposés d'un même phénomène. Un astrologue peut faire beaucoup de bien en disant à un de ses frères perdu dans la tourmente :

" Voilà dans ton ciel, tu as de bonnes marraines qui te donnent de telles qualités, de telles forces, mais en ce moment elles sont silencieuses car tu dois maîtriser tel aspect de ta personnalité qui est dû à cette planète qui envoie en ce moment de grosses vibrations. "

Un astrologue peut faire beaucoup de mal en racontant à l'un de ses frères :

" Tu ne te marieras jamais, tu ne trouveras jamais l'amour, tu es condamné à rester pauvre. "

Oui, beaucoup de mal car **l'homme est libre, libre de sa destinée. Il suffit qu'il en prenne conscience et sa vie sera changée en un clin d'oeil, il suffit qu'il en prenne conscience et il ne subira plus l'influence des planètes** qui sont là pour le titiller, pour le pousser, pour le créer, pour lui faire prendre naissance.

Un magnétiseur peut faire beaucoup de bien en redonnant l'énergie dont il regorge à un frère qui en manque et qui est au fond du trou. Grâce à ce coup de pouce, ce frère repartira rejoindre son créateur.

Mais un magnétiseur peut faire beaucoup de mal en donnant son énergie et en invitant ce frère à revenir chaque semaine sans lui conseiller de remédier aux causes qui l'ont déséquilibré.

Un homme peut découvrir Dieu par l'astrologie, un homme peut découvrir Dieu par le magnétisme, un homme peut découvrir Dieu par l'homéopathie, un homme peut découvrir Dieu par les mathématiques.

MAIS, QUI PARLE D'INTERDIRE ?

Vous qui interdisez, connaissez-vous la loi d'action-réaction ? Celui qui fait le mal, recevra le mal, celui qui fait le bien, recevra le bien. Jésus-Christ qui était le plus grand des initiés, le fils aîné de Dieu connaissait toutes ces lois et il nous l'a dit :

" Ce que tu sèmes, tu le récolteras au centuple. "

Un langage universel

Il connaissait ceux qui interdisaient la connaissance :
" Rien n'est voilé qui ne sera dévoilé. Rien n'est secret qui ne sera connu. " Luc Ch 12.2.

Il connaissait la personnalité de l'homme qui, quand il a découvert quelque chose de nouveau, veut se l'approprier :
" Malheureux êtes-vous, légistes, vous avez pris la clé de la connaissance : vous n'êtes pas entrés vous-mêmes et ceux qui voulaient entrer, vous les en avez empêchés." Luc Ch 11 52

Il connaissait ceux qui lui reprochaient d'être le Diable par les miracles et l'enseignement qu'il faisait :
" Si une famille est divisée contre elle-même, cette famille ne pourra pas tenir. Et si Satan s'est dressé contre lui-même et s'il s'est divisé, il ne peut pas tenir, c'en est fini de lui . " Marc Ch 3 25

Oui, il connaissait tout cela et il nous l'a enseigné en répétant à ceux qui se vantaient de connaître les textes :
" Celui qui a des oreilles pour entendre, qu'il entende ! " Luc Ch 8 8

Tous les bien-pensant, tous les défenseurs de Dieu sont choqués de voir ces barbares qui, en Asie ou autres pays lointains, s'entretuent au nom de Dieu. Ils font la même chose en créant des interdits, en demandant à leurs adeptes de croire à ce qu'ils croient, de penser à ce qu'ils pensent, de faire ce qu'ils font, de condamner ceux qui ne sont pas dans leur ligne. Le Dieu qu'ils défendent n'a même pas osé faire cela. Lui, il a donné la liberté à l'homme sachant que le seul salut était le bien : LA LUMIERE A TOUJOURS ECLAIRE LA PENOMBRE, JAMAIS L'INVERSE; c'est pour cela que les forces du mal, c'est-à-dire le noir, les ténèbres ne pourront jamais empêcher la lumière de briller.
Comme nous l'avons dit, le mal est souvent nécessaire et l'homme découvrira le bien, malheureusement, dans le mal, (ce n'est pas une obligation). Mais la prise de conscience sera faite et cet homme sera inébranlable par rapport à l'homme qui pratiquera le bien en théorie. L'homme qui veut aider son prochain doit être la lumière, ce n'est pas en allant combattre, en utilisant les mêmes armes que l'adversaire qu'il triomphera.

Un langage universel

LA NUIT, PERSONNE NE VOIT LE VAINQUEUR.

La seule façon de faire briller la lumière, là où il y les ténèbres, c'est d'être lumière soi-même, c'est justement cela qui est difficile. Il est plus facile de conseiller, d'enseigner et d'interdire avec force et autorité que d'être lumière.

La lumière, le Christ nous l'a enseignée. C'est l'amour, et l'amour c'est la liberté, et la liberté c'est le contraire de l'interdit. Alors, prenons garde et hommes qui voulons rencontrer Dieu, sachons que le maître qui nous guidera un instant de notre vie ne nous dira jamais ce que nous devons faire. Il ne nous interdira jamais rien, car l'homme est libre depuis sa création et ce n'est pas maintenant que l'on va l'enchaîner. Prenez garde, hommes qui au nom de Dieu condamnez sans jugement, ne revenez pas au Moyen Age, au temps de l'inquisition. Nous savons tous qu'une partie de l'humanité est encore faible, qu'elle peut être dirigée facilement dans un sens ou dans un autre.

Frères qui interdisez, j'en connais beaucoup d'entre vous, je sais à quel point vous êtes généreux, travailleurs et que vous vous dépensez sans compter. J'ai essayé de comprendre et j'ai découvert que dans un certain sens vous n'avez pas complétement tort.

L'INTELLECTUALISME ET LA FOI.

La connaissance a elle aussi, selon la dualité, un côté négatif et un côté positif. Si elle peut permettre la rencontre avec Dieu, elle peut également l'éloigner, c'est ici le grand danger de l'intellectualisme avec ces grandes théories qui aboutissent à l'athéisme, la négation de la vie. C'est pour cela qu'il faut savoir, qu'il faut prendre conscience que nous, les hommes, sommes sur un fil et que nous pouvons tomber soit à droite soit à gauche. La droite n'est pas meilleure que la gauche, je le répète, ce sont les deux opposés et du moment qu'il y a excès il y a toujours une réaction contraire qui se crée. Rappelons-nous bien que pour éviter une opposition, il ne faut pas être excessif. Pour avoir la sagesse et pour avancer vite, il nous faut allier la connaissance à l'amour car, la connaissance sans l'amour c'est le matériaslisme égoïste et l'amour

Un langage universel

sans la connaissance c'est la foi aveugle. Il nous faut nous, hommes de conscience, acquérir la sagesse et la sagesse est l'amour plus la connaissance. Alors, si la connaissance est nécessaire, rappelons-nous que la seule connaissance est l'expérience pratique.

Une expérience vécue vaut cent fois plus qu'une théorie intellectuelle. Encore une fois, il ne faut pas se tromper sur les termes; à toutes les époques, la connaissance a tendu un grand piège à certains... Fascinés, envoûtés, ils oublièrent leur recherche principale : **eux-même**. Les livres sont des bougies qui nous servent à éclairer notre chemin, ces bougies que nous tenons se consument et finissent par nous brûler la main. Alors ne répétons pas ce que l'on a lu dans les livres, ne parlons pas de l'expérience des autres mais répétons-nous notre vécu intérieur, seule source possible de création. **Ainsi nous comprendrons qu'il existe un énorme fossé entre les théories et la pratique et ainsi nous deviendrons des pédagogues pour nos cadets.**

Puis-je vous citer cette lettre de St Paul aux Corinthiens :
" Quand je parlerai les langues des hommes et des anges, si je n'ai pas l'amour, je ne suis que bronze qui sonne ou cymbale qui retentit.

Quand j'aurai le don de prophétie et que je connaitrai les mystères et toute la science, quand j'aurai toute la foi jusqu'à déplacer toutes les montagnes, si je n'ai pas l'amour je ne suis rien.

Quand je distribuerai tous mes biens, quand je livrerai mon corps aux flammes, si je n'ai pas l'amour, cela ne me sert de rien. "

Découvrons qui nous sommes, essayons de nous connaître et nous connaissant, nous découvrirons que nous sommes amour et que les autres sont aussi investis de cette énergie, même ceux qui pensent le contraire de nous, ceux qui à nos yeux sont les artisans du mal.

Ne jugeons pas.
Soyons tolérants.
Cherchons la lumière et laissons-la entrer en nous.

L'époque est là, si nous l'appelons nous serons aidés et étant lumière nous aiderons les autres à y voir plus clair.

Découvrons la liberté, la vraie, l'énergie divine que nous avons enfermée. Donnons-nous la liberté et respectons celle des autres. Liberté à l'homme de s'instruire, de chercher, de travailler. Le mot d'ordre du Verseau est d'allier la connaissance à l'amour.

Un langage universel

" Qui pourrait être puni d'avoir cherché la vérité ? Qui cherche peut se tromper ? Mais il a cherché Dieu. Il est cent fois plus saint que celui qui croit avoir béatement trouvé un Dieu qu'il n'a jamais cherché. " Maeterlink

Nous sommes tous dans le même bateau et nous faisons partie d'un grand puzzle géant. Chacun de nous représente une pièce, chacun de nous a son originalité, sa personnalité et chacun doit trouver sa place car il a sa place et s'il ne la trouve pas, d'autres ne pourront pas se placer. Rien ne sert d'aider les autres ou de conseiller si l'on ne sait pas qui l'on est, si l'on ne sait pas quel est notre rôle à notre place.

Devenons des responsables, des créateurs.

Aimons-nous et ainsi nous aimerons les autres.
Aimons-nous et ainsi nous aimerons Dieu.
Aimons-nous et ainsi nous passerons de l'homme avec un petit h à l'Homme avec un grand H.

Nous deviendrons dignes, fiers à l'image de notre créateur et ainsi nous passerons : **de l'Homme-Cancer à l'Homme-Dieu.**

Une vieille légende hindoue raconte qu'il y eut un temps où tous les hommes étaient des dieux. Mais ils abusèrent tellement de leur divinité que Brahma, le maître des dieux, décida de leur ôter le pouvoir divin et de le cacher à un endroit où il leur serait impossible de le retrouver. Le grand problème fut donc de lui trouver une cachette.

Lorsque les dieux mineurs furent convoqués à un conseil pour résoudre ce problème, ils proposèrent ceci :
" Enterrons la divinité de l'homme dans la terre. "
Mais Brahma répondit :
" Non, cela ne suffit pas, car l'homme creusera et la trouvera. "

Alors les dieux répliquèrent :
" Dans ce cas, jetons la divinité dans le plus profond des océans. "
Mais Brahma répondit à nouveau :
" Non, car tôt ou tard, l'homme explorera les profondeurs de tous les océans et il est certain qu'un jour, il la trouvera et la remontera à la surface. "

Alors les dieux conclurent :
" Nous ne savons pas où la cacher car il ne semble pas exister sur terre ou dans la mer d'endroit que l'homme ne puisse atteindre un jour. "

Alors Brahma dit :
" Voici ce que nous ferons de la divinité de l'homme : nous la cacherons au plus profond de lui-même, car c'est le seul endroit où il ne pensera jamais à chercher. "

Depuis ce temps-là, conclut la légende, l'homme a fait le tour de la terre, il a exploré, escaladé, plongé et creusé, à la recherche de quelque chose qui se trouve en lui.

BIBLIOGRAPHIE

1 - Manuel de Médecine homéopathie. Dr ZISSU - Dr GUILLAUME
Edition DOIN.

2 - De l'allergie au cancer. P. BACQUES - Edition Maloine S.A Paris.

3 - Ligue Nationale contre l'obligation des vaccinations - 4, rue Saulnier
75009 Paris.

4 - La guerre du cru - Guy Claude BURGER - Edition Faloci.

5 - Les combinaisons alimentaires - Hubert M. SHELTON -
Edition Le Courrier du livre. Paris.

6 - Le cancer Aujourd'hui - Pr Lucien ISRAEL - Edition Grasset.

7 - Traité pratique d'iridologie médicale - Gilbert JAUSAS
Edition Dangles.

8 - Traité pratique d'intrapsychie - Gilbert JAUSAS
Edition Graphi-copie.

9 - Introduction pratique l'auriculothérapie - Pr. NOGIER -
Edition Maison Neuve.

10 - La Conscience Energie - Dr Thérèse BROSSE - Edition Présence.

11 - Médecin des trois corps - Dr Jeanine FONTAINE -
Edition Robert Laffont.

12 - La médecine du corps énergétique - Dr Jeanine FONTAINE
Edition Robert Laffont.

13 - Médecine chinoise - Médecine totale - Jacques AUDI LAVIER
Edition Grasset.

14 - Le mental des cellules - SATPREM - Edition Robert Laffont.

15 - Réconciliation avec la vie - R. EMMANUEL - Edition Dervy Livres.

16 - L'Alchimie de la vie - Etienne GUILLE - Edition Rocher

17 - J'ai vécu 15 Milliards d'années - Jean E. CHARON - Edition Albin Michel

18 - L'homme transfini - Robert LINSSEN - Edition Courrier du Livre.

19 - Au dela du hasard et de l'anti-hasard - Robert LINSSEN - Edition Courrier du Livre.

20 - Cap sur la vie - Jean-Jacques BESUCHET Edition Scarabée et Compagnie

21 - Pr Georges GUILPIN - 7, allée du Muguet
91330 YERRES

22 - Foyer de la ROCHE D'OR - 25042 Besançon Cedex.

23 - Guérir envers et contre tout - Dr SIMONTHON - Edition Epi.

24 - La vie après la vie - Dr MOODY - Edition Laffont

25 - Guérissez par le rire - Dr MOODY - Edition Laffont

26 - Transfert par voie optique - Alain JOLIVET - Docteur ès Sciences - 86 avenue Saint Barthélémy - 06100 NICE -

27 - Transmutation à faible énergie - Louis KERVRAN - Edition Maloine.

28 - L'Agenda de Mère -Institut de Recherches Evolutives- Avenue de l'observatoire - 75014 PARIS.

29 - Soyez bien dans votre assiette - Dr C. KOUSMINE - Edition Tchou.

30 - Objectif Cancer et Pratique de l'Ionocinèse - Dr JANET
- Edition Bionat - Bordeaux.

31 - Hauts-lieux cosmo-telluriques - Blanche MERCKX
- Edition Georg - Genève.

32 - Centre d'Etudes Biologiques -Dr Yves AUGUSTI -
2 ter Avenue de Segur 75007 - PARIS.

33 - Medecins du Ciel - Medecins de la Terre - Maguy LEBRUN
- édition Robert Laffont.

Achevé d'imprimer par Corlet, Imprimeur, S.A.
14110 Condé-sur-Noireau
Précédent dépôt : juin 1989
N° d'Imprimeur : 16653 - Dépôt légal : mars 1990

Imprimé en C.E.E.